Anonymous

Collectionis Notabiliorum Decisionum Supremi Tribunalis Appellationum Hasso Cassellani

Anonymous

Collectionis Notabiliorum Decisionum Supremi Tribunalis Appellationum Hasso Cassellani

ISBN/EAN: 9783744720267

Hergestellt in Europa, USA, Kanada, Australien, Japan

Cover: Foto ©ninafisch / pixelio.de

Weitere Bücher finden Sie auf **www.hansebooks.com**

BIBLIOTHECA
JURIS UNIVERSALIS,

oder

vollständige und auserlesene

Sammlung

der besten juridischen Schriften

aus gedruckten und ungedruckten Werken

zusammengetragen

von einer patriotischen Gesellschaft.

Mit Röm. Kayſ. Maj. allergnädigſtem Privilegio.

bey Heinrich Valentin Bender, in Mannheim 1791.

COLLECTIONIS
NOTABILIORUM
DECISIONVM
SVPREMI TRIBVNALIS
APPELLATIONVM
HASSO-CASSELLANI

INDE

AB EIVS CONSTITVTIONE EMANATARVM

CVRA ET REVISIONE

PRAESIDIS HVIVS IVDICII

CLEMENTISSIME CONSTITVTI

NEC NON

SERENISSIMI LANDGRAVII CONSILIARII STATVS INTIMI

LEONHARDI HENRICI LVDOVICI GEORGII
DE CANNGIESER

NVNC EDITAE

TOMVS VII.

MANNHEMII

INPENSIS HENRICI VALENTINI BENDER,

TYPIS NOSOCOMII CIVICI.

MDCCXCI.

CONSPECTVS
ARGVMENTORVM GENERALIVM
Tomi VII.

CLXXVII. An inſtitutio oeconomiae ſeparatae ſit modus ſolvendi patriam poteſtatem moribus noſtris? pag. 3.

CLXXVIII. De remedio ſpolii. pag. 15.

CLXXIX. De laeſione ultra dimidium contra transaCtionem non alleganda. pag. 24.

CLXXX. De lege commiſſoria transaCtioni adjeCta. pag. 28.

CLXXXI. De cenſita nihil percipiente, nec domino praedii quidquam praeſtante. pag. 30.

CLXXXII. De remiſſione conduCtori propter calamitates bellicas indulgenda. pag. 32.

CLXXXIII. De valore donationis a judice incompetente confirmata. p. 40.

CLXXXIV. De tacita fisci in bona adminiſtratoris hypotheca. pag. 45.

CLXXXV. De duplicitate vinculi ultra fratrum liberos quoad ſucceſſionem in Haſſia non attendenda. pag. 49.

CLXXXVI. De differentia ſervitutis luminum a jure aperiendi feneſtras in proprio pariete, nec non de nunciatione novi operis. pag. 58.

CLXXXVII. De exceptione nominationis. pag. 63.

CLXXXVIII. De reſtriCto jure recipiendi Judaeos in Haſſia noſtra. pag. 67.

CLXXXIX. De poſſeſſione contra jus decimandi ex uno agro in alterum et in ſpecie von 2 reſenty Jehenden ſecundum noſtra ſtatuta. pag. 72.

CXC. De remedio legis finalis Cod. de ediCto divi Hadriani tollendo. pag. 76.

CXCI. De poſſeſſorio in cauſis venationem concernentibus contra principem. pag. 82.

CXCII. De reſtriCtione juris aedificandi in ſuo. pag. 91.

CXCIII. De utili interdiCto uti poſſidetis in ſpecie quoad operas ruſticorum. pag. 99.

CXCIV. De obligatione patroni quoad refeCtionem templi. pag. 106.

CXCV. De operis indeterminatis caſtrenſibus vulgo Burgkraſten earumque extenſione et reſtriCtione. pag. 117.

CXCVI. Privilegium fiſco ratione editionis documentorum competens, eccleſiae itidem non
com-

CONSPECTVS.

competit, bene tamen parochus ratione bonorum parochialium absque legitimatione alia vices actoris vel rei fuscipere poteft. pag. 119.

CXCVII. De neceffaria praelectione teftamenti nuncupativi in fcripturam redacti, ejusque legitima probatione. pag. 123.

CXCVIII. De probatione abftentionis intuitu heredis fui. p. 129.

CXCIX. A quo fumtus intuitu reparandi coemeterii ferendi fint? pag. 135.

CC. De teftimonio parentum in caufis fponfalitiis liberorum. pag. 138.

CCI. Poffeffio feudi per fe immunitatem perfonalem non involvit. pag. 139.

CCII. De fucceffione in bona Colonaria fecundum jura Schaumburgica. pag. 141.

CCIII. An ratione L. 6. C. de fecund. nupt. plures nepotes filii praemortui vel filiae praemortuae pro una perfona habeantur et de determinanda hoc cafu portione filiali. p. 147.

Anzeige.

Der 6te und 7te Band von der mit dem schleunigsten Fortgang veranstalteten neuesten, verbesserten, mit mbglichstem Fleiß korrigirten, unter Röm. Kayserl. Majestät allergnädigstem Privilegio in gr. 4. erscheinenden Ausgabe der Canngiesserischen *Decisionen* &c. wird jetzt in einigen Tagen die Presse verlassen, und kann von den Tit. Herrn Subscribenten in Empfang genommen werden. Das übrige des Werks aber, wird um so gewisser und schneller geliefert, weil mehrere Pressen mit dem Abdruck beschäftiget sind. Im Subscriptions-Preis kommt jeder Band nicht höher als 30. kr., mithin wird das Ganze sehr wohlfeil zu stehen kommen. Man begnügt sich übrigens damit ein Verehrungswürdiges Publikum in Vergleichung dieser mit jener Ausgabe in Folio, selbst urtheilen zu lassen, welche von beiden durch einen korrekten Abdruck den Vorzug verdienet. Doch wird demjenigen, welcher beide Ausgaben gegen einander unpartheylsch prüfet, sogleich auffallen, daß in der gegenwärtigen nicht nur jene in der Folio Ausgabe, und zwar am Ende des 2ten Bandes angezeigte, sondern auch sehr viele nicht angemerkte Fehler verbessert worden sind. Leztere bestehen hauptsächlich in Versetz und Auslassung der Buchstaben, wodurch öfters der ganze Sinn der Sache verstellet wird, weiter in der unrichtigen Angabe, der am Rande jeder Decision stehenden Nummern, welche auch nicht selten ganz ausgelassen, und von denen auch öfters mehr oder weniger, als in den Summarien selbsten sich befinden, angezeiget sind, ferner, in der Verwechselung der Rationum Dubitandi et Decidendi, und der Ausdrücke Appellant und Appellat, dann endlich in dem im höchsten Grade unrichtig verfaßten und auf ganz irrige Paginas hinweisenden Register. — Diese merkliche Fehler, hat man, wie bereits vor Augen liegt, zu verbessern sich fleißigst bemühet, und wird dieses bey dem übrigen des Werks, ebenfalls nicht verabsäumen, und besonders darauf bedacht seyn, daß bei Abfassung gegenwärtigen Registers diese Fehler abgeändert, und dasselbe soviel wie nur immer möglich ganz Fehlerfrey, abgedruckt werde.

Solche praktische Vortheile, als dieses für alle und jede Rechtsgelehrte sehr schätzbare und ganz unentbehrliche Werk enthält, konnte man grade am besten von diesem Verfasser dem Herrn von Canngiesser erwarten. Alleine! wer kennt nicht bereits schon dieses vortrefliche Werk, über das die allgemeine Stimme der Rechtsgelehrten und Recensenten schon lange entschied, und welches sich auf die Meinungen und Entscheidungen so vieler wichtiger Männer als Pütter, Pufendorff, Cramer, Leyser, Carpzov, Boehmer, Wernher, Struv, Ludolff, Hellfeld, Lauterbach, Brunneman und viele andere mehr, besonders gründet, und deren Rechtsentscheidungen, auch in den schwehresten und dunkelsten Fällen Licht verschaffen. Recensent der allgem.

deutschen

deutschen Bibliothek im Anhang zu dem 1ten bis 12ten Band sagt: Sicher würde man eine ganz undankbare Arbeit übernehmen, wann man nur das hervorstechende dieser Decisionen, womit sich selbige so ganz besonders auszeichnen, anführen wollte, da man am Ende fast den Innhalt aller Decisionen, so schwehr ist die Wahl, anzeigen müßte. Die meisten Rechtsmaterien sind übrigens mit sovieler reifen Beurtheilung und gründlicher Gelehrsamkeit abgehandelt, daß sie allen Rechtsgelehrten schätzbar sein müssen, und das Land glücklich zu preisen ist, welches zu seinen Richtern solche Männer hat, als man hier kennen lernet.

    Die Subscription bleibt noch bis Ende Merz offen, und nach Ablauf dieser Zeit, wird der Preiß um ein merkliches erhöhet. Diejenige Herren, welche auf meine ergebenste Bitte, die Subscriptions-Sammlung übernehmen, erhalten für Ihre Bemühung das 10te Exemplar frei, oder ziehen bey Einsendung des Geldes, den baaren Betrag dafür ab. Da man nach Endigung der Caungieserischen Decisionen, bei Wählung eines neuen Autors, das allgemeine Verlangen der Hrn. Subscribenten zur Maaßregel nehmen wird; so werden selbige höflichst gebeten, mir Ihre Meinung, bei Gelegenheit bekannt zu machen. Mannheim den 15. Febr. 1791.

Bis Ende August dieses Jahres, sind im herabgesetzten Preis von meinen Verlagsartikeln folgende zu haben:

Zückerts, medicinisches Tischbuch, oder Kur- und Präservation der Krankheiten, 2te vermehrte Auflage, 8. 1784. 20. kr.

Hallo's glücklicher Abend, 2 Theile, 8. 1784. 40 kr.

Youngs Klagen und Nachtgedanken über Leben, Tod und Unsterblichkeit, samt desselben übrigen kleinen Schriften, 3 Bände, mit dem Portrait des Hrn. Autors, von Hrn. Verhelst gestochen, 8. 1780. 1 fl.

Weiz, vermischte Beyträge zur gerichtlichen Arzneigelahrtheit in verschiedenen vorkommenden Fällen, für Aerzte und Rechtsgelehrte, 8. 1787. 20 kr.

Schmuckers Wahrnehmungen aus der Wundarzneykunst, 2 Bände, 8. 1784. 40. kr.

Abhandlung aus dem deutschen Staatsrechte über die Frage: Ob kaiserliche Majestät befugt sey, in Prozeßsachen von dem kaiserl. und Reichskammergericht die Akten und Protocolle einseitig abzufordern? Nebst dem kursächsischen, preußischen und hannöverischen Rescript, 4. 1786. 15. kr.

Reinholds, (Rath und Professor der Philosophie zu Jena) Briefe über die Kantische Philosophie, 8. 1789. 30 kr.

Bachmanns, Betrachtungen über die Grundfeste des durchl. Hauses Pfalzbaiern, das allgemeine Familienfideicommiß in Verbindung mit dem Rechte der Erstgeburt, dem Andenken das den 29. Jun. 1780 zu Ende gehenden Jahrhunderts der Ueberkunft Baiern an das Haus Wittelsbach gewidmet, gr. 4. 1780. 24 kr.

Heinrich Valentin Bender.

PRAEFAMEN.

Siftendo iam alterum decifionum noftrarum tomum, non promiſſa ſolum licet ob moram typographi, praeter ſpem ac opinionem noftram tardius paulo ſervamus, ſed hac occaſione ſimul non nulla de praetenſis privilegiorum de non appellando in ſpecie illimitatorum in cauſis ita dictis nullitatum inſanabilium limitibus, ea potiſſimum viſione praefari e re eſſe duximus, quoniam praeter ſcriptores antiquiores Vir Perilluſtris nunc Celeberrimi ſupremi Appellatorii Celenſis Pro-Praeſes digniſſimus FRIDERICVS ESAIAS DE PVFFENDORF iam obſervaverit *a*) principia practica ſupremorum Tribunalium imperii *b*) in hoc argumento multum a principiis eorum diſtare qui circa hanc hypotheſin iura ftatuum tuentur.

§. I.

Inevitabile illud litigiorum inter mortales malum eam vtcunque iis impoſuit neceſſitatem, vt de modis litibus obicem ponendi a remotiſſimis temporibus ſolliciti eſſe debuerint. Finis vero hic nunquam obtineri potuiſſet, niſi multitudini et improbitati provocationum ſimul certi conſtituerentur cancelli *c*). *De reſtrictione provocationum eiusque cauſis generaliter*

§. II.

---

a) In acceptis admodum Obſerv. iuris univerſi Tom. III. Obſ. 102.
b) Videantur haec apud Perilluſtrem et magni inter nos valentem D. L. B. DE CRAMER in Obſerv. iur. univerſ. Tom. I. obſ. 172.
c) A LEYSER in Medit. ad D. Spec. 555. med. 1. ſeq. et l. 21. D. de reb. cred. l. 1. D. de uſur. et l. 1, §. 10. D. de nov. oper. nunciat.

PRAEFAMEN.

§. II.

De principiis Romanorum hac in re.

Sagacissimi hinc Romanorum Legislatores de restringenda hac appellandi licentia nunquam non cogitarunt, ita quidem ut inter alia media *d*) huc directa, appellationes a decisionibus praefectorum praetorio non admitterent, persuasum habentes, *eos qui ob singularem industriam, explorata eorum fide et gravitate, ad eius officii magnitudinem adhibiti fuissent, non aliter iudicaturos fore, pro sapientia ac luce, quod aiunt, dignitatis suae, quam ipse princeps iudicaturus foret e*). Restringebantur hinc ab iisdem appellationes ad certam nummorum summam *f*). Immo temerarii appellantes in tertiam pecuniae, de qua litigaretur, partem damnabantur ac praeterea adversario sumtus quos hic impendisset, non simplos sed quadruplos reddere, iam ante Iustinianum interdum cogebantur *g*), donec hic Imperator, in praescindendis litibus praeprimis occupatus *h*), poenam illam ad summam fixam quinquaginta librarum argenti vel aliam arbitrariam reduxerit *i*).

§. III.

Quid Germani hac de re senserint.

De Germanis maioribus nostris novimus, hos inter praedilectae libertatis suae praecipua, ab antiquissimis temporibus immoderatam ac effrenatam appellandi licentiam fovisse, atque cuivis eorundem integrum fuisse contra quamcunque

---

d) Dissert. Marburgi 1763. habita de non recipienda appellat. in causis politiae §. 35. et 36. addatur his l. un. Cod. si de momentanea possessione appellat. et l. 6. Cod. quorum appellat. non recipiuntur, nec non Jvstvs Henning. Boehmer de execut. pendente appellat. facienda cap. 2. §. 26. Pertinet huc quoque L un. Cod. ne liceat in una eademque causa tertio provocare.
e) Tot. tit. D. de Off. praef. praetorio N. 82. et 113. cap. 1. Ritterhvsivs ad Nov. p. X. cap. 1. n. 7. seq. et Dnus Cvrtivs in egregia Commentat. de Senatu romano lib. II. cap. 8.
f) Nov. 23. cap. 3.
g) a Leyser Supr. cit.° med.
h) vi l. 13. C. de iudiciis et pr. Inst. de poena temere litigant.
i) vi l. 6. §. 4. et l. 36. Cod. de appellat, L 5. Cod. quorum appellat, non recipiuntur et L 2. C. de episcopali audientia.

PRAEFAMEN.

cunque Sententiam iudicis infurgere, id quod dure fatis Urthel schelten vocare amaverunt k).

§. IV.

Cum vero indomita haec provocandi libertas in abufum tam intolerabilem degeneraret, ut ne per inftitutionem curiarum fuperiorum vulgo Oberhöffen l) illa protervia recurrendi ac defiliendi ad plane extera diverfi generis iudicia, praefertim vero ad tunc magna auctoritate pollentes ita dictos fcabinatus coerceri quidem potuerit, fed progreffu temporis m), frequentes provocationes ad ipfos Imperatores, introducto circa feculum XIII. et praefertim XIV. jure romano, fuper accederent, proceres imperii noftri eo adducti fuerunt, ut propriis fuis iudiciis non curatiorem folum for-

De necef- fitate et rio- do reftrictae libertatis germanicae quoad hoc obiectum.

---

k) De qua materia prae aliis evolvi meretur par celeberrimorum ICtorum et fratrum Venerando femper patre digniffimorum Joh. SAMVEL FRIDERICVS BOEHMER in Praefat. ad Confil. paternor. Tom. III. P. II. §. 4. ac GEORGIVS LVDOVICVS BOEHMER in Commentat. de provocat. iur. german. nec non Celeberrimus Affeffor DE LVDOLFF in Obferv. forenf. Part. III. Obf. 292. et Perilluftr. LEOPOLDVS NICOLAVS L. B. AB ENDE nunc Celfiffimi Electoris Saxonici Minifter Status Intimus in Differt. Hal. 1737. habita de fatalium rigore iniquo poenisque contumaciae coercendis cap. V. §. 9. usque 17. Qua ratione etiam illud Urtheil schelten, proprie factum fit, dilucidavit aeftumatiffimus Collega nofter CAROLVS PHILIPPVS KOPP in der Nachricht von der Altern und neuern Verfaffung der geiftlichen und Civil Gerichten in den Fürftl. Heffen Caffelifchen Landen. Part. I. §. 403. et 404.

l) De his vid. CHRISTOPHORVS FRIDERICVS HARPRECHT de Curiis Superin Germania, porro modo laudatus GEORG. LVD. BOEHMER de provocat. germ. cap. II. §. 1. usque 4. it. §. 18. et huius digniffimus Collega, Vir in quo rara eruditio radiis avitae nobilitatis corrufcat, IOH. HENR. CHRIST. DE SELCHOW in Element. iur. germ. Sect. II. §. 8. feq. nec non Anteceffor. Marburgenf. famigeratiffimus IOH. ANDREAS HOFFMANN in libro der Teutfchen Reichs-Praris. §. 928. feq. L. B. DE CRAMER in denen Wetzlarischen Nebenftunden Part. LXXVI. p. 1. usque 6. feq.

m) Diverfas horum recurfuum fpecies fufius enarravit fupr. allegat. IOH. SAMVEL BOEHMER cit. praef. §. 5, 20. 21. 24. 26. et 27. ibidemque celebriores illius aevi fcabinatus nominavit, quibus amore rerum patriae fcabinatum quondam Caffellanum non minus tunc confultatum nobis addere licebit ex modo allegato Collegae noftri CAROLI PHILIPPI KOPP Nachricht von der Altern und neuern Verfaffung der geiftlichen und Civil-Gerichten in denen Fürftl. Heffen-Caffelifchen Landen. P. I. §. 264. usque 274. et Confiliarii ac Bibliothecarii noftri meritiffimi FRIDERICI CHRISTOPHORI SCHMINCKE Befchreibung der Stadt Caffel. cap. 2. §. 7.

formam darent, sed insuper de efficacioribus modis cogitarent, quibus huic malo mederentur.

§. V.

De origine privilegiorum de non appellando remotiori.
Atque his circumstantiis ac principum cu**ris**, privilegia de non evocando aeque ac de non appellando, originem suam debere facile apparet. Licet enim hi potestatem in caussis subditorum iudicandi semper iure proprio et citra appellationis admissionem n) sibi vindicaverint, infractionem tamen huius potestatis suae impedire haud poterant, quo etiam factum ut Principes Electores iam per Auream bullam Tit. XI. hac de re sibi per expressam iurium de non evocando et non appellando confirmationem prospexerint, prout acta publica pluribus id docent atque corroborant o).

§. VI.

De privilegiis antiquioribus de non appellando.
Sed nec hoc etiam modo auctoritatem iudiciariam Principum satis sartam tectamque fuisse, eventus comprobavit. Diversi quidem eorum praeter Electores, uti Archiduces Austriae, Landgravii Hassiae, Episcopus Leodiensis, quos praeprimis hic nominamus, ac prae reliquis civitatibus imperialibus, respublica Norimbergensis, seculo iam XIVto, alii vero sub initio seculi XVti, pro magis tuendo hoc

---

n) Joh. Samvel Fried. Boehmer in saepius alleg. praefat. §. 30. una cum fratre Georg. Ludov. in Comment. de provocat. iur. german. cap. II. §. 5. not. lit. p. et q. it. Cancellarius quondam Academiae Giessensis Celeberr. Ioh. Immanvel Weber in pluries citanda Dissert. 1725. ibidem habita de licito per quaerelam nullit. ad summa imperii dicasteria recursu in caussis alias vel per privilegium vel per legem ab illorum iurisdictione exemtis. Sect. II. §. 3. et 4.

o) Cancellarius de Lvdewig in Comment. ad aur. bullam Tit. VIII. §. 2. not. lit. (i). Et quamvis hic loci non sit curatius examinare quae iura de non evocando et non appellando utrum Electorum ecclesiasticorum an vero secularium sint anteriora, posterius tamen maiorem veritatis speciem habere videtur secundum cit. de Lvdewig Tit. XII. §. 5. not. lit. p. et de Lyncker ad Cap. XL dictae Bullae.

PRAEFAMEN. V

hoc iure privilegia Caefarea impetraverant p). Stabilitis vero fub Imperatore Maximiliano Imo fupremis imperii Dicafteriis Camera Imperiali et Iudicio Aulico recurfus ad aedem iterum eum in modum adaugebantur, ut per Capitulationem quoad formam, praeter reverfales Imperatoris Ruperti, omnium primam, Caroli Vti eiusque Art. XV. et XVI. denuo privilegiorum Statuum confervationem generaliter fibi ftipulari neceffum fuerit.

§. VII.

Quonam tamen cum effectu et hoc factum fit, ex querelis Electorum de anno 1552. nec non exinde apparet q) *firmatione* quod tandem evenerit, ut in omnibus fequentibus Capitulationibus Caefareis ac nominatim quidem in Ferdinandi I. *per omnes* art. 3. et 14. Rudolphi II. art. 3. et 15. r) Matthiae art. 3. et *Capitula-* 16. Ferdinandi II. art. 3. et 4. Ferdinandi III. art. 3. et 17. *tiones.* ab initio faltim in *generalibus*, poftea vero in Capitulationibus Leopoldi I. art. 18. et Iofephi I. art. 17. *fpecialius*, ac denique fub gloriofiffimis Aufpiciis Caroli VI. Caroli VII. Francifci et Iofephi II. nunc ex omnium votis auguftiffime et utinam per feculum regentis! art. 18. §. 4. feq. imo per omnes alias imperii leges haec iura *fpecialiffime* ita confirmata

---

p) Videri poffunt haec privilegia *Auftriaca* in Lünigs Reichs-Archiv. Part. fpec. I. n. 17. 18. 19. 21. 23. et 24. *Leodienfia* in Obferv. pofthumis. *Meami* in fine. *Norimbergenfia* apud DE LVDOLFF in Catalogo huiusmodi privilegiorum p. m. 97. feq. *De Haffiacis* privilegiis antiquioribus loquitur Acad. Marburgenfis iam Cancellarius et multae famae Senior IOH. GEORGIVS ESTOR locis infra (§. XXIV. not. lit. yy.) allegatis, et fcriptores de fingularibus privilegiis de non appellando recenfuit TAFFINGER in Inftitution. iurisprudent. Cameralis §. 698. not. lit. L. generalem etiam horum privilegiorum a tempore Rudolphi Habsburgici enumerationem habet PFEFFINGER in Vitriario Illuftr. Tom. III. lib. 3. tit. 17. not. lit. m.
q) MOSER im Staats-Recht. Tom. XXXII. lib. III. cap. 164. §. 14. et c. 165.
r) Capitulationem Maximil. II. hic non allegavimus tanquam incomplete plerumque editam, prout notavit STRUV in hiftor. germ. Period. X. Sect. VI, §. 2. not. 14. et LIMNAEVS in annotamentis ad hanc Capitulat. p. m. 487. Integram quidem eandem edidit HENR. GÜNTH. THYLEMARIVS ex originali Palatino Heidelbergae anno 1682. Cum vero haec editio nobis ad manus non fuerit, nec illam infpicere licuit. Conftat interim ex Exemplari a CAMPZOVIO in commentat. ad Legem regiam cum reliquis Capitulationibus edito, confirmationem iurium Statuum generalem eodem contineri.

PRAEFAMEN.

mata atque munita legantur, quo nunc demum eadem extra omnem reftrictionis ac derogationis aleam pofita fore, credendum fuiffet *s*).

§. VIII.

De prima occafione reftrictionis quoad haec privilegia.

Quicquid tamen etiam horum fit, fuprema imperii judicia a prima fua fundatione eo allaborarunt, ut contra has ftatuum immunitates licentiam provocandi, quoad fieri poffet, fuftinerent. Conquerebantur hinc opportuna quavis occafione, judices inferiores jura dominorum territorialium nimis extendere *t*). Et cum querelae iftae plus non proficerent, quam ut tandem per Receffum Imperii noviffimum §. 115. et Capitulationes Caefareas récentiores anterior in huiusmodi privilegiis concedendis munificentia quodammodo reftricta fuerit, mox circa obfervanda formalia aut caufarum qualitates nodum quaefiverunt, modo etiam diftinguendo inter caufas iniquas et nullas, querelis nullitatum, idcirco five *incidenter* cum appellationibus five etiam *principaliter* introducendis, *u*) privilegiis ftatuum de non appellando, pofthabitis, viam ftraverunt.

§. IX.

Utrum argumenta pro huiusmodi reftrictione pro fundatis habenda fint vel non?

Verum enim vero quo jure et qua ratione omnes hae diftinctiones reftrictivae fuffultae fint, ex eo jam generaliter diiudi-

---

s) Concept. Capit. perpet. art. XVIII. Inftrum pacis Osnabrug. art. V. §. 56. Receff. Deput. de anno 1600. §. 18. Receff. Imperii de anno 1654. §. III. Concept. ordinat. cam. P. II. Tit. 31. §. 12. et 13. Receff. Vifit. de a. 1713. §. 9. et ord. iud. aulic. Tit. II. §. 2. Nec, fecundum deliberationes praefentium Dnorum Vifitatorum die 14. Nov. 1768. habitas, ac refolutum jam dum Camerae Imperiali infinuatum, dubitandum eft, quin per expectandum Receffum Vifitationis noviorem accuratiori animadverfioni ad privilegia de non appellando, iterum providentur.

t) Acta defuper anno 1643. refert Moser im Staats-Recht. P. IV. lib. II. cap. 58. §. 7. et 18. L. B. de Cramer in benen Nebenftunden. P. LXXVI. pag. 9. feq.

u) De hac diftinctione videri poteft Taffinger in Inftitut. jurisprudent. Cameral. §. 713. ufque 715. una cum celeberrimo Iohanne Stephano Puttero practicorum recentiorum quoad rem judiciariam Imperii limatiffimo in opusculo de querelae nullitatis et appellat. coniunctione.

PRAEFAMEN. VII

diiudicari poterit, quod fupra (§. IV. V. et VI. memoravimus. Iura certe de non appellando ftatuum, cum originetenus in propria ipfis qua talibus competente judicaria poteftate radicata atque fic ex necelfaria contra litigiorum protelationem adhibita provifione derivanda effe, nemo facile inficias ire poterit, etiam privilegia defuper obtenta, tanquam per fe fummae aequitati conformia, pofitis tamen merito terminis habilibus, amplianda potius quam reftringenda funt, dum ipfa fana ratio et jura communia volunt, legem reipublicae utilem femper interpretatione adiuvandam effe *v*).

§. X.

Neque etiam illud plus ponderis habet, quando tribunalia imperii reftrictionem illam privilegiorum faepius memoratorum vel hoc refpectu toties quoties fuaferunt, quafi fummae ac inviolabili jurisdictioni Caefareae hinc vero dependanti fuae jurisdictione effent derogatoria. Ut enim taceamus incongruum effe, ea jura, quae ipfi Imperatores per data, perpenfis prius probe motivis *w*), defuper privilegia clementiffime agnoverunt, pro auctoritate eorundem obftantibus venditare velle, illud potius in contrarium ex propria confeffione notorium eft, hanc usque dum horum judiciorum effe faciem, ut vix ac ne vixquidem caufis immediate ad fe delatis nuquam fufficere potuerint nec adhuc fufficiant, ideoque iisdem aeque ac bono publico magis per diminutionem, quam multiplicationem laborum fuorum profpectum effe.

An privilegia de non appellando jurisdictioni Caefareae fint derogatoria?

§. XI.

n) Secundum l. 64. §. 1. D. de condit. et demonftrat.
w) Temporibus Friderici III. Imperatoris demum hoc principium a Doctoribus juris mercenariis ftabilitum fuiffe, Perilluftris dum viveret et femper adhuc celeberrimus imperialis judicii Aulici Confiliarius L. B. DE SENKENBERG in praefat. zur Abhandlung von der Kayferl. höchften Gerichtbarkeit in Teutfchland §. VIII. recenfuit, ibidemque fimul notavit, olim non fuiffe fic, fed ipfos Imperatores, ad refrenandum nimium provocandi pruritum, privilegia exemtionis lubenter et frequentius dediffe.

PRAEFAMEN.

§. XI.

De principiis summorum imperti tribunalium in hac materia.

His fuppofitis mirum fere videri poteft, cur venerarnda Architribunalia illa in hunc ufque diem dictis fic infpecie querelis nullitatum infanabilium contra ftatuum privilegia de non appellando, etiam fi illimitata, usque eo patrocinentur, ut quantumvis in privilegio quodam expreffe hoc querelarum genus reiectum fit, hanc tamen prohibitionem non de omnibus etiam infanabilibus nullitatibus fed ita intelligendam effe velint, ne fub praetextu cuiusvis nullitatis faltim fanabilis ipfum privilegium de non appellando violetur x). Quam vera tamen haec quoque fint vel non, fpeciatim ad normam Conftitutionum imperii trutinandum adhuc reftat.

§. XII.

De notionibus juris civilis circa querelas ita dictis nullitatum in vim remedii juris.

Plurimis jam ante nos illuxit, illud quod hodie nofcimus nullitatis remedium intra 30 annos adhuc, prout volunt, admittendum nec juris romani nec germanici effe. Antiquiores certe Iuris Confulti romani hoc genus remedii juris devolutivi peculiari nullitatis nomine infigniti tacent, caeteroquin licet regulam rationalem y) agnoverint, ab initio vitiofum nullo unquam temporis tractu convalefcere, atque hinc v.g. actum contra legem, contra folitum vel praefcriptum procedendi ordinem, contra non auditum, rem judicatam, aut die feriato celebratum, vel etiam impoffibile quid continentem, nullum, invalidum, inanem et nullius roboris aequipollenter vocarint, nec non idcirco actiones vel exceptiones quocunque tempore, vel etiam ubi nullitas ex contractu vel alio civili negotio antecedente allegari et fundari poffet intra 30 annos

---

x) Perilluftr. L. B. DE CRAMER in Syftem. proceff. imperii §. 1355. ufque 1371. et TAFFINGER in Inftitut. jurisprud. Cameral. §. 716. feq.

y) vi l. 29. 182. et 210. D. de regul. jur. item l. 19. D. de appellat.

PRAEFAMEN.

nos admiferint z)

§. XIII.

Ad maiorum noftrorum hac de re notiones fi refpicimus, illud aeque compertum habemus, fecundum fupra (§. III.) iam adductam liberrimam ab iisdem fervatam provocandi licentiam, cuivis a fententia fibi non proficua vel faltim difplicente, five ex capite nullitatis five iniquitatis provocare integrum fuiffe, querelam vero nullitatis in fpecie fic dictam eos ignoraffe, fed fub generali compellatione *provocationis* omnem recurfum ad iudicem fuperiorem intellectum fuiffe, Doctores (aa) aeque dudum iam obfervarunt.

Quid Germani defuerint.
per fenferint.

§. XIV.

Schema ergo quod hodie querelae nullitatum tam fanabilium quam infanabilium in vim peculiaris remedii habemus, prout nec ipfe Gailius (bb) diffimulare potuit commentatoribus proceffus Cameralis natales fuos debet. Ubi enim hi, poft inftaurationem fupremorum imperii iudiciorum animadverterent, ftatus maiorem circa propriam rem iudiciariam curam adhibere, inde vero aliqualem iurisdictionis fuae diminutionem, Procuratores et Advocati horum tri-

Sunt inventum recentius Commentatorum.

(z) Iam ANTONIVS MATHAEI in Tract. de judiciis Difput. XII. n. 2. ufque 5. hanc querelam commentum interpretum vocavit et poft hunc de eo videatur celeberr. quondam Goettingenfis iurium Antecessor Ion. FRIDERICVS WAHL in differt. de vitio nullitatis proceffus §. 2. not. lit. b. nec non modo citatus iudicii imperialis Aulici Confiliarius L. B. DE SENKENNERG in meditat. iuris univerf. et hiftor. Tom. 1. med. 7. §. 1. Imo ipfe tot. *t.t. Cod. quando provocare non eft neceffe* ex quo hoc remedium effictum effe videtur, fatis aperte demonftrat, in omnibus ibidem recenfitis cafibus provocationem quamcunque tanquam minus neceffariam vel ideo excludi, quoniam fupervacaneum imo contradictorium femper habitum fuit, cafui infanabiliter nullo, adeoque nunquam convalefcenti, remedium quaerere. Celeberrimus PVTTERVS in Theoria generali de nullitate. §. 23. 24 et 25 feq.

(aa) GEORG. LVDOV. BOEHMER de provocat. germ. cap. 1. §. 4. et 8. et laudatiffimus HOFFMANNVS nofter in der Teutfchen Reichs-Prart. §. 895.

(bb) In Obfervat. pract. Lib. I. OLf. 127. et Cancellarius WEBER in fupra nota lit. n. allegata differtat. Sect. II. §. 2. TEXTON in difput. ad receff. imper. noviff. difputat. XII. thef. 143. et 144. Prae aliis vero infelicem hanc inter nullitates fanabiles et infanabiles diftinctionem dilucidavit modo citatus PVTTERVS in opufculo de quaerelae nullitatis et appellationis coniunctione §. 22. feq.

X PRAEFAMEN.

tribunalium vero praeprimis, decrementum foftrorum, ut verbo hoc analogice uti hic liceat, metuerent, inde cautelae loco principium, pro amplianda et munienda eminentiori iurisdictione ftabilire fatius duxerunt, exclufa licet atque reftricta quodammodo ordinaria appellationis via, ad evitandam fic praetenfe metuendam iuftitiae denegationem, partibus integrum effe debere, fub fpecie nullitatum multifarie allegandarum querelas intentare.

§. XV.

Quid leges imperii antiquiores hac in reve-fint. Ordinatio Cameralis prima de anno 1495. nullam adhuc remedii huiusmodi nullitatis mentionem facit (cc) et quamvis in pofterioribus huius Conftitutionis exemplaribus de annis 1521. tit. 21. 1523. tit. V. §. 6. et denique 1555 tit. XXXIV. peculiaris hac de re fanctio (dd) reperiatur, ex Receffu tamen imperii de a. 1570. §. 69. et Receffu deputationis de anno 1600. §. 14. (ee) conftat, illas nullitatum querelas five cumulative cum appellatione five principaliter ad fora imperialia fuprema delatas tunc temporis formalibus provocationum ordinariarum indiftincte adftrictas fuiffe, adeoque diftinctionem illam gloffatorum inter nullitates fanabiles et infanabiles his legibus effe recentiorem.

§. XVI.

Recentiora privilegia Caefarea has querelas nominatim faepius excludunt, teftantibus privilegiis Haffiacis. Infuper et quod magis eft, privilegia circa illa tempora non nullis ftatuum de non appellando ad certam fummam conceffa, liquido demonftrant, celfiffimos Imperatores iam dum nonnunquam recurfus huiusmodi fub obtentu nullitatis pro *nullis* et illicitis declaraffe et fub generali *appellatione provocationum* etiam nullitatis remedium intellectum

(cc) Videre hanc licet apud L. B. de Senkenberg in der Sammlung der Reichs-Abschiede. P. II. p. m. 6. seq.

(dd) Ibid. P. II. p 186. et 250. it. P. III. p. m. 124.

(ee) apud eundem de Senkenberg P. III. p. m. 296. et 476.

PRAEFAMEN.

tum voluisse (*ff*) Ita enim prae aliis privilegia de non appellando ad summam mille florenorum aureorum a Sereniflima Domo Hasso-Darmstadina ab Imperatore Ferdinando II. die 19. Septembris 1631. et Hasso-Caffellana a Ferdinando III. die 26. Augusti 1650. gratiosissime obtenta, expresse loquuntur:

Daß ob von einer Urtheil, die nicht über Ein Tausend Goldgulden oder darunter betrift, appellirt, supplicirt oder reducirt würde, welchergestalt oder von wem das beschähe, und derselben *Appellation*, *Supplication* oder *Reduction*, *Nullitaets-Klage*, oder einig ander Zugs= oder *Provocations*-Mittel, wie die immer gedacht oder genannt werden, es sey in Unseren Kayserlichen Rechten und des Reichs Satzungen exprimirt oder nicht, von Unsern oder Unseren Nachkommen am Reich aus Unwissenheit oder Vergessenheit angenommen würden; So setzen, ordnen und wollen wir, jetzt alsdann, und dann als jetzt, daß solches gegenwärtiger Unserer Begnadigung und Freyheit unnachtheilig und unabbrüchig, und dieselbe *Appellation*, *Reduction* und *Supplication*, und was darauf gehandelt und vorgenommen würde, untauglich und nichtig seyn solle (*gg*)

§. XVII.

Interim Assessores Camerae, licet iam ipsi in relatione die 19. Junii 1643. ad Comitia facta, super nimia appellationum frequentia atque excrescente inde laborum cumulo con-

Quae Assessorum Camerae hac in re fuerit opinio, et quid Recessus imperii novissimus desuper disponat.

(*ff*) Per ea quae supra not. lit. (*aa*) allegavimus et quae tradit Perilluftris de Pufendorff in Observ. 102. Tom. III. §. 7. et 8. satis compertum est sub praedicato provocationis etiam appellationes et illas quae nullitatis causa fieri dicuntur, tanquam species sub genere, prout ex supra adducto privilegio Hassiaco apparet, ut plurimum contineri. Ipsa iura romana hanc vocem provocationis cum appellatione non raro promiscue accipiunt, secundum l. 40. §. 1. D. de pactis l. 1. §. 1. D. de appellat. recipiend. vel non etc. l. 7. et 30. Cod. de appellat. et consult. et ex rubr. tituli Cod. quando provocare non est necesse.

(*gg*) apud de Lynolff in appendice Catalogi privileg. de non appell. p. m. 74. usque 94. et in Catalogo p. m. 73. ubi simul testatur privilegium Hasso-Caffellanum 1657. Camerae Imperiali insinuatum fuisse. it. Kuchenbecker in der Abhandlung von den Heßischen Erb-Hof-Aemtern Adiunct. Lit. LLL.

conquefti effent (*hh*) diftinctio illa inter caufas nullas et iniuftas pro tuenda amplitudine iurisdictionis et poteftatis fuae femel adoptata, tamdiu valde vexavit (*ii*), donec poft longas atque indefeffas ftatuum de proceffu imperii iudiciario emendando deliberationes, et diverfa fuper hac materia *in genere*, circa deductiones nullitatum earundemque reftringendum abufum etiam *in fpecie* nec non *ftricte* obfervanda de non appellando privilegia, ac in hunc finem augendam eorum fummam *fpecialiffime* collecta fuffragia (*kk*) per Receffum imperii noviffimum de anno 1654. a §. 108. usque 123. inclufive, hae tricae in hunc modum enodare ftuduerunt, ut inter alia maxime falutaria praecepta §. 121. et 122. ftatutum fuerit:

> in Sententiis tam nullis quam iniquis fatale interponendae in Camera imperiali obfervandum fore, quoad illas nullitates vero quae infanabili defectu aut ex perfona iudicis aut partis aut etiam quoad fubftantialia proceffus laborarent, iura communia locum retinere.

§. XVIII.

Ulterior dilucidatio huius Receffus circa hoc obiectum.
Difpofitio haec legis per fe, uti videri poterat, fatis perfpicua contra optimam legislatorum intentionem tamen non impedivit, quo minus, prout in humanis fieri folet, fuper vero eius fenfu novae diffenfiones orirentur. Alia occafione ipfi iam notavimus (*ll*) verba articuli 122. huius Receffus nec fenfui nec fcopo imo nec votis plurimis ftatuum ubique effe conformia, et nunc iterum non poffumus non obfervare, eadem etiam non fatis effe circumfcripta. Dum enim

---

(*hh*) DE MEYERN in actis Comit. Ratisbon. de anno 1653. usque 1654. P. II. Lib. IX. §. 5. p. m. 150. feq.

(*ii*) Sunt verba Receff. imper. noviff. §. 121.

(*kk*) Sparfim haec evolvi poffunt apud eundem DE MEYERN in actis modo cit. Comitial. Lib. IX. p. 18. p. 229. Lib. X. §. 1. p. 163. §. 2. p. 201. Lib. XII. §. 2. p. 897. et 407. p. 3. p. 418. 419. 441. usque 444. Lib. XIII. §. 1. pag. 483. ibique fpecialiter Votum Guelpherbytanum p. 528. 542. 555. et 560. 581. 594. 601. 613. et Lib. XIV. p. 622. et 639.

(*ll*) In his Decif. noftr. Dec. CXVIII.

PRAEFAMEN   XIII

enim fupra (§. XII. et XIII.) a nobis iam probatum fuit, diſtinctionem illam inter nullitates fanabiles et infanabiles proprie nec iuris romani nec germanici effe, haec iura vero fine dubio ius commune conſtituunt, prono inde alveo fluere credimus, ex modo memoratis verbis dicti receſſus fatis non apparere, quis pofitive ille in caufis ita dictis nullitatum infanabilium procedendi modus eſſe debeat. Quam maxime tamen alieni a verborum captatione circa venerandam illam legislationem, id faltim optimo maximo iure moneri poffe nobis videtur, hanc receſſus imperii noviſſimi difpofitionem, fecundum ea quae in fequentibus (§. XX.) latius deduximus, eo folummodo tendere, ut querelae fuper nullitatibus infanabilibus non aliter, nifi pofitis terminis caeteroquin habilibus, id eſt falvis femper ſtatuum de non appellando privilegiis, five ante five poſt hunc Receſſum, five limitate cum expreſſa tamen generali exclufione harum querelarum, five illimitate obtentis, admitterentur.

§. XIX.

Quanquam etiam Vir optimae et nunquam non venerandae inter poſteros memoriae Dominus Aſſeſſor DE LVDOLFF *(mm)* prae reliquis adverfam huic noſtrae opinionem *Iuſtitia admiſſionem querelarum nullitatis contra privilegia de*

(mm) In Comment. Syſtemat. iur. Cam. p. m. 196. l. 18. feq. Sicut. et alii *non appel-* plures huius Sententiae defenfores, MVNSINGER. GYLMANNVS, WEHNERVS, *lando per fe* VANTIVS et inter recentiores L. B. DE CRAMER loco fupra not. lit. (b) citato, *non requi-* nec non in fyſtemat. proceſſ. imperii §. 1348. ufque 1353. In contrarium vero *rit.* iveruut KNICHENIVS, CARPZOVIVS, ARVMAEVS, RICHTERVS, BRVNNQVELL in programmate 1734. Ienae defuper edito et ante not. lit. a allegatus Periluſtris FRIDERICVS ESAIAS DE PVFENDORFF Tom. III. obf. 102. Cum autem noſtrum non fit, horum opiniones ex charta in papyrum tranfcribere, remittimus de fuper lectores ad Cancellarii Gieſſenſis IMMANVELIS WENKRI (not. lit. n.) citatam diſſertationem, ubi is Sect. II. a. §. 3. ufque 15. rationes ex utraque parte prolatas recenfuit, tandem vero §. 16. utra argumenta praevaleant, difcreto cenforum iudicio reliquit. Novimus praeterea fcriptores noviores praxeos Cameralis et iudicii Aulici contra GAILIVM Lib. I. obf. 135. n. 8. et RODING in Pand. Cameral. Lib. I. Tit. 19. §. 47. et Tit. 33. §. 32. contendere, privilegia de non appellando querelarum nullitatis diferte excluſiva ante Receſſum imp. noviſſ. impetrata, ideo folummodo de nullitatibus fanabilibus effe intelligenda. quia fupponunt tunc ab omnibus nullitatibus indiſtincte appellandum fuiſſe. Licet vero hoc poſterius fecundum ea quae a nobis (§. XV.) allata funt, lubenter largiamur, non tamen conclufionem

Inde

nem non sine fiducia veri, emphatice adeo defensus sit, ut erubescendum ei esse velit, qui contra querelas e. gr. incompetentis iudicis, contra ius in thesi iudicati, initii facti ab executione, et similia vel per privilegii alicuius petitionem vel per concessi adeo violentam, ut ait, interpretationem praesidium quaerere vellet; tantum tamen abest ut haec effata, quantam etiam aequitatis speciem prae se ferant, omni restrictione et refutatione nobis maiora videantur, ut potius hanc thesin generaliter nec ex tenore Recessus imperii novissimi aut aliis imperialibus Constitutionibus, nec ex natura eius, quod exactissima iustitiae administratio necessario requirit, sustineri, aeque minus vero admissionem harum querelarum, sive incidenter sive principaliter talium cum privilegiis statuum legitime acquisitis ac per omnes imperii leges confirmatis conciliari posse, nos convictos profiteamur.

§. XX.

Quod probatur (a) ex ipsa Recessus imperii dispositione.

Rationes huius nostrae convictionis sequentes habemus. Primo ex ipsa lege, recessu scilicet imperii de 1654. actis Comitialibus Ratisbonensibus desuper cum tenore eiusdem verbali supra (§. XVII.) allegato sollicite collatis, invenimus, statibus imperii strictissimam privilegiorum de non appellando observationem adeo tunc temporis ante oculos versasse. Ut etiam ab initio omnes nullitatum querelas tam sanabilium quam insanabilium ad fatalia et formalia appellationum adstrictas esse voluerint (nn); postea vero intuitu earum nullitatum, quae quoad personam iudicis vel partium, aut etiam circa substantialia processus et quadantenus circa merita

inde praetense deductam agnoscere quisquam poterit, donec probetur vi modo citati Recessus imperii querelis nullitatum insanabilium contra statuum privilegia de non appellando sive expresse aut generaliter huius generis querelas excludentia sive illimitata locum esse datum. Contrarium potius (§. seq. XX.) evicimus atque sic haec Sententia Doctorum Cameralium deficiente tali interpretatione authentica certe nunquam admitti poterit, nec etiam huc usque a quoquam statuum, quantum constat, admissa fuit.

(nn) DE MEYERN in saepe allegat. actis Comit. P. II. Lib. VIII. §. 2. p. 6. Lib. IX. §. 4. p. 150. §. 18. p. 229. et 230. Lib. X. §. 1. p. 163. et §. 2. p. 202.

PRAEFAMEN.   XV

merita caufae (oo) defectum fic dictum infanabilem inducerent, difpofitionem, iuris ita dicti communis eatenus admiferint, ut, haud paucis, praefertim Sereniffimis Domibus Saxonicis et legato Guelpherbytano, tamen differte monentibus (pp) contra ftatus privilegiis de non appellando munitos, provocationes vel appellationes fub praetextu nullitatum neutiquam admitti deberent. Quod fi porro nexus huius legis quoad materiam reformandi proceffum inter fe comparatur, iterum liquet, vi §phi eiusdem 108. 110. 119. et 120. id fingulariter actum fuiffe, ut abufus frequentium nimis ad imperii dicafteria provocationum, libidinis hinc nomine ibidem infignitarum, tollerentur ideoque propria ftatuum Iudicia membris fufficientibus ac habilibus ornarentur, fimul vero fecundum §phum 109. quaevis iuftitiae denegationes vel protractiones praepedirentur eumque in finem vi §phi 113. cafibus hifce nihilo minus obvenientibus per admiffas fupplicationes pro adminiftranda iuftitia et concedenda in vim revifionis actorum transmiffione profpiceretur, his autem fic ordinatis iudiciis imperialibus, privilegiorum de non appellando, quoad fummam et numerum eum in finem, adiecta faltim quoad caufas pauperum aequiffima moderatione auctorum et porro augendorum, *ftrictisfima* id eft exactiffima, attentio per §phum 111. 112. 114. 115. 116. 117. et 118. praefcripta fuerit. Quibus ita concatenato ordine confideratis, contradictorium omnino apparet, legislatores querelis nullitatum, adverfus expreffa imo etiam illimitata privilegia locum dediffe, et §phos fequentes 121. et 122. ita interpretari velle, ac fi ibidem tantummodo de
querelis

(oo) videatur de hoc Dec. noftra CXVIII. Utrum vero eiusmodi nullitas infanabilis in iis caufis praeregi poffit, quae thefi iuris fubdubia nituntor, hoc merito negamus ex rationibus a laudato PÜTTERO in opufculo de nullitatis et appellationis coniunctione §. 37. nec *200 in beren anderlefenen Rechts - Fällen* refp. LVI. n. 37. allatis. Quis enim vel fomniando fibi perfuadere poterit, iudicem dum in cafu, quoad thefin iuris in utramque partem difputabili, fecundum unam alteramve fententiam fibi magis rationabilem vifam pronunciat, nullitatem et quidem infanabilem committere.

(pp) Cit. acta Ratisbon. MEYERIANA Lib. XIII. §. 1. p. 528. et 601. it. 613. et 622.

querelis fuper nullitatibus fanabilibus ordinariis fatalibus antea femper vi (§. XV.) fupra adductorum adftrictis, fermo effet, infanabilium autem quaerelae nullatenus excluderentur, cum potius ipfa fic res id loquatur, quod fupra (XVIII.) iam diximus, legislatores nempe, his querelis non aliter, nifi fub terminis habilibus, quoad privilegia ftatuum ufque quaque in antecedentibus plenarie ab omni interverfione exemta, fcilicet exclufivis, fecundum receptam, DDrum opinionem etiam poft. 30 annorum lapfum locum dediffe, prout etiam probatiffimi Iuris Confulti idem diu iam agnoverunt (*qq*).

§. XXI.

Ex aequitate reciproca eius quod iudicia imperii refpectu fui ipfius hac in re ftatuunt.

Secundo lubenter concedimus, abfonum fore, fi cui in mentem veniret, privilegia ftatuum de non appellando eo ufque extendere velle, ut iudicata tribunalium fuorum etiamfi contra ius in thefi vel neglecto omni debito aut praefcripto proceffus ordine lata valere debeant. Concedimus aeque membra horum indiciorum optime quamvis conftitutorum effe homines et fic humani quidquam etiam in hoc genere ab ipfis abfolute non effe alienum. Quandoquidem vero hae rationes generaliter fumtae alicuius momenti effe poffunt, licebit absque irreverentiae tamen nota ac non fine ratione quaerere, quo iure membra dicafteriorum imperii ultra humana haecce contingentia plane fe pofita effe putent, dum nunquam contra iudicata fua quaerelas nullitatis etiamfi infanabilis, praefertim ne obfervata quidem contraria eaque clara legum difpofitione (*rr*), admittant? fed potius ubi procuratores tale quid proponere audent, gravifſimas

(*qq*) Praeter fupra not. lit. (m m) allegatum GAILIVM et RODINGIVM videri defuper poffunt LAVTERBACH in Colleg. theor. practic. Lib. XLIX. Tit. 2. §. 7. in f. et Cancellarius quondam magni nominis Gieffenfis BERNHARDVS LVDOVICVS MÜLLENBECK in differtat. 1687. ibid. habita de privilegio de non appellando aphorism. 19. 20. et 21.

(*rr*) Ordinat. iud. Aulic. Tit. V. §. 7. iuncto Art. V. §. 49. inftrum. pacis Osnabrug.

PRAEFAMEN. XVII

vissimas animadverfiones (*ss*) contra eosdem ftatuere foleant? Si praeiudicium reverentiae, auctoritatis, integritatis et doctrinae quidquam pro exclufione querelarum nullitatis intuitu horum tribunalium valet, quod nec nos fuo modo in dubium vocare cupimus, fane non apparet, cur Confiliarii principum ad iuftitiam adminiftrandam arctiffimo iuramenti vinculo ubivis obftricti eorumque fora fuprema, eodem iure iisdemque praecipuis (*tt*) gaudere nequeant, ubi praefertim ex §. 108. Receffus Imperii noviffimi, et rite impetratis dominorum fuorum privilegiis de non appellando, etiam illimitatis eandem qualitatum debitarum praefumtionem pro iisdem militare fecundum aequitatem reciprocam nemo facile in dubium vocabit.

§. XXII.

Nulla infuper *tertio* hactenus iuris neceffitas liquet, quae admiffionem faepe dictarum querelarum contra ftatuum privilegia expreffa vel illimitata abfolute requireret. Exploratum fatis in contrarium effe quisque novit alia per leges imperii media magis adaequata et aeque proficua fupereffe, quibus, his privilegiis non obftantibus, omnibus iis qui de iuftitia interverfa vel denegata fibi conquerendum effe

c) Ex deficiente neceffitate dum alia media fuppetunt.

(*ss*) Saepe allegat. DE LVDOLFF in Comment. Syft. p. m. 337. TAFFINGER in Inftit. iurispr. Cameral. §. 1064. not. lit. f. KLOCK in Relat. Cam. 30. SCHWE- DER in differt. de concurfu et electione remedior. contra Sentent. in fupremo imperii tribunali latas. cap. II. §. 10. et 21. feq. IVSTVS HENNINGIVS BOEHMER Exercit. ad Dig. 22. cap. 2. §. 6. not. lit. f. Imo conftat iudicia Imperii pro magis firmanda fua auctoritate in Comitiis Ratisbonenfibus de anno 1600. et 1643. etiam abolitionem remedii revifionis quaefiviffe *Acta Meyer. Ratisbonenfia* P. II. Lib. 9. §. 4. p. 153. et 245. et Lib. 12. p. 399.

(*tt*) Commentatores iurium Cameralium non negandum hunc refpectum ipfo facto agnofcunt, dum cum Affeffore DE LVDOLFF in Comment. Syftemat. p. m. 195. et in Obferv. forenf. P. I. obferv. 34. nec non L. B. DE CRAMER in Syftemat. proceff. imperii §. 1356. literas informatorias, prius quam huiusmodi querelis deferatur, decernendas effe ftatuunt. At enim vero deficiente fori competentia nec huic procedendi modo absque praeiudicio privilegiatorum locus effe poteft, nec etiam ftatus hoc facto, fatis fe tutos inveniunt ne data, licet in honorem faltim decernentium informatione, citationes ad huiusmodi querelas quantumvis minime fundatas, prout exempla defuper exftant, ut plurimum decernantur.

XVIII   P R A E F A M E N.

esse credunt, satis superque prospectum est. Jam enim aurea bulla Tit. XI. §. 33. Supplicationes super denegata vel protracta iustitia idcirco admisit (*uu*), et perinde alibi prout supra (§. XX.) notavimus, implorationes pro mandatis de concedenda in vim revisionis actorum transmissione praescriptas esse legimus. Haec vero remedia casu exigente eo magis forent eligenda prae illis querelis, quo certius est, has posteriores etiam coram eodem iudice proponi posse (*ww*), hinc vero non sine arguenda singulari importunitate easdem ad imperii tribunalia immediate deferri, cum omnino semper inverecundam imputationem prae se ferant, ac si hi iudiciis ac iudicibus propriis inversum vel iniquum cognoscendi modum, delatis desuper ad se supplicationibus ignoscituri essent, imo imminenti inde privationis privilegiorum periculo sese exponere vellent. (*xx*).

§. XXIII.

d) Ex magno eo- que non ne- gando abu- su harum querela- rum.

Quarto denique ipsi scriptores iurium Cameralium et iudicii Aulici non diffitentur, querelas nullitatis propter frequentem earum abusum, suspectas valde adeoque non facile admittendas esse (*yy*). Quid ergo usui earundem contra aperta statuum privilegia opitulari posset, eo magis nos fugit,

(*uu*) De quo remedio videatur ex professo Ivstvs Henningivs Boehmer in Exercit. ad D.Exercit. 103. per totum et de eius differentia a remedio nullitatis specifica in Exercitat. 22. de maiestate imperii Magistratuum maiorum cap. 2. §. 6. not. i. et k.

(*ww*) Dnus Esaias de Pvfendorff in Introd. in process. civil. P. IV. cap. 5. §. 4. nec non Hoffmannvs noster in ter Teutschen Reichs-Praxi §. 895. not. lit. y. ibique citat. Textor in Decis. Electoral. palat. Pro Praeses dignissimus illustris tribunalis Wismariensis ab Engelbrecht in observat. select. forens. Observ. 64.

(*xx*) Exorbitant ergo quoque illi, qui querelas nullitatum in iudiciis imperii vel ideo contra statuum privilegia admitti debere sibi persuadent, quia ipsi principes contra nobiles sibi subiectos ac privilegiis omnimodae Iurisdictionis gaudentes cognitionem super nullitatibus ab eorum iudiciis sibi vindicent. Argumentum hoc valde claudicare cuilibet inde statim illucescit, quoniam iudicia nobilium mediata etiamsi suo modo optime constituta cum iudiciis statuum praesertim superioribus quae secundum Püttervm in Opusculo de rei iudiciariae imperii cultura §. 14. tribunalibus imperialibus sunt adaequata, et privilegiis statuum de non appellando comparare, idem sit, ac lunam cum sole aut iudicium sculteticum cum rota romana componere velle.

(*yy*) vid. not. supra lit. (*tt*) et pluries citatus Assessor de Lvdolff in observ. for. Observ. 34.

PRAEFAMEN.

fugit, cum experientia doceat, reliqua antea (§. praeced.) recensita legum auxilia iisdem ideo saltim ut plurimum postponi, quoniam nonnisi rei iudiciariae et processus imperii ignorantissimus ignorare potest, difficilius esse narrata ad praescriptum legale impetrandi Mandati S. C. adaptare, quam sub longe faciliori obtentu innumerabilium fere secundum Commentatorum tradita nullitatum insanabilium, citationem ad has deducendam extrahere, sic vero augendo stupendum numerum causarum in dicasteriis imperii huc usque indecisarum ac citra miraculum nunquam decidendarum, cum vilipendio iudicum priorum iustitiae complementum, si non in infinitum, saltim ad tempora sibi favorabiliora protelare.

§. XXIV.

Satis superque, semoto tamen omni partium studio, hisce evictum esse speramus, opiniones Sententiae nostrae obstantes, immobili fundamento haud niti. Prout vero hoc generaliter verum esse credimus, ita specialiter Serenissimas Domus Hassiacas utriusque lineae regentes contra restrictionem qualemcunque privilegiorum suorum uberrimo iure sese defendere, vix quisquam solidis cum rationibus contradicturus est. Obtinuerunt hae, praeter eas, quae iam anno 1355. 1493. et 1573. de non evocando nec non appellando ipsis competebant exemtiones (zz), non solum ante ultimum Imperii Recessum, anno nimirum 1630. et 1650. (§. XVI.) privilegia de non appellando querelarum nullitatis dispositive exclusiva, sed nunc quoque Domum Hasso-Cassellanam die 7. Dec. 1742. et Darmstadinam die X. Maii 1747. privilegio de non appellando ad instar Electorum illimitato ita quidem, uti verba se habent;

Daß keine Appellation, Provocation, oder Reduction statt haben solle, ohnangesehen aller Constitutionen, Gesetzen und

Contra privilegia Haßiaca illimitata iu specie huic querelae sunt illicitae.

(zz) Allegante eadem supra citato Ioh. Georgio Estor in Element. iur. publ. Hassiac. §. 73. et 74. seq. et laboriosissimo Archivario nostro Christophoro Lvdovico Kleinschmidt in der Sammlung der Heßischen Landes-Ordnungen. P. II. p. 301.

XX   PRAEFAMEN

und Ordnungen, die hier:rieder gemacht seyn, oder künftig gemacht werden möchten ꝛc. (*aaa*).

aequaliter condecoratam fuisse, publici iuris est. Nullo ergo modo contra iudicata supremorum tribunalium Hassiacorum provocationes sub nullitatis quantumvis insanabilis allegatione admitti posse tamdiu arcte et strenue sustinendum erit, donec quis paradoxon illud defendere auderet, privilegia haec posteriora illimitata ex illa solum ratione, quod exclusionis querelarum nullitatis mentionem non faciant expressam, illis anterioribus has nominatim excludentibus angustiora et sic re vera per contradictionem in adiecto pro limitatis habenda esse (*bbb*):

§. XXV.

Praesertim cum Hassiae Regentes semper de debita constitutione superiorum Iudiciorum maxime fuerint solliciti, quod probatur per dispositionem Tribunalis Hasso-Cassellani in specie

Serenissimi Regentes Hassiaci praeterea tanto maiori iure his suis privilegiis sine ulla exceptione insistunt, quo magis prima semper eorum cura fuit, ut iudicia in terris suis superiora ad normam legum Imperii ac Recessus de anno 1654 §. 108. composita essent. Quod ad lineam Hasso-Cassellanam particulariter hac in re attinet, illa certe in hunc usque diem nihil eorum omisit, quae circa dignitatem atque debitam iudicii sui appellatorii Constitutionem desiderari possent

(*aaa*) Tenor integer horum privilegiorum typis exstat apud Künig in Select. iur. publici P. 8. cap. 1. et Kvchenbecker iu der Abhandlung von denen Hessischen Erb- Hof- Aemtern sub lunct. lit. TTT. 2. et Darmstadini apud Moserum im Staats-Archiv. p. 74. Insinuatio etiam privilegii Cassellani facta est in Iudicio Aulico die 21. Oct. 1743. et in Camera Imperiali mense Novembris eiusdem anni, Darmstadii autem die X. Ian. 1748. Cumque in hoc privilegio illimitato iterum omnes *provocationes* prohibitae legantur, non possumus non, ea hic etiam atque etiam repetere quae supra not. lit. aa. et ff. circa significatum et complexum generalem huius vocis observavimus.

(*bbb*) Secundum praeiudicium a modo laudato de Pvfendorff loc. cit. §. 14. allegatum, iudicium Aulicum non nunquam huius generis querelas prout par est, reiecisse videtur. Contra Serenissimum Landgravium Hasso - Cassellanum tamen vi conclusi durante ultimo bello die 1. Junii 1759. ad instantiam Sermi. tunc electoris Coloniensis qua Ordinis teutonici Magistri in causa Viduae ab Einsiedel emanati, citatio ad videndum deduci nullitates, ob id quod nostrum Tribunal contra ius constitutionum ordinis clarum praetense pronunciasset, decreta fuit. Quo iuris et facti fundamento vero hoc factum, et an non potius querela illa

poſſent (ccc). Noti idcirco apud nos ſunt, iam ante impetratum privilegium illimitatum Conſiliarii huius Tribunalis meritiſſimi, Schefferus, Gruſemannus, Muzius, poſtea Conſiliarius intimus ac regiminis Caſſellani Cancellarius, Henricus Otto Calckhoff deinde Status Miniſter et perinde Cancellarius, nec non Michael Kulenkamp, quos omnes dignos eſſe ſcimus, qui etiam poſt fata honoris et probatae integritatis cauſa nominentur.

Adepto vero illo a glorioſiſſimo Imperatore Carolo VII. privilegio, qua Directores et Praeſides huic noſtro Iudicio ſucceſſivo praefuerunt.

- a) Idem modo nominatus CALCKHOFF, a die 18. Febr. 1746. ad mortem uſque 1753. inſecutam
- b) FRIDERICVS AB EYBEN, celſiſſimae Camerae Imperialis antea et adhuc dum ibidem multum veneratus Aſſeſſor nunc Regiae Maieſtatis Danicae qua Ducis Holſatiae Status Miniſter, in qualitate Praeſidis, a die 12. Iul. 1754. ad reſignationem uſque die 18. Sept. 1758. voluntarie factam.
- c) IVSTVS FRIDERICVS DE BERNER, qua Conſiliarius intimus et Vice-Praeſes, poſtea a die 11. April 1760. in Praeſidem Regiminis Haſſo-Schaumburgici Rintelienſis promotus. Tandem
- d) qui iam a die 14. Iulii 1762. gratia Sereniſſimi eiusdem Praeſes eſt, harum deciſionum editor LEONHARDVS HENRICVS LVDOVICVS GEORGIVS DE CANNGIESSER.

Conſiliariorum vero munere cum his ibidem functi ſunt atque reſpective adhuc funguntur.

a)

illa generis earum fit, quae ſupra (§. XXIII.) deſcripſimus, quilibet aequi et rerum iudicialium periti aeſtimatores ex Dec. noſtra CCXI. quam idcirco huic Tomo inſeruimus iudicent, inſimul vero ex decreto in alia cauſa contra eundem Ordinem Teutonicum non ita pridem lato atque hic in calce ſub lit. A. adiuncto, ſi volupe erit perſpiciant, qua ratione coacti, huiusmodi deſiliendi conatus reprimere ſoleamus.

(ccc) Generalem iudicii noſtri notionem delineavit ſupra not. lit. k. et m. allegatus noſter Collega CAROLVS PHILIPPVS KOPP ibid. cit. tractat. P. I. §. 221. et P. II. Lib. 4.

a) Supra nominatus DE BERNER ab anno 1743. usque ad promotionem modo memoratam.
b) GABRIEL OTTO A MALSBVRG, a die 2. Dec. 1743. usque ad annum 1758. nunc vero Confiliarius intimus et Regiminis Marburgenfis Praefes.
c) LVDOVICVS A BAVMBACH, a die 27. Ian. 1744. ad valedictionem usque die 17. Sept. 1757. infecutam.
d) IOHANNES HENRICVS SVMMERMANN, a die 9. April 1745. usque 22. Iul. 1748. ubi a Regia Maieftate Boruffica ad Regimen fuum Clivenfe vocatus fuit, ibidemque nunc directorium cum laude gerit.
e) CAROLVS WILHELMVS VERNA, a die 10. Octob. 1745. ad fata usque anno 1752. mature nimis infecuta.
f) Praefens huius Iudicii Praefes fupra nominatus DE CANNGIESSER, ante per duodecim prope annos Regiminis Haffo-Darmftadini Gieffenfis Confiliarius, a die 4. Maii 1750. ad promotionem usque.
g) IOHANNES FRIDERICVS DE WÜLCKNITZ, die 23. Febr. 1755. introductus, iam Confiliarius intimus ac Regiminis, quod Caffelis eft Pro-Praefes, nec non ad Comitia Ratisbonenfia legatus, unaque cum illo, ordine noftro adfcriptus.
h) CORNELIVS KNOBEL, 23. Febr. 1755. nunc aliquot ab annis emeritus feptuagenarius.
i) IOHANNES THEODORVS RIES, a die 23. Febr. 1760. denatus anno 1761.
k) GEORGIVS LENNEP, a die 8. Martii 1760.
l) CAROLVS PHILIPPVS KOPP, a die 22. Dec. 1761.
m) MAVRITIVS FRIEDERICVS DE MÜNCHHAVSEN, a die 9. Ian. 1764. et denique,
n) IOHANNES HENRICVS BROESKE, a die 7. Iunii 1765.

qui feptem pofteriores omnes antea per diverfos annos Regiminis Caffellani Confiliarii fuerunt exploratae dexteritatis.

§. XXVI.

§. XXVI.

Iudicio igitur noſtro in hunc usque diem ſic ſufficienter ac condigne inſtructo, querelarum ſuper protracta, multo minus denegata iuſtitia exemplum ſecundum notorietatem adhuc ignoramus. Provida quoque Tribunalis noſtri Conſtitutio laetam nobis ſecuritatem atque praeſumtionem praebet, nec facile nos querelis nullitatum ſive ſanabilium, ſive quod aiunt inſanabilium anſam daturos, nec etiam hinc ea, quae a nobis hic loci de non admittendis his querimoniis contra ſtatuum, in ſpecie Haſſiaca privilegia de non appellando, ad ductum legum imperii diſſerta ſunt, iis adeo diſplicitura, quibus alia placent, quique pro illa, quam ab Anteceſſoribus adoptarunt perſuaſione, contraria et nunc et pro futuro, donec prout ſperandum, ſupremi legislatores, data per praeſentem Viſitationem Cameralem opportuna certe occaſione, aliud diſertius ſtatuant, ſuſtinere ſuum eſſe arbitrabuntur. Nos interea pedem hic figimus. (*)

Adiunctum

(*) Continuationem huius operis iam promittere non licet. Antea vero quam de hac ſcena decedimus Viro eleganter docto, Lvdovico Jvlio Friderico Hoepfnero, hactenus illuſtris, quod hic habemus Collegii Carolini, iam vero Academiae celeberrimae Gieſſenſis Profeſſori iuris ordinario, meritum hoc laudis atque veritatis teſtimonium recuſare non poſſumus, quod ſummaria cum iudicibus ad utrumque harum deciſionum Tomum eius auxilio et laboribus grate debeantur.

ADIVNCTVM Lit. A.

Nachdem meines hohen Ordens Procuratori zu Cassel jüngsthin sub dato den 29ten Sept. a. c. ein Decret aus hasig Hochfürstl. Ober-Appellations-Gerichte ertheilt worden, des Inhalts:

In Sachen Syndici des teutschen Ordens Land-Commende Marburg, wider die Hofleute zu Stedebach, wird Procurator Heppe anbefohlen der vom vorigen judicato huius Tribunalis sub praetextu nullitatis an den Kayserl. Reichs-Hofrath nullicer angemaßten provocation pure renunciiren, auch zugleich schrifftliche Caution von seiner Principalschaft einbringen, daß sich dieselbe an demjenigen, was bey diesem Tribunal werde erkannt werden, begnügen, und davon, dem Kayserlichen allerhöchsten privilegio de non appellando vom 7. Dec. 1742. gemäß, bey darin geordneten Poen, sich keiner Appellation, Provocation, Reduction, Berufung oder Supplicirung an die Kayserl. und Reichs-Gerichte anmaßen, sondern sich diesem Ober-Appellations-Gerichte, wie solches auf obererwehntes privilegium de non appellando durch die Verordnung vom 11 Nov. 1743. anstatt der höchsten Reichs-Gerichte bestellet worden, gebührend unterwerfen wolle, so soll demselben der Appellations-Proceß eröfnet, und weiter, was Rechtens, erkannt werden.

Und Ich zu Ende unterzeichneter Land-Commenthur der Balley Hessen, als Commenthur zu Marburg, das zuversichtliche und feste Vertrauen zu der bekannten Justitz Liebe des vorgedachten Hochfürstlichen Tribunals hege, daß selbiges meiner Land-Commende in diesem Rechts-streite gegen die Hofleute zu Stedebach gute Gottgefällige Justiz angedeyhen lassen werde; Als trage Ich kein Bedenken, nicht nur meinen obengenannten Procuratorem zu authorisiren, der von meinem hohen Orden gegen den beym vorigen Proceß wider die Stedebacher Hofleute ertheilten Bescheid an Kayserl. Majestät ergriffenem Provocation pure zu renunciiren, sondern Ich declarire und verspreche auch hiermit bey Gräflicher Treue und Glauben, daß mich obigem Decreto gemäß verhalten, und mich mit deme, was Hochfürstl. Ober-Appellations-Gericht in dieser Sache erkennen wird, zu begnügen, und bey Vermeydung der angesetzten Poen, mich keiner Appellation, Provocation, Reduction, Berufung oder Supplicirung gegen solchen Rechtsspruch zu bedienen. Urkundlich habe ich gegenwärtige Caution wissentlich und wohlbedächtlich ausgestellet und unterschrieben. So geschehen Birstein, den 20. October 1770.

(L. S.)   Christian Ludwig Graf zu Ysenburg
      und Büdingen, T. O. R. Land-
      Commenthur der Balley Hessen, Commen-
      deur zu Marburg und Wetzlar.

DECISIONUM
SUPREMI TRIBUNALIS
APPELLATIONVM
HASSO-CASSELLANI

Tom. VII.

DECAS CIV.

SERIES TURCICA.

APPELLATIONVM

HASSO-CASSELL VI.

Tom. VII.

DECISIO CLXXVII.
ARGUMENTUM GENERALE:
SEPARATAE OECONOMIAE INSTITVTIO SECVNDVM PRAXIN HASSIAE NOSTRAE NON EST MODVS FINIENDI VSVMFRVCTVM PATERNVM.

SUMMARIA.

Ex relatione.

Cum hereditatis petitione interdum rei vindicatio recte cumulatur. n. 1.
Ratione alimentorum imploratio officii iudicis locum habet. n. 2.
Ante ordinationem processus novis. iam uxores indistincte de adquaestu participabant, n. 3.
Nec haec lex primario novi quid disponit. n. 4.
ICti probatissimi usumfructum paternum instituta separata oeconomia finiri contendunt. n. 5.
Nec dimidiam eius partem, iure romano in praemium emancipationis patri relictam, n. 6. eidem concedunt. n. 9.
Attamen praxis Hassiae nostrae ius romanum in doctrina de usufructu paterno servat ; n. 7.
Nec mores Germaniae contrarii pro generalibus putandi sunt. n. 8.
Visus maternas pater nomine ususfructus retinere non potest. n. 10. vid. tamen n. 23.
Pater neque ad inventarii neque ad iuratae specificationis editionem obligatus est. n. 11.
Quod nonnulli ICti patri, qui ad secundas nuptias provolavit, denegant; n.12.
Alii rectius tribuunt. n. 13.
Ad adquaestum autem id ius adplicandum non est. n. 14.
Leges Hassiacae in hoc argumento. n. 15.
Earum dispositione neglecta, pater omnino ad inventarium cut iuratam specificationem tenetur. n. 16.
Alimenta debentur liberis, qui se ipsos exhibere non possunt, n. 17.
Quamdiu in patria potestate sunt. n. 18.
Praeprimis, si pater usumfructum maternorum retinet. n. 19.
Alimenta naturalia debentur etiam emancipatis et ingratis. n. 20.

Ex correlatione I.

Separata oeconomia patriam potestatem et usumfructum per totam fere Europam speciatim per Hassiam dissolvit. n. 21.

Nuptiae, modo pater eas ratihabuerit, patriam poteſtatem ſolvunt. n. 22.
Pater uſumfructum maternorum retinens, nec veſtes matris reſtituere tenetur. n. 23.

Ex correlatione II.

Pater inventarium aut iuratam ſpecificationem edere debet, ſi ſuſpectus eſt. n. 24.
Separatae oeconomiae inſtitutio et invito patre fieri poteſt. n. 25.
Quatenus liberis emancipatis alimenta debeantur? n. 26.
Nuptiae filios a patria poteſtate non liberant. n. 27.

SENTENTIA.

In Sachen Johann Henrich K. zu S., wider seinen Vatter den Dr. K. daselbst, appellationis, bona materna samt dem halben adquaeſtu, wie auch alimenta betreffend: wird auf alles verhandelte zu recht erkannt:

daß zwar dem Beklagten und Appellaten der uſusfructus von den bonis maternis des Appellanten ſowohl, als von der denſelben gebührenden halben Errungenſchaft aus erſter Ehe ad dies vitae zu laſſen; weilen aber der Appellat die in der landesherrlichen Verordnung vom 18ten Febr. 1724. anbefohlene Conſignation ſowohl der mütterlichen ohnbeweglichen Güter, als des Erwerbes aus voriger Ehe, vor ſeiner zworten Heyrath nicht zum Stande gebracht: ſo kann ſich derſelbe nunmehro nicht entbrechen, ſolches alles eidlich zu maniſeſtiren; nicht weniger iſt er dem Appellanten nebſt ſeiner Frauen und Kindern ſowohl de praeterito als futuro nothdürftigen Unterhalt zu reichen ſchuldig. Als F. D. A. Gericht erkennet, und den Beſcheid a quo hieſiger Regierung vom 21ſten Jun. 1749. ſolchergeſtalt confirmiret und reformiret, mit Vergleichung der Koſten V. R. W.

Publicata die 1. Sept. 1751.

FACTVM.

Der Appellant Johann Henrich K. hat 20. 1748. gegen seinen Vatter, den Dr. K. Klage erhoben, und sowohl auf die Errichtung eines inventarii von den bonis maternis, als deren Herausgabe, und auf die Beſtellung eines hinlänglichen Unterhalts geklagt. Als aber die Regierung am 21ſten Jun. 1749. den Beſcheid ertheilte:

daß zwar der Implorat dem Imploranten ſo wenig die fernerweite nöthige alimenta zu verabreichen, als weniger wider ſeinen Willen die mütterlichen Kleider und übrige Effecten herauszugeben ſchuldig; mithin der Implorat inſoweit von angeſtellter Klage zu abſolviren; hingegen aber derſelbe Einwendens ungehindert loco inventarii eine vollſtändige Specification, jedoch daß hierüber von ihm kein Eid gefordert werden könne, von demjenigen, was ſowohl ſeine erſtere Eheſrau bey ihn gebracht, als auch was bey derſelben erworben, zu verfertigen, und ſolche dem Imploranten zu ſeiner Nachricht und Nothdurft binnen den nächſten ſechs Wochen zu communiciren gehalten; nicht weniger auch der Implorat mit ſeinem Vorgeben, daß der Implorant ſowohl bey ſeiner Mutter Lebzeiten, als auch nach deren Abſterben verſchiedenes hinweggenommen, wie ingleichem, was von ihm allererſt in

dup-

duplicis wegen Räumung des Hauses vorgestellt worden, wofern er hierauf weiter zu bestehen vermeynet, ad separatum zu verweisen sey: so hat Klagenders Sohn an dieses Gericht appelliret, und seine gravamina darin gesetzt, daß Appellat nicht zu einer eidlichen Specification, noch zu Herausgebung der mütterlichen Kleider und Effecten, und Verabreichung der nöthigen Alimenten, angehalten worden.

VOTVM.

Das obiectum dieser Klage bestehet also:

1) in der Extradition der von Klägern und Appellanten prätendirten maternorum nebst dem darunter mitzurechnenden halben adquaestu aus erster Ehe iuxta inventarium, und in sofern diese wegfallen sollten,

2) in denen inzwischen von dem Vater zu prästirenden alimentis.

Was ausserdem noch Appellat von einer über sein Vermögen zu errichtenden fideicommissarischen Disposition, und der Erherebation des Appellanten vorbringet und zu bescibiren verlanget, betrifft allein die paterna, wovon dermalen gar keine Frage ist, und welche weder zur Klage, noch zur Exception, noch zu einer Reconvention gehören; folglich braucht man sich bey der jetzigen Entscheidung im geringsten darum nicht zu bekümmern.

Wegen der maternorum nun, und des damit verknüpften halben adquaestus, hat Kläger und Appellant gegen seinen diese Güter nicht ex titulo singulari, sondern bloß pro possessore et absque titulo besitzenden Vater, hereditatis petitionem, womit auch allenfalls rei vindicatio cumuliret werden kann,

vid. BOEHM. de aff. S. 2. C. 3. §. 16.

zugleich aber und eventualiter ratione alimentorum implorationem officii iudicis angestellt;

BOEHMER. l. c. §. 31.

und wie dem Kläger die qualitas heredis et filiationis vom Bellagten nicht bestritten werden kann, so sind auch beyderley remedia insoweit für fundirt und erwiesen zu halten, nur äussert sich ratione probatae actionis anseiten des Bellagten noch darin ein Widerspruch, indem er behaupten will, daß der halbe adquaestus zu der Erbschaft der Mutter nicht gehöre, und er also durch die in sententia a qua ihm auferlegte Specificirung desselben graviret sey.

Nun negirt zwar Bellagter das deßfalls von Klägern angezogene ius statutarium, und inhäriret den gemeinen Rechten, nach welchen der adquaestus durante matrimonio bekanntlich dem Manne als Haupt und Vorsteher seines Hauses zugehöret; mithin scheinet es, daß dem Kläger bleßfalls um sovielmehr annoch zuförderst der Beweis seiner Klage und Intention aufzulegen seyn möchte, als die neue Proceßordnung §. 38. nur benenjenigen Weibern, welche mit dem Manne gleiche Haushälterung treiben, die Participation von dem adquaestu beylege, und dieses nicht sowohl pro nova lege als vielmehr declaratoria zu halten; anerwogen die sich bloß ex iure germanico herleitende Particpirung der Weiber an dem Erwerb vornehmlich in der Beyhülfe und Mitverdienst der Weiber an dem gemeinsamen Erwerb gründet, und wie diese ratio inter nobiles et litera-

DECISIONVM SVPREMI TRIBVN. APPELL.

literatos gänzlich cessiret, also auch jenes ius statutarium auf diese nicht zu extendiren seyn möchte.

3. Nachdem aber doch die Regierung, welcher die Landesgewohnheiten und Rechte am besten bekannt seyn müssen, in ihren rationibus decidendi als notorisch angenommen, daß in vorigen Zeiten die Frauens indistincte von dem Erwerb participiret; und obgleich dessen ohnerachtet ein Zweifel übrig seyn könnte, ob diese Assertion nicht allzu general sey, und auf allerley Stände, mithin auch auf den Adel hiesigen Landes appliciret werden könne, dennoch in Ansehung des Beklagten wohl keinem Zweifel unterworfen ist; allermassen auch derselbe sich dessen beschieden, und deswegen von dem Bescheide a quo nicht einmal appelliret; nachhero aber dieses gravamen in puncto ad-
4 quaestus nur vorgebracht hat, ut aliquid dixisse videatur; solchemnach die neue Proceßordnung gar nicht zuwider ist; indem selbige wegen des Erwerbs der Weiber primario nichts neues disponiret, sondern nur wie die Weiber wegen Bezahlung der Schulden des Mannes sich verhalten sollen, reguliret, und zwar incidenter §. 38. anführt, daß unter Eheleuten, welche gleiche Handthierung treiben, der Gewinn beyden zu Nutz und Nahrung gehe; ingleichem der §. 40. zwar verordnet, was die Frauens zu thun haben, wann sie mit ihrem Manne nicht gleiche Handthierung treiben, und dennoch nach Absterben des Mannes die Hälfte von dem adquaestu lucriren wollen; nehmlich daß sie vor der Verheurathung declariren sollen, daß sie das commodum mit dem in commodo übernehmen, und auch die in ihrer Ehe contrahirte Schulden bezahlen wollen; gleichwohlen durch alles dieses das vorige ius statutarium, vermöge dessen auch die Weiber, so keine gleiche Haubthierung mit dem Manne treiben, von dem Erwerb participiret, nicht aufhebet, sondern vielmehr bestärket, und wann ja in dem §. 40. solches auf gewisse Weise zu Aufhebung aller Gefährde und Betrugs gegen die creditores modificiret ist, diese Modification jedoch nicht retro auf des Appellanten Mutter zu ziehen, als deren Ehe längst vor dieser Proceßordnung geschlossen gewesen, und durch ihren Tod schon wieder dissolvirt ist: so wäre nach Referentis ohnmaßgebigen Meynung

die Action des Klägers auch in puncto adquaestus für bewiesen, und das gravamen des appellati, daß er solchen specificiren solle, für ungegründet zu halten.

Gleichwie aber der Beklagte und Appellat dieser Klage folgende exceptiones entgegen setzt:

1) daß er als Vater von den maternis des Appellanten den usumfructum zeitlebens zu geniessen habe, und also deren Extradition plus tempore begehrt werde;
2) nicht schuldig sey, darüber ein inventarium oder etliche Specification zu ediren, und
3) ratione alimentorum, daß er weiter zu den alimentis nicht verbunden sey, weilen der Appellant zu denen Jahren gekommen, da er sein Brod selbsten verdienen könne;

und dann der Appellar mit allen diesen Exceptionen bey der Regierung Gehör gefunden; der Appellant aber deswegen gegen den Bescheid a quo eben so viel gravamina macht: so kommt es auf die Untersuchung dieser Exceptionen an, wie weit eine oder die andere in den Rechten gegründet, und die Intention des Klägers elidiren könne.

RATIO-

RATIONES DUBITANDI.
ad exceptionem I.

Obwohlen nun Appellant ad exceptionem I. ex iure germanico praesertim saxonico behaupten will, daß der dem Vater in iure romano ex patria potestate beygelegte ususfructus des peculii adventitii, secuta per separatam oeconomiam emancipatione liberorum cessire, und darunter auch den Beyfall einiger bewährter Rechtsgelehrten, als

  CARPZOVII *P. 2. C. 10. Def. 5. p. 443.*
  STRYCK. *in not. ad Inst. p. 209.*
  STRUV. *Synt. iur. civ. Ex. 12. §. 5.*
  HOPP. *ad §. 1. et 2. I. per quas pers. cuiq. acq. p. 370. seqq.*

und anderer für sich hat, welche diesen ususfructum auf die besondere Haushaltung, oder Ausrath oder auch Majorennität der Kinder restringiren, ja nach dem iure romano selbsten der Vater in praemium emancipationis nur den halben ususfructum behalte.

  §. 1. L per quas pers. cuiq. adqu.

RATIONES DECIDENDI.
ad exceptionem I.

Alldieweilen aber das ius civile romanum als ein allgemeines Recht recipirt, und so lange zur Entscheidung dienen muß, bis die davon abgehende besondere Landesrechte und Gewohnheiten erwiesen sind; in hiesigen Landen aber dergleichen besondere Gesetze nicht vorhanden, sondern nach der praxi in den Gerichten stets dem iure civili in diesem Punct dahin nachgegangen worden, daß dem Vater der ususfructus von den bonis maternis der Kinder ad dies vitae gelassen ist, ohngeachtet diese separatam oeconomiam angestellt haben; die hypothesis auch, welche oben angezogene Doctores von der teutschen emancipatione der Kinder per nuptias vel per separatam oeconomiam bey gegenwärtiger Frage annehmen, sich nothwendig in einem statuto gründen muß, in dessen Ermangelung in einer bloßen opinione Doctorum beruhet, und in Teutschland für so allgemein nicht zu halten, wie die Doctores angeben, und wann gleich nicht zu leugnen ist, daß die mehresten, und auch diejenige, welche für die Autorität des römischen Rechts streiten, bießfalls davon abgehen, und die mores universales Germaniae hierin für unzweifentlich halten;

  vid. HUBER. *ad I. p. 41. et 44. n. 8.*

sogar daß sie auch dem Vater bey einer solchen emancipatione ipso iure facta, dasjenige absprechen, was die römischen Rechte bey einer emancipatione expressa

  cit. HUBER. *Prael. ad D. p. 47. n. 5.*

von der dimidia ususfructus in praemium emancipationis für den Vater disponiren; jedoch dieses allenfalls auf den vorliegenden Fall, da der Vater den Sohn ex patria potestate nicht dimittirt zu haben, ausdrücklich erkläret, und derselbe noch bey dem Vater im Hause ist, nicht zu appliciren stehet: so erscheinet bey diesen sehr durcheinander gehenden Meynungen und Sätzen der Doctorum zwar so viel, daß nach hiesiger praxi dem Appellaten in dem Bescheide a quo der ususfructus maternorum ad dies vitae billig zuerkannt, und das erste gravamen des Appellanten ungegründet sey.

                        Weilen

10 Weilen jedoch nicht abzusehen ist, was der Vater an den Kleidern der Mutter vor einen usumfructum exerciren könne: so sollte Referens dafürhalten, daß ad grav. II. derselbe um destomehr zu deren Extradition anzuweisen, als die Kleider entweder durch den Mottenfraß, oder doch auf eine andere Weise durch das lange Liegen nothwendig verderben müssen, und insoweit der Bescheid a quo zu reformiren sey.

RATIONES DVBITANDI:
ad exceptionem II.

11 Die zweyte Exception, nehmlich die Befreyung von der verlangten Edition eines inventarii oder eidlichen Specification betreffend: so hat zwar nach dem iure civili in thesi seine Richtigkeit, daß ein Vater wegen der für ihn militirenden Praesumtion der natürlichen Liebe gegen seine Kinder, wie auch wegen der schuldigen Ehrerbietung gegen ihn von der Edition eines inventarii, folglich auch dessen surrogato einer eidlichen Specification befreyt sey;

L. 8. §. 2. C. de bon. quae lib.

12 und obgleich einige Doctores alsdann hiervon eine Ausnahme machen wollen, wann der Vater ad secundas nuptias schreitet; in welchem Fall sie wegen der gemeiniglich sehr abnehmenden Liebe gegen die Kinder erste Ehe dem arbitrio iudicis ein vieles anheim geben:

STRYCK. in caut. iuram. P. 3. S. 3. C. 1. n. 111.

13 dennoch diese Meynung von andern bewährtesten Rechtslehrern mit rationibus und praeiudiciis widerleget wird;

de COCCEII ius contr. L. 18. T. 8. Q. 3.
PVFENDORFF. Vol. 1. obs. 98. §. 18.

welcher Meynung auch hier um so vielmehr zu folgen seyn möchte, als der Vater von den mütterlichen Gütern das inventarium und Theilung über die Nachlassenschaft seines Schwiegervaters wirklich beygebracht, und dieser seinen sämtlichen Kindern ausdrücklich verboten, weiter seine eidliche Specificationes unter sich zu fordern.

RATIONES DECIDENDI.
ad exceptionem II.

Nachdem aber

14 1) es hier nicht allein auf die bona materna, sondern auch auf den adquaestum ankommt, und wann man hierunter alles der Willkühr des Vaters überlassen wollte, den Kindern mit der eisern Haub würde genommen werden, was ihnen mit der andern gegeben wird; folglich

2) dieser Punct nicht so sehr ex iure civili als ex iure statutario zu entscheiden; und dann

15 3) in der anno 17.4. publicirten Erläuterung des ein Jahr vorher ergangenen Eheedicts über diesen Fall ganz deutlich die Vorsehung dahin geschehen:

§. X. Nicht weniger einem Wittiber untersagt wird, zur andern Ehe zu schreiten, bis derselbe mit Zuziehung seiner verstorbenen Ehefrau nächsten Freunden, loco inventarii eine Specification sowohl der mütterlichen beweg- und ohnbeweglichen Güter, als des Erwerbs voriger Ehe errichtet, und da er schreibens erfahren, solche Specification eigenhändig unterzeich-

zeichnet; folglich entweder von der Obrigkeit des Orts confirmiren, oder wenigstens, wann
des abgelebten Eheweibs Nachlaß ein geringes ausmachen sollte, durch zwey ohnverwerf-
liche Zeugen unterschreiben lassen, und darauf alsdann selbige Specification jetzt ersagten
nächsten Freunden überliefert und zugestellet. Gestalten durch dieß Mittel vielen Unord-
nungen, auch nachgehends zwischen denen aus verschiedenen Ehen procreirten Kindern
erwachsenden Processen vorzubeugen stehet;

in welcher Verordnung zwar auch das Ius civile romanum zum Grunde gesetzt, und dem Vater
in casu secundarum nuptiarum loco inventarii nur eine Specification zu formiren auferlegt;
gleichwohlen solches zum Besten und Sicherheit der Kinder auf gewisse Weise modificiret wird; der
Appellat aber

4) diese Ordnung nicht befolget, gestalten das J. liche inventarium hierzu so wenig hinlänglich ist, als das Verbot des Schwiegervaters an seine Kinder, keine eidliche Specification untereinander zu begehren, den Appellanten bey gegenwärtigem Fall binden kann, und also

5) diesem um so weniger verwehrt werden muß, nunmehro anstatt der unterlassenen ordnungs-
mässigen Consignation auf das remedium subsidiarium, iuratam scilicet manifestationem zu
recurriren, als des appellati abgeneigtes Gemüth gegen denselben am Tage lieget; so ist wohl sehr
zu verwundern, daß iudicium a quo auf oben angezogene Ordnung keine Reflexion genommen,
und findet Referens bey dieser der Sachen Bewandniß keinen Anstand, den Appellanten zur eidlichen Manifestation sowohl der maternorum als des adquaestus ex primo matrimonio zu condemniren, und sententiam a qua auch in diesem Punct zu reformiren.

RATIONES DVBITANDI.
ad exceptionem III.

Endlich die dritte Exception des Appellaten, nehmlich den punctum alimentorum anlangend, obwohlen ein Vater regulariter den Kindern weiter keine alimenta zu reichen schuldig ist,
als bis sie zu denen Jahren gekommen, quibus se ipsos exhibere possint, welches durch die
Landesgesetze hin und wieder verschiedentlich ans fünfzehende oder sechzehende Jahr oder auf die
Majorennität determiniret ist; daher auch der Appellat hier um so viel mehr damit zu verschonen
seyn möchte, als er zu Erziehung des Sohnes schon viele Kosten angewandt, und die von diesem
desfalls vorgeschützte Negligenz nicht erwiesen ist, der Appellant hingegen wider des Vaters Willen geheyrathet und sich sonst sehr widerspenstig gegen ihn aufgeführt hat.

RATIONES DECIDENDI.
ad exceptionem III.

So wird sich jedoch der Appellat von deswegen wohl nicht entziehen können, dem Appellanten nebst seinem Weib und Kindern die nothdürftigen alimenta zu reichen; weilen er

1) selbsten behauptet, daß der Appellant noch nicht emancipiret sey, sondern annoch sub patria potestate stehe, woraus folget, daß er denselben nebst Frau und Enkeln als einen Theil seiner
Familie unterhalten müsse;

19 2) behält der Appellat den usumfructum von den maternis, und den halben adquaestum und ist also auch die höchste Billigkeit, daß der Appellant nebst den Seinigen davon wenigstens den Lebensunterhalt genieße;

20 3) ist Rechtens, daß ein Vatter nöthigenfalls auch den liberis emancipatis die alimenta naturalia, sc. quae ad vitae sustentationem requiruntur, zu prästiren verbunden ist, cum alimenta naturalia nec ingrato filio deneganda sint;

L. 5. §. 2. de agn. vel al. lib.
BOEHMER. *de off. Sess. 2. Cap. 1. §. 31. not. 1.*

damit dieselbe dem publico nicht zur Last fallen; und da

4) der Appellant weiter nichts begehret, so kommt es auf die hin und wieder sich vorgeworfene Fehler in der Erziehung und Aufführung nicht an;

5) hat der Appellat in seinen Schriften selbsten nicht ableugnen können, daß er endlich auf die ohnablässige Vorbitte seiner verstorbenen Frau, in die Ehe des Sohns consentirt habe, und kann er also bey andern obenangeführten Gründen, dieselbe nebst ihren Kindern von der Alimentation nicht ausschließen.

Dannenhero das dritte gravamen des Appellanten gegen den Bescheid a quo, daß Appellat von den alimentis absolvirt worden, ebenfalls fundirt, und ex voto Referentis theils con- theils reformatorie folgendermassen zu erkennen seyn wird 2c.

VOTVM DNI. CORREFERENTIS I.

Da Dominus Referens regiminalis et huius instanciae in facto vorausseßen, daß der adquaestus coniugalis auch vor der neuern Proceßordnung indistincte inter coniuges, wann auch schon die Frau nicht zum Erwerb., wie unter litteratis, contribuiret, in hiesigen Landen etablirt sey: so nehme solches mit denselben vor bekannt an, weil ich überdieses finde, daß diese thesis in einer zu Marburg von einem hiesigen Advocaten gehaltenen Dissertation

FRANKE *Diss. quatenus uxores in Hassia dimidiam adquaestus lucrentur?*

öffentlich für festgesetzt worden. °)

21 Eben dieser Umstand aber bewegt mich, daß ich Anstand finde zu glauben, daß nicht der modus solvendi patriam potestatem per separatam oeconomiam vel per nuptias hiesiger Orten etablirt seyn sollte. Ersteres, nehmlich die Participation an dem adquaestu coniugali ist ohnstrittig ein vestigium der einzig und allein ex iure germanico herzuleitenden communionis bonorum, sive universalis sive particularis, und dieser Gebrauch ist nicht so universell in Teutschland als die Aufhebung der vätterlichen Gewalt per separatam oeconomiam vel nuptias. Da man nun den adquaestum in diesen Landen für universaliter recipirt achtet: so kann ich mir kaum einbilden, daß man in Ansehung der vätterlichen Gewalt so stricte den principiis iuris romani inhaeriren sollte; weil doch nicht allein in Teutschland, sondern wie auch sogar auswärtige Rechtsgelehrte anführen.

SANDE

*) S. Ordnung von Verbesserung des Justizwesens, d. d. 17ten März 1767. §. 27.

SANDE *in Dec. Lib.* 2. *Tit.* 7. *Def.* 5.
faſt in ganz Europa conſuetudinis und iuris iſt, daß die Kinder durch ihre Verheyrathung und
Separirung der Haushaltung aus der väterlichen Gewalt gehen.
  vid. in ſpec. BOEHMER. *in exerc. ad Pand. de ſtatu liberorum ſui iuris factorum
    per ſeparationem vel nuptias.*
Ich treffe auch Spuren an, daß die älteſten Heßlichen ICti ſelbſt dieſes abmittiren; beſonders
  HERM. VVLTEIVS *ad* §. *ult. I. quibus modis patria poteſtas ſolvatur.*
ſetzet man dieſes aber, der von allen Rechtslehrern ſelbſt nach der natürlichen Billigkeit ſoviel ich
weiß heutiges Tages zugegebenen Regel gemäß, zum voraus: ſo ſehe ich nicht, wie in gegenwärtigem Falle der Appellat ſich entbrechen möge, ſeinem appellantiſchen Sohn das mütterliche
mediante iurata ſpecificatione heraus zu geben.

Es obſtirt mir auch hierunter nicht, daß Dnus. Referens vornehmlich aus der Urſache ad
negativam inclinirt, weil der Vater negirt, daß der Sohn nicht mehr in väterlicher Gewalt
ſtehe; ſondern vorgibt, daß er noch bey ihm dem Vater im Haus ſeye; indem erſteres des
Vaters Negation contra evidentiam facti angehet, da die Verheyrathung des Sohns wahr iſt,
und ſonſten ſoviel ex actis ſich ergiebt, daß der Sohn gerne vorlängſt ſeparatam oeconomiam
inſtituirt haben würde, wenn ihm nur der Vater etwas gegeben hätte, wovon er ſolches zu thun,
oder ſich ſonſten zu ernähren im Stande geweſen wäre. Letzteres aber, und daß der Vater den
Appellanten zeithero bey ſich im Hauſe gehabt, thut zwar meines Erachtens ſoviel, daß derſelbe
ratione praeteriti den uſumfructum maternorum behält, weil er demſelben die alimenta gegeben, oder daferm er ſolches pro facultatibus bisher nicht gethan, es annoch thun muß; doch
hindert dieſes nicht, daß der Sohn nicht befugt ſeyn ſollte, auf die Extradition der maternorum
zu bringen, damit er pro futuro ſeine eigene Oeconomie inſtituiren könne.

Eben ſo wenig will mir auch im Wege ſtehen, daß der Appellant gegen ſeines Vaters Willen geheyrathet; dann obſchon ad effectum diſſolvendae patriae poteſtatis per nuptias erfordert
wird, daß der Vater in die Ehe conſentirt haben müſſe: ſo iſt doch in ſubſtrato ſchon genug,
daß der Vater nicht leugnen kann, wie es nach der Hand gleichwohl dieſe Ehe ratificiret habe.
  TIRAQVELLVS *de LL. connub. Gl.* 7. *n.* 5. 6. *et ſupra allegat.* SANDE *Dec. Friſ.
    cit. l.*

Bey dieſen Umſtänden alſo, und wann nicht eine contraire ganz exorbitante praxis univerſalis
obſtiren ſollte: ſo wäre meiner ohnmaßgeblichen Meynung nach der Vater verbunden, die materna ſowohl überhaupt, als auch quoad dimidiam adquaeſtus zu extradiren; doch verſtehet ſich
ſolchenfalls von ſelbſt, daß alsdann die Alimentation pro futuro wegfalle. Da auch die diſſolu-
tio patriae poteſtatis per ſeparatam oeconomiam vel nuptias ganz keine Gemeinſchaft mit der
römiſchen Emancipation hat: ſo kann eben ſo wenig dasjenige, was ſonſt die römiſche Geſetze von
der dimidia uſusfructus in peculio adventitio für den Vater ſtatuiren, wann man nicht a
diverſis principiis ad diverſa iura argumentiren will, Platz greifen, und wäre daher meo voto
ſententia dahin abzufaſſen:

daß dem Beklagten und Appellaten der ususfructus von dem mütterlichen des Appellanten sowohl, als die dahin gehörige halbe Errungenschaft auß erster Ehe ferner nicht gebühre; sondern besagter Appellat beydes, soviel dessen annoch verhanden, mittelst eidlicher Manifestation und Specification, dem Appellanten herauszugeben, auch insofern er demselben die nöthige alimenta zeithero nicht verabreichet, selbige annoch nach richterlicher Ermäßigung zu vergüten schuldig; im übrigen aber wegen des ratione praeteriti zurückgeforderten, aus dem mütterlichen zeithero gehabten ususfructus derselbe von angestellter Klage zu absolviren sey.

Wofern man aber auch dafür halten wollte, daß in hiesigen Landen patria potestas per separatam oeconomiam vel nuptias nicht aufgehoben werde; mithin der Vater das mütterliche und den adquaestum nicht abzutretten verbunden seye: so sehe ich doch ex identitate rationis eben wenig, wie er möge schuldig erkannt werden, die mütterliche Kleidung bloß ex illa ratione, quia servando servari non possent, und weil derselbe eigentlich davon keine Nutznießung habe, zu extradiren; indem das letztere suppositum mir nicht omni exceptione maius zu seyn scheinet; weil ja einem Vater freystehet, die Sachen der Kinder praesertim mobilia, worinnen ihm der ususfructus competiret, urgente necessaria causa, qualis omnino est quod servando corrumpantur, auch ohne gerichtliches decretum alienandi zu Geld zu machen;

GAIL. *Lib. 2. Observ. 72. n. 14.*
MYNSING. *Cent. 6. Obs. 61.*

und solchenfalls er das davon erlösende Geld so gut als alles übrige salva substantia benutzen kann. Ich befinde mich also auch in diesem Stücke allenfalls anderer, jedoch ohnmaßgeblicher Meynung.

VOTVM DNI. CORREFERENTIS II.

Was die erste Frage betrifft:
Ob der Vater die seinem Sohn über die materna zu ediren schuldig erkannte Specification iurato zu bestärken schuldig sey?
so ist zwar regulariter der Vater qua usufructuarius ratione bonorum maternorum weder ad confectionem inventarii solennis, noch ad editionem specificationis iuratae gehalten; sondern allenfalls, wann es von seinen Kindern oder auch der Obrigkeit verlangt wird, nur ein Verzeichniß derjenigen mütterlichen Güter, wovon er den Nießbrauch gehabt, herauß zu geben schuldig.

per *l. fin. §. 4. in fin. C. de bonis quae liber.*
MYNSING. *P. 2. Obs. 93.*
HERT. *Vol. 1. Resp. 473. n. 1. et 2.*

Nachdem aber verschiedene Doctores, und unter andern auch der von gedachtem HERT. l. c. allegierte

VINCKELTHAVS. *Obs. 76. n. 15. 16. et 20.*

mit verschiedenen praeiudiciis bestärket, daß solches alsdann einen Abfall leide, si pater ex urgente causa suspectus sit, und dann in casu substrato, da der Vater nicht nur in secundo matrimonio stehet, sondern auch mit dem jetzigen Appellanten seinem Sohn ex primo thoro in äusserstem Widerwillen und öffentlichem Streit lebet, urgentes suspiciones vorhanden sind, daß er lieber seinen Kindern aus zwoyter Ehe etwas zuwenden werde:

so habe auch bewandten Umständen nach, keinen Anstand, mich bey diesem Punct den Herrn Re- und Correferenten dahin zu conformiren, daß der Appellat die von ihm erforderte Specification derer maternorum iurato zu bestärken schuldig seye.

Bey der zweyten Frage:

Ob der Vater, wann der Sohn separatam oeconomiam anstellet, demselben das peculium adventitium und die materna herauszugeben schuldig seye?

Ist zwar unanimis Doctorum sententia pro affirmativa, quod tam ex legibus quam ex usu Iuris germanici universalis per institutam a filio separatam oeconomiam emancipatio facta esse censeatur; hoc casu autem pater filio aut certam partem bonorum assignare, aut bona materna utendo fruendo relinquere teneatur. Conferantur praecipue

THOMAS. *Diss. de quasi emancipat. Germanor.*
BEYER. *Specim. iur. germ. L. 1. C. 26. §. 71.*
HERT. *Vol. 1. Resp. 494. n. 1. seqq.*
LAVTERBACH. *in Colleg. Lib. 1. tit. 7. §. 34.*
STRYCK. *in us. modern. Lib. 1. tit. 7. §. 21. et 26.*

dieselbe statuiren auch noch ferner, quod talis separatio etiam invito patre fieri possit, si nempe liberi sint maiorennes; quia absurdum foret, filium sibi familiaeque victui sufficienti quaerendo aptum, invitum in familia paterna propterea detinere velle, ne pater adventitia restituere cogatur;

THOMAS. *in allegat. Diss. §. 46.*
BEYER. *l. c. §. 80.*
CARPZ. *D. 1. C. 10. Def. 1. n. 4.*
LAVTERBACH. *l. c.*

und da dieses Recht, soviel die Emancipation a patria potestate per separatam oeconomiam betrifft, in hiesigen Landen ebenfalls keinem Zweifel unterworfen ist: so scheinet nach der analogia iuris in diesem Fall der Vater auch zu der Restitution der adventitiorum aut maternorum auch umsomehr gehalten zu seyn, da das eine aus dem andern folget; indem dem Vater der usufructus in maternis anders nicht als ex iure patriae potestatis gebühret, hac autem sublata jener auch von selbsten cessiret; mithin die separationem bonorum als ein untrügliches consectarium nach sich ziehet. Nachdem aber dem Vernehmen nach in hiesigen Landen die besondere Observanz vorhanden, daß wann schon der Sohn durch Anschaffung seines eigenen Unterhalts und Anstellung einer besondern Oeconomie der väterlichen Gewalt entzogen ist, der Vater dennoch des usufructus in maternis nicht verlustig wird; sondern selbigen ad dies vitae zu geniesen habe: so wird man auch in casu substrato nicht anders als auf diese besondere Landesgewohnheit sprechen können, und

accebire

accedire ich alſo dem Herrn Referenten, jedoch nach dem vom Herrn Correferenten gemachten monito mit dem Anhang, daß ſolchergeſtalt der Vater dem Sohn auch die mütterliche Kleider herauszugeben nicht ſchuldig ſeye.

Was endlich die dritte Frage belanget:

Ob der Vater dem Sohn und ſeiner Familie forthin noch weiter die alimenta zu geben ſchuldig ſeye?

So hat es zwar damit in regula ſoweit ſeine Richtigkeit, daß die alimenta überhaupt, und beſonders auch zwiſchen Eltern und Kindern nur in ſubſidium gebühren, und daß dannenhero die Eltern den Kindern, wann ſie ein gewiſſes Alter, abſonderlich aber die Majorennität erreichet haben, alsdann keine alimenta mehr zu geben ſchuldig ſeyen, weilen zu präſumiren iſt, daß ein Menſch von dieſem Alter ſeinen Unterhalt zu verdienen ſelbſt im Stande ſeyn müßte. Nachdem ſich aber in caſu ſubſtrato des Vaters eigenem Geſtändniß nach der Sohn in dem Stande gleichwohl nicht findet, ſeinen Unterhalt ſelbſt anzuſchaffen: ſo iſt die Frage, was der Vater hierbey zu thun ſchuldig ſeye? Wann der Sohn bey dieſen Umſtänden und ſecundum praemiſſa, da der Vater den uſumfructum in bonis maternis einen Weg wie den andern ex iure ſtatutario behält, dennoch ad ſeparatam oeconomiam ſchreiten, und ſich ſolchergeſtalt ſelbſt ex patria poteſtate emancipiren wollte: dann würde der Vater ſecundum communem opinionem Doctorum demſelben wohl einige alimenta zu verabreichen, weiter nicht gehalten ſeyn; immaſſen die Doctores in dieſem Fall nur den einzigen caſum excipiren, ſi filius cum uxore et eius liberis e domo patris receſſerit propter immanitatem novercae; tunc enim pater teneri ad praebenda alimenta filio, nurui ac nepotibus.

PONTAN. *de aliment. Cop. 5. n. 5.*

Wann aber der Sohn nicht ſelbſt des Vaters Haus verlaſſen will: ſo kann ihn der Vater bey dem eigenen Geſtändniß ſeines Sohns Unvermögenheit ſich und ſeine Familie ſelber zu ernähren, ſo ſchlechterdings auch nicht verſtoſſen; ſondern iſt demſelben die nöthige alimenta ſo lange zu verabreichen ſchuldig, bis er zeiget, daß er ſich aliunde unterhalten könne.

Dann obzwar verſchiedene Doctores dafür halten wollen, quod etiam per ſolas nuptias filius emancipetur ex patria poteſtate: ſo ſtatuiren doch gar viele andere und die mehreſte das contrarium,

LAVTERBACH. *Colleg. Lib. 1. tit. 7. §. 38.*
COCCEII *ius. controv. ad h. t. Qu. 12.*
STRYCK. *uſ. modern ad h. t. §. 22.*

und führen mit gutem Grunde an, quod per ſolas nuptias, niſi accedat ſeparatio bonorum et ſeparata oeconomia, patria poteſtas non ſolvatur, und da auch der Appellat ſelbſten geſtehet, daß er ſeines Sohns Heyrath rathhabiret, und denſelben bis itzt noch nicht aus der vätterlichen Gewalt entlaſſen habe: ſo iſt er auch ex meo voto demſelben, wann er zumalen den uſumfructum in maternis behalten will, ex duplici capite, und zwar in ſubſidium ex maternis die alimenta zu geben ſchuldig ꝛc.

DECI.

DECISIO CLXXVIII.
ARGUMENTUM GENERALE:
DE REMEDIO SPOLII EIVSQVE REQVISITIS.

SUMMARIA.

Libri censuales et tributorum vim probandi habent. n. 1.
Non interrumpitur praescriptio per litem in qua actor succumbit. n. 2.
Qui de spolio queritur, ante omnia possessionem probare debet. n. 3.
A parte deiicientis vero requiritur iniusta deiectio. n. 4.
Spoliatus ergo restitutionem non impetrat, antequam de iusta retinendi causa doceat. n. 5.
Nulla exceptio contra actionem spolii locum habet. n. 6.
Quod declaratur, n. 7. 8.
Et limitatur. n. 9. 10. 11. 12.
Cataftra nova vim probandi antiquorum non habent n. 13.
Requisitum cataftri. n. 14.
Cataftrum tertio ignoranti non praeiudicat. n. 15.
Praeventio iurisdictionem concurrentem supponit. n. 16.
Iurisdictio in Haßia, ad modum servitutis discontinuae, immemoriali tempore tantum praescribitur. n. 17.
Instrumentum possessionem probaturum de actibus possessoriis testari debet. n. 18.
Actor qui possessorium et petitorium in actione spolii cumulat, exceptiones petitorium respicientes admittere debet. n. 19.

SENTENTIA.

In-Sachen des Erbschenken und Baumeisters, Nahmens sämmtlicher Ganerben und Schenken zu S., wider Procuratorem fisci, Nahmens des herrschaftlichen Beamten zu F., die vom Appellaten prätendirte Mitgerichtbarkeit in causis civilibus zu Nieder W. und desfalls wieder den appellantischen Schultheissen M. zu R. angestellte Spollenklage betreffend: wird Procurator G. hiermit angewiesen, die in actis angezogene alte Verträge und Recesse in beglaubter Form ad acta zu bringen, und Procuratori fisci zur Nachricht communiciren zu lassen; im übrigen aber ist mit Verwerfung des von Appellaten nicht beygebrachten spolii auf das von beyden Theilen in actis verhandelte hiermit Vorbescheid:

> kann und wird Appellat die zum Grund der Klage gelegte Mitgerichtbarkeit in causis civilibus und zwar dergestalt, daß solche jeder Theilhaber in casu praeventionis für sich allein in solidum zu exerciren habe, besser als noch geschehen, innerhalb zweyer Monaten, peremtorie bestimmt, salva reprobatione erweislich beybringen: so ergehet in termino weiter W. R.

Publicata die 4. Febr. 1767.

FACTVM.

Der herrschaftliche Schultheiß St. zu F. hat einem Einwohner zu Nieder W. zu Vollstreckung eines gegen denselben ertheilten iudicati ein trächtiges Schwein anspfänden lassen. Hiergegen hat der S. ische Schulz M. zu R. aus dem Grunde weil seinem Herrn, denen von S. die Jurisdiction in dergleichen Fällen zu Nieder-W. zustünde, protestiret. Als aber der erstere nichtsdestoweniger zur Subhastation des Pfands terminum präfigiret: so hat der Schultheiße M. das Schwein durch den Amtsdiener abholen lassen. Hierüber beschwerte sich der Schultheiß St. bey der Regierung zu Marburg, und erhielt nicht nur ein mandatum cum clausula, sondern auch, nach verhandelter Sache, den Bescheid:

daß der Beklagte das aus dem Pfandstall zu Nieder-W. via facti weggenommene Schwein bey 50 Rthlr. Strafe binnen zweymal 24 Stunden ad locum unde zu restituiren schuldig zu erkennen, und Kläger so lange bey der Samtjurisdiction mit denen von S. zu schützen, bis Beklagter in petitorio ein anderes wird ein- und ausgeführet haben; cum condemnatione rei in expensas.

Von diesem Bescheide appelliren nunmehr des Beklagten Principalen an dieses Tribunal, und halten sich dadurch von deswegen gravirt zu seyn, weil Kläger zu Begründung seiner Spolienklage, und pro colorando possessorio gar nichts erhebliches angeführet.

VOTVM.

Es kommt bey dieser Sache dermalen auf die Frage an:

Ob auf die angestellte Spolienklage nach allem dem, was zu deren Begründung in actis beygebracht worden, so, wie in sententia a qua geschehen, definitive erkannt werden können oder nicht, und wie letzteren Falles von rechtswegen erkannt werden müsse?

RATIONES DVBITANDI

Ob nun zwar

1) Appellat das Steuercatastrum vom 18ten März 1747. §. 40. für sich zu haben scheinet, Inhalts dessen gnädigste Herrschaft, und die von S. die Civiljurisdiction gemeinschaftlich haben sollen, also daß sie herrschaftlicher Seits durch den Schultheißen zu M. und F., S. ischer Seits aber durch ihren Syndicum und Iustitiarium verwaltet werde; dieses catastrum auch

2) allen Glauben verdienen möchte, wann es den Rechten nach bekannt ist, quod libri censuales et tributorum, Steuer und Schatzregister, vim probandi habeant;

  L. 16. D. de prob.
  L. 4. D. de censib.
  L. 2. C. de sunt. rei. priv.
  L. 1. C. de exact. trib.
  MEV. *P. 4. Dec. 179. n. 1.*
  a LEYSER. *V. 11. Sp. 683. Med. 6-16.*

3) bevorab solchem noch das Attestat des Schultheissen S. beytritt, vermöge dessen er und sein Vorfahr S., welcher aber 40 Jahr im Amt gestanden, nebst dem herrschaftlichen Beamten zu M. und denen von S., in dem Dorf Nieder-W. Vorsteher und Bauermeister ohne die von S., beeidiget, und die Rechnungen abgehöret haben, und diese Dorfschaft ratione contributionis und der Dienste ohnstrittig zum Gericht L. gehöret, wie nicht weniger die vorkommenden Klagen entweder zu S. oder zu M. bey dem herrschaftlichen Beamten, oder denen von S. angestellet werden können;

4) seit dem alten Vergleich von 1570. wann solcher erst in originali vorgeleget würde, sich viele Veränderungen ereignen können, und allem Ansehen nach seithero auch wirklich ereignet haben, indem Nieder-W. heut zu Tag zum Gericht L. gehöret, und die dasige Burgermeister, (oder hier in Unterhessen sogenannte Greben,) vom herrschaftlichen Beamten zu M., die Vorsteher aber vom Beamten zu S. gesetzt und beeidiget werden;

5) diese Veränderung vielleicht dadurch veranlasset seyn könnte, daß die in dem Vergleich de anno 1570. als Mitgerichtsherrn begriffene Wigie zu S. nachgehends ausgestorben, und deren Hof an gnädigste Herrschaft gelanget, wodurch dieselbe von der Zeit her, an der Civilgerichtsbarkeit Theil gekommen; woher dann

6) die allenfalsige Präscription um so mehr mit einzutreten scheinet, da man solche wenigstens von Zeit des anno 1748. errichteten Steuerstocks an rechnen, und auf die Art die praescriptionem 10 annorum herausbringen kann, wenn man auch das S. liche Attestat gänzlich auf die Seite setzen wollte; zumalen es

7) binnen dieser Zeit an actibus iurisdictionis nicht gefehlet, und Appellat noch neuerlich in Sachen des Pfarrers zu Nieder-W. gegen seine Pachtleute, wie auch Peter B., wider Conrad O., in puncto Fensterreinschlagens cognosciret und gepfändet haben will, und da dieses öffentlich geschehen, der darauf gegründeten possessioni vel quasi das vitium clandestinitatis nicht im Wege stehet, und obwohl

8) Appellanten gegen die Eingriffe der herrschaftlichen Beamten so gar in actibus voluntariae iurisdictionis anno 1738. protestiret haben, dennoch Appellat behauptet, daß sie in dieser Sache succumbiret haben sollten; dannenhero solches die appellatische possessionem vel quasi nicht interrumpiren, folglich der Präscription nicht obstiren würde.

a LEYSER. *Spec. 464. M. 2.*

RATIONES DECIDENDI.

Dennoch aber und dieweilen

1) bey einer Spolienklage vor allen Dingen de possessione et improba deiectione constiren muß; qui enim de spolio queritur, ante omnia de possessione probare debet;

C. 10. *de off. et pot. iud. deleg.*
C. 2. *de restit. spoliat. in 6to.*
NEV. *P. 7. Dec. 159. num. 1.*
BOEHMER. *I. E. P. T. 1. L. 2. Tit. 13. §. 5. num. 5.*

et a parte deiicientis requiritur improba deiectio;
(*Decis. Tom. VII.*)

L. 1. et t. 1. D. de vi et vi arm.
MEV. P. 7. Dec. 159. num. 2.

5 Ideoque spoliatus restitutionem non impetrat, antequam de iusta retinendi cauſſa doceat;
MEV. P. 7. Dec, 159. n. 12. 13.

6 und obwohl contra actionem spolii keinerley exceptio, quae petitorium tangit, utpote domi-
nii, renunciationis etc. regulariter zuläßig iſt, sed spoliatus ante omnia restituendus est;
Cap. 1. 2. 3. 5. 6. X. de reſt. ſpoliat.
L. 1. §. 30. D. de vi et vi arm.
BOEHMER. I. E. P. Tom. I. Lib. 2. Tit. 13. §. 4.

7 etiam praedo, secundum rigorem iuris;
d. C. 5. in f. X. de reſt. ſpol.
L. 12. 18. D. de acqu. vel. A. P.
BOEHMER. d. T. 13. §. 4.

8 quia nec exceptio spolii antea commiſſi admittenda, sed simpliciter ultima vis attenditur:
BOEHMER. ibid.

9 dennoch dieſe Regel nach richterlichem Ermeſſen und Beſchaffenheit des geklagten spolii verſchiedene
Abfälle leidet, et extra ordinem plures admittuntur exceptiones;
BOEHMER T. 1. l. 2. tit. 13. §. 5.

10 worunter denn auch dieſe gehören, quod spoliatus non ſit restituendus, cum de iure petentis
et restitutionem denegantis conſtat;
MEV. P. 1. D. 179. n. 5. et. P. 7. Dec. 299, n. 2.
BOEHMER. d. t. 13. §. 5. num. 1.

11 aut cum utrinque de spolio agitur, ubi reſtitutio fieri debet iuxta priorem statum;
MEV. P. 8. Dec. 325. per L. 6. pr. D. de acq. vel am. poſſ.

12 datur enim hoc caſu contra actionem spolii exceptio defenſionis;
BOEHMER. de T. 1. Lib. 2. tit. 13. §. 5. n. 8. per C. 12. X. de reſtit. ſpoliat.
L. 3. §. cum igitur D. de vi et vi arm.
L. 12. §. 1. D. quod met. cauſſa.

nun aber in gegenwärtigem Fall die Poſſeſſion appellatiſcher Seits noch gar nicht dargethan iſt;
allermaſſen

13 2) das extractsweiſe producirte cataſtrum der Dorfſchaft Nieder W. um beſwegen nichts beweiſen will, weil es eines Theils nicht antiquum ſondern novum, und erſt anno 1748. errichtet,
folglich auf deſſen requiſita deſto genauer zu ſehen iſt;
à LEYSER. ſp. 683.

14 woran es aber, ſoviel ex actis conſtiret, fehlet, und nirgends erſichtlich iſt, ob die Appellanten
bey deſſen Errichtung gebührend gehöret worden, und ſich zu dem, was niedergeſchrieben worden,
wirklich bekannt haben;
MEV. P. 4. Dec. 34. n. 5.

andern Theils hier nicht de censu et tributis, sondern von einer ganz fremden Sache, nehmlich der Gerichtsbeschreibung die Rede, und diese allem Ansehen nach ex ore der herrschaftlichen Beamten abgefasset worden, ohne die von S. darüber zu hören, welche sonst gewiß eben so, wie jetzo geschiehet, und anno 1738. geschehen ist, sich moviret haben würden; catastrum autem scientibus tantum praeiudicat;

MEV. P. 4. D. 34. n. 5. et P. 5. Dec. 70. num. 3. et 5.

3) daß in propria causa zu Begründung der vergleichswidrigen Eingriffe ertheilte Attestat des alten Schultheissen S. nichts erheben mag; solches auch ohnehin contradictorisch ist, da die Verpflichtung der Vorsteher und Bauermeister zugleich nebst denen von S. und ohne die von S. geschehen seyn soll;

4) die einseitige cognitiones der herrschaftlichen Beamten den Appellanten um so weniger obstiren mögen, da sie voraussetzen konnten, daß es Fürstliche selbst eigene Sachen beträffe, worinnen die herrschaftlichen Beamten nach dem Vertrag von 1570. zu cognosciren befugt sind; dahingegen und wann die herrschaftlichen Beamten auch bloße Privatsachen etwa vor sich gezogen hätten, (wovon gleichwohl nicht constiret, und die angeführten beyden praeiudicia theils als vor das consistorium gehörig, theils als in die Peinlichkeit einschlagend, und folglich für zweifelhaft anzusehen sind,) solches doch den Appellanten nicht nothwendig zur Wissenschaft und Notiz gelanget ist; wenigstens davon nicht constiret, und sich solches um so weniger vermuthen lässet, als denen Eingriffen der Beamten, worüber häufige Klagen und Processe entstanden, erst durch das Regierungsausschreiben vom 2ten Jun. 1755. vorzubeugen gesucht, und die Gerichtsherrn in den Stand gesetzt worden, seit dieser Zeit, ehe als vorher, die ihnen zugefügte Eingriffe gewahr zu werden; Inzwischen gleichwohl

5) Appellanten aus dem Receß von 1570. (den man doch, ihrem Begehren nach ex officio nicht aufsuchen lassen kann, sondern dessen Production in forma probante vielmehr ihnen selbst zu überlassen hat,) fundatam intentionem auf die bürgerliche Obrigkeit in dem R. und in specie auch in Nieder W. für sich haben; anbey

6) durchaus nicht geständig sind, daß jemand anders als sie die Gerechtigkeit derer Vögte zu F. an sich gebracht, vielmehr behaupten, daß ihnen solche nach jener Ableben als Ganerben zugefallen, und sie darinnen ex pacto et providentia maiorum succediret wären, und mit der Jurisdiction bestehen würden; ja wenn gleich

7) gnädigste Herrschaft den Vogtischen Hof zu F. an sich gebracht und denen von W. darinnen succediret hätte: dennoch nirgends in actis dargethan ist, daß die Vögte als Besitzer dieses Hofs an der Gerichtsbarkeit im R. und zu Nieder W. Theil gehabt, oder ob ihnen solche Gerichtsbarkeit als Ganerben und Mitbelehnten zugestanden hätte; wann man aber auch

8) auf einen Augenblick annehmen wollte, daß gnädigste Herrschaft den Vogtischen Antheil an der Civiljurisdiction an sich gebracht hätte, dennoch hieraus keinesweges folgen würde, daß je der Theilhaber, so wie appellatischer Seits prätendiret wird, iudex in solidum, folglich eine iurisdictio concurrens vorhanden seye, quae praeventioni locum facit, sondern vielmehr die ganze

iuris-

iurisdictio civilis bepben Theilen zusammen in corpore zustehen, und gesamter Hand verwaltet werden müßte;

VULTEIVS *de indiciis* L. 1. *cap.* 4. *num.* 197. *seq.*
PÜTTER. *de praeventione cap.* 2. §. 11.

mithin nicht abzusehen stehet, aus welchem Grunde das iudicium a quo auf eine Gesammtiurisdiction zwar erkennen, doch aber zugleich appellati Verfahren billigen, und ihm unter jenem Nahmen effective eine iurisdictionem in solidum et concurrentem zusprechen mögen; hiernächst aber und

9) Appellat mit der Präscription sich noch weniger schützen kann, da, wann man auch contra privatum bey der Jurisdiction eben wie bey andern iuribus und servitutibus die praescriptionem ordinariam longi temporis zulassen,

a LEYSER. *Spec. 441. Med. 6.*

und nicht auf der praescriptione immemoriali, welche doch hier in Hessen nach dem bisherigen usu fori in servitutibus discontinuis erfordert wird, bestehen wollte, dennoch de possessione vel quasi 10 annorum gar nicht einmal constiret, und das catastrum von actibus possessoriis nicht einen einzigen in sich begreift, folglich pro tali instrumento quo alias possessio probatur,

a LEYSER *Spec.* 453. *M.* 1. 2.

nicht zu halten; das S. fche Attestat ebenfalls keine actus possessorios, worauf es hier ankommt,

L. 48. D. *de A. vel A. P.*
L. 12. C. *de probat.*
a LEYSER. *l. c.*

anweiset; und die angeführte bende vermeyntliche praeiudicia, ohne was sonst schon vorhin darwider erinnert worden, der eigentlichen Zeit nach unbekannt sind; überdas

10) die Präscription um so schwerer zu beweisen seyn dürfte, da, wann auch Appellanten ihren Proceß in causis voluntariae iurisdictionis cum expensis verlohren hätten, dennoch hiervon auf caussas contentiosae iurisdictionis nicht zu schliessen, noch zu glauben seyn würde, daß appellanten darunter nachgegeben haben sollten;

11) dem Appellaten auch nicht zu statten kommen mag, wenn Nieder W. soviel die Contribution betrifft, heutiges Tages zum Gericht L. gerechnet wird, da er zugleich eingestehen muß, daß besagte Dorfschaft auf dem Gericht zu Ober W. erscheine, mithin eo ipso zum Gericht R. gehöre; bey sogestalten Dingen mehr

12) da Appellat geständiger massen sich an die appellantische Protestation nicht gekehret, sondern de facto fortfahren wollen, den Appellanten keineswegen zu verdenken gestanden, daß sie ebenfalls de facto sich zu widersetzen nöthig gefunden: so concludiret Referens ohnmaßgeblich dahin, daß auf die angestellte Spolienklage, so, wie in sententia a qua geschehen, definitivo nicht zu erkennen, vielweniger der appellantische Schultheis in die Unkosten zu condemniren gestanden; sondern Appellat vor allen Dingen den Grund der Klage, mithin nicht nur die possessionem et improbam ideo deiectionem, sondern auch was er pro iustitia possessionis angeführt hat, und in das petitorium einschlägt, erweisen und beybringen

vid.

vid. à WERNHER. *T. 1. P. 4. Obſ. 166. et 182.*

müſſe, um ſowohl darüber, als was appellantes dargegen aus den alten Vergleichen vorbringen, in petitorio zu erkennen zu mögen. Si enim poſſeſſorium et petitorium (in actione ſpolii) cumulat actor, admittere quoque debet exceptiones, quae petitorium reſpiciunt.

BOEHMER. *I. E. P. Tom. 1. L. 2. tit. 13. §. 5. n. 4.*

Es dürfte demnach vorjetzo in der Sache zu interloquiren ſeyn ꝛc.

SENTENTIA DEFINITIVA.

In Sachen des Erbſchenken und Baumeiſters Nahmens ſämtlicher Ganerben S. zu S., wider den Procuratorem fiſci Nahmens des herrſchaftlichen Beamten zu F., die vom Appellaten prätendirte Mitgerichtbarkeit in cauſſis civilibus zu Nieder W., und deßfalls wider den appellantiſchen Schultheißen M. zu R. angeſtellten Spolienklage betreffend, wird auf das verhandelte und erfolgten Schluß hiermit zu Recht erkannt:

daß appellantes von der wider ſie angeſtellten ungegründeten Klage zu abſolviren; dahingegen einem jetzigen herrſchaftlichen Schulzen zu F. dergleichen fernerweite Beinträchtigung der den Appellanten nach klarem Innhalt der Verträge zuſtändigen Gerichtbarkeit bey Vermeidung nachdrücklicher Beſtrafung auch Erſtattung Schadens und Koſten ernſtlich zu unterſagen, und ſolchergeſtalt die bey der Regierung zu M. am 1ten Decembr. 1764. eröffnete ſententia a qua zu reformiren ſey. Als F. D. A. Gericht zu Recht erkennet, abſolviret, unterſagt, und reformiret, auch die Unkoſten dieſer und voriger Inſtanz aus bewegenden Urſachen compenſiret. V. R. W.

Publicata die 2. Sept. 1767.

CONCLVSIO RELATIONIS.

Appellat hat den Grund der Klage, wie ihm vermöge Vorbeſcheids zu thun obgelegen, nicht erwieſen, ja den Beweis nicht einmal angetretten, und l'Procurator Fiſci führet ſelbſt an, daß er ſothanen Beweis in dieſer vom Beamten ohne Theilnehmung des officii Fiſci angefangenen Sache nicht beybringen könne. Es iſt alſo kein Zweifel, daß Appellat mit ſeiner angeſtellten Klage lediglich abzuweiſen, oder vielmehr appellantes davon zu abſolviren, und der Beſcheid a quo vom 1ten Dec. 1764. zu reformiren ſeyn dürfte, jedoch compenſatis expenſis, weil Appellat die ſententiam a qua vor ſich hat.

Hiernächſt und was das den Appellanten beſchehene iniunctum betrifft, haben dieſelbe die alten Verträge nicht in originali, ſondern nur copiam copiae vidimatae producirt; indeſſen aber wendet Procurator fiſci gegen deren Glaubwürdigkeit nichts ein. Der Inhalt des Vertrags d. d. Marburg den 6ten Aug. 1570. iſt, ſoviel dermahlen hieher gehört, folgender:

und erſtlich, demnach unſerm gnädigſten Fürſten und Herrn die Landesfürſtliche Hoch-und Obrigkeit, desgleichen Volge, Reichs-und Landſteuer, auch Heerwagen, ohnmittel allein zuständig, die Schenken und Vögt zu Frohnhausen auch dessen nie in Abrede seyn mögen; aber gleichwohl der peinlichen Gerichtbarkeit halber Streit und Irrungen vorgefallen: so ist abgeredt und bewilliget, daß die peinliche Gerichtbarkeit in Capital und Malefitz= sachen, so um Leib und Leben anzuklagen und zu strafen seyn möchten, und sich im Reitz= berg zutragen, auch was demselben anhangt, hochgedachtem unserm gnädigsten Fürsten und Herrn und seiner Hochfürstlichen Gnaden Nachkommen und Erben allein gelassen werden und bleiben; die Schenken aber und Vögt sich dessen alles mit nichten anzumasen, oder zu unterziehen haben sollen; In bürgerlichen Sachen soll unserm gnädigsten Fürsten und Herrn den Angriff, in seiner Fürstlichen Gnaden selbst eigen und nicht derselben Unterthanen Pri= vatsachen, so diß es die Nothdurft erfordert, ohne der Schenken und Vögt Zuthun, vor= nehmen zu lassen, unbenommen seyn.

Hiergegen aber soll in allen andern bürgerlichen Sachen, nichts zumal ausgescheiden, was bürger= lich ist, und sich deren im Reitzberg jederzeit inskünftig zutragen möchten, dem Schenken zu Schmeinsberg, und Vögten zu Frohnhausen als Gerichtsjunkern alle andere Obrigkeit, Angriff, Gebott und Verbott in allen andern Sachen, die der Landesfürstlichen hohen und peinlichen Obrigkeit nicht anhangen, und unsers gnädigsten Fürsten und Herrn eigene Sa= chen nit belangen, gelassen werden, doch daß die Busen darnechst gerichtlich erkannt, die Unterthanen mit unziemlichen Gefängnissen nicht beschwehret, und uf ihr jederzeit erbiethen, es sey gleich vor oder nach der Gefängniß uf Bürgschaft und gebührende Caution der Haften erlassen werden.

Ferner, zum dritten die Vorgebott, Gebott, Verbott und Dienst anlangend; sollen Hochge= gedachten unserm gnädigsten Fürsten und Herren die Vorgebott fürbehalten seyn und blei= ben, doch daß sich Seiner Fürstl. Gnaden Beamten derselben, zu Verhinderung der ge= wöhnlichen Gerichten, fürsetzlichen nicht mißbrauchen, oder einige Gefährde hierinnen suchen; ingleichen sollen Seiner Fürstlichen Gnaden in ihren selbst eigenen Sachen zu Nie= der=Walgern, Gosselberg und Erlarsweinmar, beyde uf derselben und der Schenkischen Leuthen allein und sonsten in allen andern Dörfern im ganzen Reitzberg weiters nicht, dann uf ihrer Fürstlichen Gnaden angehörigen Leibeigenen, Wildfangen und unehelichen erzeug= ten Leuthen, Gebott, Verbott und die Dienste behalten, doch den Schenken und Vögten an ihrer gerichtlichen Obrigkeit, Gebotten, und Verbotten, als Gerichtsjunkern, wie obge= meldt, unabbrüchlich und unverhinderlich; darbeneben sollen die Schenken und Vögte im ganzen Reitzberg uf allen Innwohnern die Dienst, Gebott und Verbott in gebührlichen und gerechtlichen Sachen, auch die Strafen und Busen, so in solchen und dergleichen Fällen ausserhalb hochermeldter Landesfürstlichen hoher und peinlicher Obrigkeit, wie obgemelt, in Holz und Felde, Wasser und Weyde, auch uf den Strasen verwürkt, und gerichtlich erkannt werden, so fern sie nicht peinlich und leibstrafig, allein haben und behalten; doch dieweil die Schmehe= und Injuriensachen, so sich jederzeit im Reitzberg zugetragen, von alters und bis daher am Niederweymarischen Gericht gehandelt und erörtert worden,

sollen

sollen dieselbigen auch hinfürters des Orts gelassen, und an solchen Gericht durch den ordentlichen Weg Rechtens gerüget, ausgeführet, entschieden, und durch die Fürsten von Hessen gestraft werden, doch wo Schlägereyen oder dergleichen rügbare Frevel aus den Injurien entstehen werden, soll solches gleich andern bürgerlichen Verwürfungen, den Gerichtsherrn vertheidiget werden.

Zum 4ten Ehesachen und Ehebruch, uneheliche Beylager und Hurerey betreffend, sollen dieselbige am Gericht zu Niederweymar gerüget, und folgends allhier zu Marburg uf Fürstl. Canzley gerichtlich verhandelt und ausgeführet werden.

Da aber Schlägerey oder andere bürgerliche Frevel aus solchem entstünden, das soll für sich, wie oben bey den Iniuriis gemeldt, und desshalben mit Recht erkannt, bey Schenken bleiben.

Dieses alles wird hernach durch den Vertrag d. d. Marburg den 11ten Merz 1577. folgendermaßen erkläret.

Und erstlichen, so viel die Schmähworte und Verbalinjurien, so sich im Reitzberg zutragen, davon obererwehnte Klagpuncten zufürderst Meldung gethan, anlangen thut, dieselbe sollen an unsers genedigen Fürsten und Herrn Gericht zu Niederwey nar, immassen dasselbe, im obberührtem Vertrag 111. §. doch dieweil die Schnehe etc. clerrlichen disponiret, und auch Herkommen ist, wie bis daheran gerüget, und von s. F. G. Beamten gestraft; aber wenn Schlegerey oder andere rugbare Fälle aus den Verbalinjurien entstehen würden, sollen dieselben von den Schenken und Vögten laut berührtes Vertrags vertheidiget werden.

Desgleichen wann einer im Reitzberg seinem Nechsten fluchen und den Nahmen Gottes dazu mißbrauchen würde, den sollen Schenke und Vögte zu Frohnhausen darum bürgerlichen zu strafen haben, aber die Gotteslästerer und Gottschwehrer, so vermöge gemeiner Rechten und des 106ten Articuls in der Kayserlichen und des heiligen Reichshalßgerichtsordnung peinlich zu strafen seindt, sollen von hochgedachtem unserm genedigem Fürsten und Herren, als welchem die hohe peinliche Obrigkeit im Reitzberge zustehet, in gebührende Strafe gezogen werden.

Die gemeine oder schlechte Steinwürfe und Blutrunst im Reitzberg sollen von den Schenken und Vögten gestraft, die Theter auch, wenn keiner tödlich verwundet, von ihnen angegriffen, und in bürgerliche Gefängnus eingezogen, aber wenn einer mit einem Steinwurf oder Waffen tödlich verwundet, oder die Blutrunst tödlich seyn würde, so sollen die Theter alsdann in hochgedachtes unsers ge—zigen Fürsten und Herren Hafften eingezogen, und wenn die Beschedigte sterben, alsdenn von S. F. G. peinlich verfolget, aber wann die Beschedigte wieder aufkommen, sollen die Theter von den Schenken und Vögten bürgerlich gestraft werden.

Wenn einer falsche Maas und Gewichte gefehrlicher und böslicher Weise im Reitzberg gebrauchen und ausgeben würde, der ist vermöge angezogener Halßgerichtsordnung im 113. Articul peinlich zu strafen, und derohalben so gebühret Hochgedachtem unserm genedigen Fürsten und Herren in solchem Fall die Strafe; wenn aber einer von wegen falschen Maas und

und Gewicht allein bürgerlich und nicht peinlich anzuklagen wehre, so bleibt alsdann den Schenken und Vögten die Strafe.

Die Gerichte im Reitzberg sollen durch unsers gnedigen Fürsten und Herren Beamten gefehrlichen, wie gleichwohl auch bis dahero nicht geschehen, nicht gehindert, auch wenn dieselben angesetzet, die Unterthanen gefehrlichen davon nicht abgezogen werden, und damit keine bürgerliche Sachen aus dem Reitzberg in S. F. G. Cantzley, noch auch von S. F. G. Beamten den nächsten gezogen, sondern die Partheyen zuforderst durch die Schenken und Vögte oder ihre Diener verhört werden mögen, so sollen die Schenken und Vögte ein Verzeichnus der Dörfer im Reitzberg gehörig in die Cantzley überliefern, damit man sich in vorstehenden Fällen jederzeit darnach richten möge; doch sollen die Schenken und Vögte männiglich zu seinem Recht der Gebühr verhelfen; würden die aber dasselbe nicht thun, so mag alsdann um gebührliche Hülfe in der Cantzley angesucht werden.

Es erscheinet also hieraus, daß in casu subſtrato das petitorium gantz liquid iſt, und daher dem herrſchaftlichen Schultzen zu F. alle fernere Beeinträchtigung poenaliter zu unterſagen ſeyn dürfte. Referens concludiret demnach ꝛc.

DECISIO CLXXIX.
ARGUMENTUM GENERALE:
TRANSACTIO PROPTER LAESIONEM VLTRA DIMIDIVM RESCINDI NEQVIT.

SUMMARIA.

Transactio non valet, si conditiones eius non impletae sunt n, 1.
Heres remedio ex L. 2. Cod. de resc. vend. utitur. n. 2.
Transactionis rescissio propter laesionem enormissimam a Doctoribus vulgo conceditur; n. 3.
Vt et propter errorem n. 4. vid. tamen n. 5. et 6.
Nequidem transactio ob laesionem enormissimam simpliciter rescindi potest. n. 7.
Multo minus ergo ob solam laesionem ultra dimidium. n. 8.
Remedium ex L. 2. alleg. nec non actio in factum 30. annorum lapsu tollitur. n. 9.
Consequenter hoc tempore praeterlapso transactio, in se invalida, convalescit. n. 10.
Actio, quae vivente antecessore iam exspiravit, non potest transire in successorem. n. 11.

SEN-

SENTENTIA.

In Sachen Johann Henrich Bergholz zum Hbsen, wider Carl Henrich Werner daselbst; die Aufwerfung und Erhaltung des um beyder Ländereyen gehenden Grabens, und Walles betreffend; wird auf das verhandelte, und erfolgten Schluß zu Recht erkannt:

daß der Amtsbescheid vom 24sten April 1761. samt denen hierauf von der Regierung zu Rinteln unterm 6. October e. a. ergangenen remissorialibus a quibus zu confirmiren. Als F. D. U. Gericht erkennet, und confirmiret, die Kosten dieser Instanz aber aus bewegenden Ursachen vergleicht W. R. W.

Publicata die 8. Iun. 1763.

FACTVM.

Die Partheyen, der Appellant B., und Appellat W., haben sich im Jahr 1750. wegen ihrer Güter, die vormals eine Stätte ausgemacht, gerichtlich verglichen, selbige unter sich vertheilet und ausgemacht, daß jeder den um sein Antheil gehenden Wall und Graben in Bau- und Besserung erhalten solle. Hierbey blieb es bis anno 1760., da sich der Appellant beschwehret, daß obgleich die Güter gleich getheilt worden, er doch ein gröseres Stück an dem Wall und Graben zu repariren habe. Das Amt zur U. aber erkannte am 24sten April 1761.:

daß so wie es bey der gemachten Vertheilung ihrer Höfe und Güter überhaupt, es also auch bey der Vertheilung der Wälle und Gräben, und derselben unter sie angewiesenen Befriedigung lediglich zu lassen, mithin Beklagter einen gröbern Theil des Walles um ihr Feldland zu machen und zu erhalten, als er bisher gethan, nicht schuldig, vielmehr Kläger mit seinem deßfalls gethanen Suchen abzuweisen, und in die Kosten zu verurtheilen sey.

Hiervon appellirte Kläger an die Regierung zu R. und von denen daselbst ergangenen remissorialibus weiter an dieses Gericht.

VOTVM.

Es ist ausgemacht, und Appellant giebt bey dieser Instanz in seinem libello gravaminum selbsten an, die Stelle sey zu gleichen Theilen getheilet, und dabey schriftlich verglichen worden, daß ein jeder ihrer Voreltern und Besitzer derselben das Seinige zur Hälfte, mit Aufwurf und Graben, als der Orten fast durchgehends gebräuchlich und üblich, auch höchstnöthig, versehen und bewahren sollte; mithin gestehet derselbe den gerichtlich geschlossenen Transact zu, und vermag solchen anderst nicht anzufechten, und den Appellaten iudicialiter zu belangen, als sub praetextu laesionis ex L. 2. C. de rescind. vendit. dannenhero vor itzt zu untersuchen seyn wird:

Ob hiernach Appellant befugt seye, den Beytrag zu Unterhaltung seines Grabens und Walles, in so weit im Theilungsreceß deshalb die Gleichheit nicht beobachtet wäre, nunmehro noch von dem Appellaten zu fordern?

RATIONES DVBITANDI.

Ob nun zwar

1) besage protocoli vom 7ten Julii 1760. bey eingenommenem Augenschein, und nach beyderseitiger Angabe Appellant etwas weit gröseren Theil zu befriedigen haben soll, als Appellat;

DECISIONVM SVPREMI TRIBVN. APPELL.

1   vermöge des Vergleichs aber eine genaue Gleichheit hätte beobachtet werden müssen; folglich, da der Contrahenten Intention nicht erfüllt wäre, sie den Vergleich zu halten nicht gebunden seyn dürften,

de LVDOLV. *Obf. for.* 41. *n.* 3.

2   welches auch auf die Nachfolger gehet, nam heres succedit in omnia defuncti iura active et passive, tamquam una cum eodem persona, et quomodo aliis actionibus sic etiam remedio ex L. 2. C. *de rescind. vend.* iuste utitur;

MEV. *P.* 2. *Dec.* 147.

3   2) die Doctores der Meynung sind, daß ex capite enormissimae laesionis ein gerichtlicher Transact rescindirt werden könne;

KLOCK *Tom.* 2. *Conf.* 57. *quaest.* 2.
COTHMANN *Vol.* 2. *Resp.* 28. *n.* 206.
BERGER. *ic oecon. iur. Lib.* 4. *Tit.* 34. §. 5.
HARPRECHT. *Vol.* 2. *Conf. Tub.* 30. *n.* 319. *et in Resp.* 83. *n.* 318. *seqq.*

4   mithin Appellans wenigstens zu diesem Beweis zu zu lassen seyn möchte; wie dann auch eine transactio ex errore et dolo inita rescindirt werden kann;

RICHTER *Vol.* 1. *Conf.* 44.
HARPR. *V.* 3. *Conf. Tub.* 84. *n.* 301. *seqq. et* 339. *seqq.*

wogegen

3) nach dem von Appellanten behaupteten Satz, daß wenn de initio et vera qualitate rei constare, keine Possession schaden könne, die ex adverso opponirte Präscription noch Widerspruch finden dürfte; da die Ungleichheit in die Augen leuchten soll, und also des Appellaten Vorfahren nicht unwissend gewesen seyn kann, folglich sie bishero in mala fide gewesen seyn würden.

BRVNNEM. *ad L.* 2. *C. de rescind. vend. n.* 15.

RATIONES DECIDENDI.

Dennoch aber und biewellen

ad 1) an einer Ungleichheit es noch bey weitem fehlt; maßen Appellat an der andern Seite des Busches auch einen grösern Theil des Grabens und Walles im Stande erhalten soll, und die Läsion nicht einmal zu präsumiren stehet; da nach der Sachen nothdürftigen Untersuchung mit bey der Theilen Bewilligung die Vertheil- und Erhaltung der Ländereyen im Wall und Graben, so

5   wie bishero geschehen, verglichen ist; transactiones autem bona fide initae et perfectae sub praetextu erroris aut alius impedimenti leviusculi non sunt rescindendae;

LYNCKER. *Decis.* 389. *et* 433.

um so weniger, da Otto L. des Appellanten Vorfahr die Wahl gehabt, einen Theil welchen er gewollt anzunehmen; dannenhero nicht glaublich ist, daß er den mit grösern Lasten und anzuwendenden Kosten beschwehrten Theil vorzüglich, wo er nicht einen andern Vortheil dabey abgesehen,

6   erwählt haben würde, und wann er ohne Absichten das schlechteste erwählet, sich solches selbst zu imputiren hat, und das beneficium *Legis* 2. *C. de rescind. vendit.* cessiret;

BERGER. *Oec. iur. Lib. 3. tit. 5. th. 18. not. 4.*

zum allerwenigsten hieraus

ad 2) mit Recht für fest gesetzt werden muß, daß eine laesio enormissima nicht vorhanden seyn kann, welche ohne dem nicht so schlechterdings zur Rescißion für anreichend angenommen wird, sondern nur in dem Falle, ubi male et incongrue transactum esse apparet;

MEV. *P. 4. Dec. 30.*

ein Transact aber, ja nicht einmal ein solcher, der iudiciali confirmatione nicht corroboriret ist, propter solam laesionem ultra dimidium, wann kein dolus, qui non ex quantitate damni sed ex qualitate facti illiciti aestimatur, dabey verfiret, welcher so wenig als ein error in praesenti einschlägt, keinesweges rescindirt werden mag; sondern ein solches contra expressam dispositionem iuris

in *L. 78. §. ult. D. ad Sc. Trebell.*

angehen würde, worinnen die meisten und bewährtesten Juristen beypflichten;

BOEHMER. *T. 2. P. 3. Resp. 633. n. 10. seqq.*

PVFENDORFF. *in Obs. for. T. 1. Obs. 143.*

überhaupt da

ad 3) vom Vergleich an bis diese Stunde, mithin an die 200 Jahr die Sache in einerley Verhältniß ohne den geringsten Streit oder Einrede, obschon in anno 1740. und also vor kurzem die Waldung annoch vertheilet worden, gleichwohlen geblieben, und die nun in Frage gekommene Ungleichheit nicht movirt worden ist, der Appellant nunmehro billig von aller Ansprache frey zu sprechen seyn wird; sintemalen aus jenem Stillschweigen soviel folgt, daß des Appellanten Vorfahren mit dem Vergleich zufrieden gewesen sind, und Appellat daher, welcher deren facta praestiren muß, hiervon nicht abweichen kann; sondern ihm die praescriptio 30 annorum obstiret, welche sowohl des remedium L. 2. C. de rescind. vendit. als auch die actionem in factum extinguiret;

BRVNNEM. *ad L. 2. C. de rescind. vend. n. 15.*

WERNH. *T. 1. P. 10. Obs. 287. in fin.*

consequenter ex lapsu 30 annorum ein an sich nichtiger Transact gültig wird.

HARPR. *Vol. 2. Conf. Tub. 30. n. 428.*

et ubi exspiravit actio vivente antecessore, illa non potest transire in successorem.

MEV. *P. 2. D. 147. n. 6.*

Referens ist diesem allem nach, mit Uebergehung des appellantischen leeren Vorwandes, daß ein Besitzer eines lehnbaren Pertinenzstücks die dazu gehörige Gerechtsame wieder herbey zu bringen verpflichtet sey, als welches sich hierher gar nicht reimet, der unvorgreiflichen Meynung:

daß Appellant keinen Beytrag zu fordern berechtiget, sondern in allem es auf den alten Fuß zu lassen, zugleich auch daß Appellant wegen dieser frivolen Appellation, und da er nicht den mindesten Schein einer probabilis litigandi causae für sich hat, in expensas zu condemniren sey.

DE-

DECISIO CLXXX.
ARGUMENTUM GENERALE:
QVID IVRIS SIT TRANSACTIONE PER LEGEM COMMISSORIAM ANNVLLATA?

SUMMARIA.

Refcissa transactione, prior actio restituitur; n. 1.
Modo rescissio fiat per restitutionem in integrum, non si propter legem commissoriam. n. 2.
Emtione ob commissoriam legem resoluta, emtor arrham, et partem pretii soluti perdit. n. 3.
Quae regula iusta est. n. 4.
Quod in emtione autem obtinet, ad alia negotia recte adplicatur. n. 5.
Si ergo transactio per legem commissoriam resolvitur, nihil penes eum residere oportet, qui fidem fefellit. n. 6.
Ideoque si in transactione dominio suo renunciavit, id ipsi non renascitur. n. 7.

SENTENTIA.

In Sachen des Bürgers und Brauers Johann Jost Führ, und dessen Ehefrauen allhier; wider den Advocatum und Procuratorem ordinarium Sebastian Fischer hierselbst; In pcto nachbarlicher Gebrechen: wird die von Procurator G. gebetene venia replicandi als unnöthig und sachbeschwerlich abgeschlagen, sondern die Sache von amtswegen für beschlossen angenommen, und auf das verhandelte zu Recht erkannt:

> daß der unterm 4ten Decemb. 1764. eröffnete Stadtgerichtsbescheid samt den Regierungsremissorialibus a quibus vom 3ten Febr. 1766. zu confirmiren seyen. Als F. O. A. Gericht zu Recht erkennet, Appellantes auch in die weiter aufgelaufene Gerichtskosten dieser Instanz condemniret V. R. W.

Publicata die 27. Maii 1767.

FACTVM.

Der jetzigen beiden litigirenden Partheyen antecessores haben schon vor vielen Jahren über den auch jetzt im Streit befangenen Winkel im Proceß gelegen, und sich endlich unterm 15ten Oct. 1706. dahin gerichtlich verglichen:

> daß Beklagter, (von dem der jetzige Appellant das Haus quaestionis erkauft) auf das Eigenthum des Winkels renunciret, und die ausgehängte Latrin anderst nicht, dann nur iure servitutis zu brauchen, auch weiter keine dahin zu hängen versprochen; in casu contraventio-

ventionis aber ber Kläger (bes jetzigen Appellaten Schwiegervatter) nicht an seine Concession gebunden seyn sollte.

Als aber dem ohnerachtet der jetzige Besitzer des Hauses, Appellant F. noch ein Privet in den Winkel hing, beschwehrte sich der Appellat, Procurator F. und erhielt einen Stadtgerichtsbescheid, worin der Beklagte sowohl das neuerlich angelegte, als das alte Privet binnen 14 Tagen wegzunehmen angewiesen, auch in die Proceßkosten condemnirt wurde.

Hiervon appellirte der Beklagte an die Regierung, und als daselbst die Appellation abgeschlagen wurde, weiter an dieses Tribunal.

VOTUM.

Der 20. 1706. getroffene Vergleich ist nicht nur in der ersten Instanz originaliter producirt worden, (fol. 35. 59. seq. act. prior.) sondern es findet sich auch das Originalprotocoll den anteactis apponiret. Da nun an der Gültigkeit dieses Vergleichs an und für sich um so weniger zu zweifeln ist, da gar nicht consistret, daß die A. ische Ehefrau oder die A. ischen Erben, wie sie ohnedem nicht befugt gewesen, solchen jemals impugniret hätten; die pacta realia auch alle successores binden, und was super servitutibus realibus sogar iudicialiter, wie hier geschehen, verglichen worden, sich alle nachfolgende Besitzer des praedii dominantis et servientis gefallen lassen müssen; die Präscription auch sehr unschicklich von dem Untergerichtsabvocaten E. angeführet wird, da Appellaten kurz ante litem motam zuerst den Vergleich gebrochen und das zweyte Privete eingehängt haben: so ist auch die Appellation insoweit durchgehends ungegründet. Nur aber entstehet dabey die einer näheren Untersuchung bedürfende Frage:

Ob wann der Vergleich vi clausulae legis commissoriae durch die begangene Contraventien annulirt werde, dieses nicht den Effect haben müsse, daß alles wieder in den Stand komme, wie es ao. 1706. gewesen, folglich über das dominium des Winkels Beweis geführet, und darauf W. R. erkannt werden müsse?

Ob nun zwar dieses dem ersten Anblick nach daraus zu folgen scheinet, weil es natürlich ist, daß wann ein Vergleich oder anderer Contract aufgehoben wird, alles wieder in den Stand gesetzt werden muß, wie es vorher gewesen; rescissa enim transactione reditur ad priorem actionem, quae restituitur.

L. 1. 2. C. si adverss. transact.
L. 96. §. 1. D. de solut.
MEV. *P. 1. Decis. 126. n. 2.*

Nachdem aber doch

1) dieses sich nur von dem Fall verstehet, wann die restitutio in integrum erkannt, oder partium consensu von dem getroffenen Vergleich wieder abgegangen; keinesweges aber wann solcher vi adiectae legis commissoriae annullirt wird; allermassen

2) emtione ob legem commissoriam resoluta, der emtor sowohl die arrham als partem pretii soluti verlieret,

L. 6. pr. iunct. L. 4. §. 1. D. de lege commissor.

LAVTERBACH. *Coll. theor. pr. L. 18. Tit. 3. §. 14.*
4 welche Regel pro iusta non tantum,
SCHILTER. *Ex. ad pand. 30. §. 54.*
sed nec pro dura zu halten;
a LEYSER. *Spec. 197. in fin coroll. 4.*

5 3) was in emtione venditione bey dem lege commissoria Rechtens ist, auch bey allen andern negotiis statt findet, denen bekanntlich der lex commissoria ohne Unterscheid excepto pignore abjicirt werden kann;
a LEYSER. *ibid. coroll. 1.*

und daher in specie auch bey der Transaction dasjenige seine Anwendung finden muß, was die
6 Rechte von der poena legis commissoriae überhaupt verordnen, quod nimirum non modo nihil penes eum residere oporteat, ex re in qua fidem fefellit;
L. 5. D. de lege commiss.
sed etiam nihil recuperare debeat ex dato;
SCHILTER. *l. cit.*

7 4) in casu substrato auch überaus hart seyn würde, wann Appellat nunmehro noch einen Beweis übernehmen sollte, den er jetzo ohnmöglich mehr zu führen im Stande ist, den aber vor 50 Jahren sein Schwiegervater leicht führen konnte, und bloß um deswegen nicht geführet hat, weil sein Gegner gegen die sub lege commissoria zugestandene Servitut ein Privet in dem Winkel zu haben, sich seines prätendirten condominii begeben hatte; endlich auch

5) Appellantes hierauf eigentlich ihr gravamen nicht fundiren: so dürfte Referentis ohnmaßgeblichen Dafürhaltens obige Frage zu negiren seyn, und wellen im übrigen die Appellation offenbar ungegründet ist: so dürften auch Appellanten in die weitere Unkosten zu condemniren seyn, dannenhero ic.

DECISIO CLXXXI.
ARGUMENTUM GENERALE:
CENSITA, QVI NVLLOS FRVCTVS PERCIPERE POTVIT, NEC DOMINO QVIDQVAM PRAESTAT.

DECRETVM.

In Sachen des Obristlieutenants von der M., wider die Gemeinde Oberlistingen: werden die von Procurator S. gebetene Appellationsprocessus abgeschlagen.
Datum die 29. April. 1767.

FACTUM.

Als die Gemeinde Oberl. bey hiesiger Regierung zu Anfang dieses Jahrs beschwehrend vorgestellt, daß der M. tsche Iustitiarius die von den Kriegsjahren dem Obristlieutenant von der M. schuldige Zins- und Heuerfrüchte auf einmal mittelst Verkaufung ihres unentbehrlichen Zugviehes beytreiben wollte, ohne sie mit dem offerirten Beweis der erlittenen Totalfouragirung zu hören, und die Regierung hierauf dem Amtschultheiß H. zu G. diese Vorstellung zur rechtlichen Verfügung zu schickte, dieser auch darauf dem Obristlieutenant von M. sothane Commißion mit dem Anfügen eröffnete, daß er entweder den Censiten, wie von andern auch geschehen, einen zweyjährigen Erlaß gutwillig angedeihen, oder sich nicht befremden lassen möchte, wann er die Gemeinde zuförderst mit dem Beweis, daß sie in den Jahren 1760. 1761. und 1762. total fouragiret worden, hören müßte, bis dahin aber die Sistirung der Execution von ihm begehrte: so appellirte besagter von M. an die gedachte Regierung, und als diese unterm 24sten Jan. a. c. erkannte:

daß zwar die Appellation abgeschlagen, der Commissarius aber angewiesen würde, den Appellanten mit seiner Nothdurft vorerst zu hören, solchemnächst aber nach der Vorschrift des §. 7. der Remißionsordnung de ao. 1759. allenthalben zu verfügen,

weiter an dieses Tribunal, und fundirte sich theils auf die vorhin bey der Regierung allegirte rescripta de ao. 1765. und 1766. vermöge deren die Censiten nebst dem alten Rückstand einen neuen Zins abzutragen schuldig, theils aber auch in dem jüngsthin unterm 25sten Febr. in causa von Boyneburg c. Melsurtische Kinder *) bey diesem Gericht ertheilten Decret, als vermöge dessen ausgemacht wäre, daß denen von Adel. in casu notorio zustehe, ihre Hinterfassen zu ihrer Schuldigkeit anzuhalten; petendo demnach die von der Regierung erkannte Commißion aufzuheben und der erkannten Execution den Lauf zu lassen.

RATIONES DECIDENDI.

Nachdem aber

1) bey diesem Gericht mehrmahlen, besonders

in causa des Generallieutenants von Wolf contra die Gemeinde Meimbreffen

ausgemachet worden, daß in dem Fall, wann die Pacht und Zinsleute zeigen können, daß sie während den Kriegsjahren gar nichts geerndet, sie auch keine Zinspächte abzutragen schuldig, und dann in substrato

2) die appellatische Gemeinde Oberlistingen dieses zu erweisen sich offeriret; hiermit auch

3) dieselbe, ohnerachtet derer von dem Appellanten allegirten und producirten Rescripten, soviel billiger gehört werden muß, da die Disposition, daß ein alter Rückstand mit einem currenten abgetragen werden solle, doch natürlicher Weise die Untersuchung voraussetzet, ob ein alter Rückstand statt finde oder nicht; mithin

4) da die Appellaten behaupten, daß sie nichts in den Jahren 1760. 1761. und 1762. geerndet, auch noch nicht gesagt werden mag, daß sie von diesen Jahren einen Rückstand zu zahlen schuldig; vielmehr

5)

---

*) Decis. Tom. III. Dec. LXXIX.

5) gleichergestalt hieraus folgt, daß man hier lange noch nicht in casu notorio verfire, wobey dem Appellanten, tanquam in propria causa, nach dem in causa von Bonneburg c. Reifurtische Erben ergangenen Decret der executibische Zwang gegen seine Censiten zustehen sollte; sondern im Gegentheil

6) in diesem Betracht die Regierung ganz recht die commissarische Untersuchung, ob und wie weit denen Appellaten nach der Verordnung de ao. 1759. ein Erlaß an den Rückständen zukomme, erkannt hat: so kann Referens hierbey kein gravamen finden, und concludiret demnach rc.

DECISIO CLXXXII.
ARGUMENTUM GENERALE:
CONDVCTOR REMISSIONEM MERCEDIS PETENS VECTVRAS BELLICAS VT ALIA DAMNA SPECIFICARE, ET DE FRVCTIBVS DETRAHERE DEBET.

SUMMARIA.

Thema decisionis defenditur et probatur. n. 1.
Conductor praeter remissionem mercedis resarcitionem damni petere nequit. n. 2.

SENTENTIA.

In Sachen des K. ischen Pachters Johann Christoph St. zu Schwebda, wider den K. ischen Mandatarium Z., modo den Capitaine Wilhelm Friedrich von K. zu Wanfried; die Räumung der innehabenden Pachtung, desgleichen die von beyden Theilen geklagte, auch sonst ex actis erscheinende Mißbräuche bey der bisherigen Sequestration betreffend: wird auf das verhandelte und erfolgten Schluß zu Recht erkannt:

daß Appellant das in Pacht habende K. ische Gut zu S. noch zur Zeit zu räumen nicht verbunden, sondern bey dem unterm 6ten May 1758. erneuerten Pachtcontract bis zu dessen Endschaft zu belassen, er aber demselben in allen Stücken, jedoch dergestalt sich gemäß zu verhalten schuldig sey, daß er dem Appellaten aus dem Gut S. hinfüro keine weitere Competenz, ingleichem dasjenige, was dessen Mutter und Schwestern bis dahin an Alimentationsgeldern genossen, weniger nicht diejenige 80 Rthlr, so ersterer vor die Benutzung des ihr angeblich zustehenden inventarii in denen bisherigen Pachtcontracten an, maslich ausgeworfen worden, nicht weiter zu verabreichen, mithin die ganze Pacht der 1050 Rthlr. nach Abzug der 60 Rthlr. Holzgelder, auch Steuern, Baureparation und
anderer

anderer unumgänglicher, gleichwohl anderst nicht, als jedesmal mit commissarischem Vorwissen zu verwendenden Kosten, zu Befriedigung der Creditoren nach ihrer Ordnung, wie selbige, falls es noch nicht geschehen, nach völlig instruirtem Concursproceß förderfamst zu classificiren sind, gerichtlich, und zwar in Niederheßischer Währung, zu deponiren; der Commissarius auch überdas die dem Appellaten sich ausbehaltene Jagd, Erbzinsen, Lehngelder, Waldungen und was dergleichen mehr ist, ebenfalls zur massa zu ziehen, und des Endes selbst administriren zu lassen, ihm Appellaten aber, bis zu Befriedigung seiner sämmtlichen Gläubiger überall keinerley Anmassung zu gestatten, sondern demselben für sich und die Seinigen, auch Mutter und Geschwister zu ihrer Subsistenz, jedoch salvo creditorum iure, und weiter nicht, als bis auf anderweite Verordnung und Erkäntniß, ob ihnen sämtlich das beneficium competentiae ferner zu statten kommen könne oder nicht, die vom Guth zu Mannsfried anstommende Revenüen vor der Hand noch zu überlassen; dahingegen auf der andern Seite, soviel die vom Appellanten übergebene und theils abgehörte Pachtrechnungen betrifft, in Ansehung der von Appellaten darüber geführten Beschwehrden, besagter Commissarius sich nach der Ordnung vom 20. April. 1759. strictlich zu richten; mithin und da es nicht blos darauf, was Appellant von dem Gut S. vor Kriegsführen verrichtet, und was er durch Lieferungen, Einquartirungen, and sonsten vor Schaden erlitten, sondern vielmehr und hauptsächlich auf die Frage ankommt, ob Appellant nicht nach Abzug alles dessen, was ihm an dergleichen Zurechnungen ordnungsmäßig zu gut kommen muß, dennoch so viel übrig behalten und genossen habe, oder genießet können, als das Pachtgeld ganz oder zum Theil austrägt, auch wann dieses nicht seye, sondern der Appellant in einem oder dem andern Jahr deductis deducendis gar nichts genossen haben sollte, den Rechten gemäß ist, daß derselbe sich mit der blosen Remission des ganzen locarii begnügen müsse, eine weitere Ersetzung aber vor Lieferungen, Fuhren und sonstige Kriegsschaden vom locatore nicht verlangen, und auf das folgende Jahr weiter nichts in Aufrechnung bringen könne, als was er solchenfalls auf das Pachtgeld selbst aus seinem Beutel vorgeschossen und bezahlt gehabt; solchemnach er Commissarius dem Appellanten die Aufstellung der des Endes von Anfang des Krieges bis hieher erforderlichen, und in sothaner gehöriger Form bis jetzo annoch ermangelnden Rechnungen sub praeiudicio, daß widrigenfalls das ganze locarium von jedem Jahr ihm zur Last bleiben solle, binnen einer darzu zu bestimmenden peremtorischen Frist, aufzugeben, sodann solche insgesammt, und nicht, wie bisher geschehen, einzeln oder stückweise, dem Appellaten sowohl, als was die creditores zu dem Ende zu bestellen gut finden möchten, ad monendum zu communiciren, hierauf die Rechnungen nach Rechnungsstilo abzuhören, und den völligen Abschluß darnach zu machen; inmittelst aber auch provisionaliter davor zu sorgen, daß Appellant nach Verlauf des jetzigen Pachtjahres die Pachtgelder mit Aussetzung desjenigen, was er etwa von vorigen Jahren entweder überzahlt, oder noch nachzuzahlen haben möchte, gehörig ad depositum liefere, und ihn nöthigenfalls mediante executione darzu ohnnachsichtlich anzustrengen habe; dermaßen F. D. A. Gericht so, wie vorstehet,

vorstehet, zu Recht und schuldig erkennet, anweiset und verordnet; mithin den untern 15ten Febr. 1762. eröffneten Commißionsbescheid, samt denen am 27sten Aug. d. a. darauf erfolgten Regierungsremissorialibus a quibus solchergestalt reformiret, die Unkosten aber gegen einander compensiret. V. R. W. Dann wird der Regierung zugleich hiermit aufgegeben, da sich ex actis ergiebt, daß des verstorbenen debitoris communis von K. Ehefrau, gebohrne von H. diejenige 1200 Rthlr. Ehegelder, womit sie in dem Commißionsbescheid vom 18ten Aug. 1729. loco quinto collociret worden, zu seiner Zeit theils selbst erhoben, und den Rest dem Juden Simon Michael cediret habe, an dessen creditores den Commercienrath M. et. cons. solcher auch nachgehends wirklich ausbezahlet worden; gleichwohl aber Appellat in dem 20. 1758. geschlossenen Pachtcontract §. 6. solche 1200 Rthlr. annoch für unbezahlt ausgegeben, und dem Appellanten sogar zur Sicherheit gegen seine Cautionsgelder mit einzusehen sich angemasset, den Commissarium Amtsvogt K. anzuweisen, daß er bende Theile sowohl als die creditores darüber vernehme, und darunter dem Befinden nach was Rechtens verfüge.

Publicata die 5. Octobr. 1763.

FACTVM.

Gegen den auf dem K. ischen, im Concurs liegenden und sequestrirten Gut zu S. befindlichen Pachter St. ist ad instantiam des von K. von dem zu dieser Sache verordneten Commissario am 15ten Febr. 1762. ein Bescheid des Inhalts ertheilt worden:

daß Imperant gegen Zurückbehaltung seines gethanen Vorschusses, und der weiter liquido zu fordern habenden Posten schuldig und gehalten, das adelich K. ische Gut in S. den 22sten Märj a. c. bey Vermeidung ohnbeliebigen Verfahrens zu räumen, und an Imperanten gegen Leistung hinlänglicher Caution, oder an ein subiectum, welches derselbe substituiret, und die in der Klage zum Besten der creditorum offerirte Puncte in allem erfüllet, und wobey selbige desfalls gesichert, abzutreten, compensatis expensis.

Hiervon appellirte der Pachter St. an die hiesige Regierung, welche am 23sten Aug. remissoriales dahin ertheilte:

daß es zwar bey dem Bescheid a quo sein Verbleiben habe; Appellat aber ratione illiquidi dem Appellanten anreichige Caution zu leisten schuldig sey; der Commissarius auch bey Errichtung eines anderweiten Pachtcontracts vor allen Dingen auf die Sicherheit und das Beste der creditorum genaue Obacht haben solle.

Von diesen remissorialibus hat der Pachter St. weiter anhero appellirct, und ihn nicht nur nebst Ersetzung aller Kosten bey der Pachtung bis nach Ablauf der 9 Jahre und erfolgten Abtrag seiner Foederung zu lassen, sondern auch weiter gebeten, da die des communis debitoris Mutter neuerlich nachgegebene Competenz von 200 Rthlr. und die dessen 4 Schwestern jährlich verordnete 200 Rthlr. Alimentationsgelder, wovon aber, da eine verstorben, 50 Rthlr. abgingen, wider die klare Vorschrift der Oberappellationsgerichtsdecreten angingen, und dem communi debitori selbst als einem in Diensten stehenden Cavalier keine Competenzgelder gebühreten; zum wenigsten aber die

bisherv

bishero genoffene Nebendouceurs und erhaltene Auszahlung aller und jeder Proceßkosten ferner nicht zugestanden werden könne, daß hierin rechtliche Verfügung geschehen; allenfalls aber, wann wider Verhoffen die Competenz von 400 Rthlr. erhalten werden sollte, daß die erste Einrichtung wieder hergestellt, mithin deren Bezahlung an das Gut zu W. und die Revenüen zu F. verwiesen, hingegen die Einkünfte von dem Gut zu S. zum Besten der Creditoren verwendet werden möchten.

TRACTATIO.

Es kommt bey dieser Sache vorerst und hauptsächlich auf die Frage an:

Ob Appellant von der Pachtung vor Ablauf der Pachtjahre vertrieben werden könne?

demnächst aber wird auch über die hinc inde geklagte Mißbräuche, einerseits II.) wegen der Competenz, Alimentationsgelder, Proceßkosten und übriger darneben vom Appellaten reservirten Stücke und Urtheilen; anderseits aber III.) über die übermäßige Pachtrechnungen um so mehr zu erkennen seyn, da schon mehrmalen zu der sämmtlichen Creditoren Besten von amtswegen bey diesem Oberappellationsgericht Verordnungen ergangen, von welchen mittlerzeit allzusehr abgewichen worden, als daß man es nicht wiederum allenthalben in die gehörige Gleiche zu bringen, und die Sache auf den rechten Fuß zu setzen suchen sollte.

RESOLVTIO.
quaestionis I.

Was also vorerst die Hauptfrage betrifft, kommt es bey derselben darauf an:

1) Ob der Pachtcontract für gültig zu achten, und zwar a) auf Seiten der Creditoren, und b) auf Seiten des Appellaten?

2) Ob Appellant ex capite contraventionis sich der Pacht verlustig, oder

3) zu Übertretung derselben von drey zu drey Jahren dergestalt im Contract selbst verbindlich gemacht habe, daß darauf so, wie in sententia et remissorialibus a quibus geschehen, erkannt werden mögen?

Quoad 1) hat des appellati Vater zuerst mit dem Appellanten contrahiret, und da die creditores solches gutwillig geachtet gehalten, so hat es auch das Oberappellationsgericht darbey gelassen. Nach Ablauf dieser Pachtjahre hat der Appellat den Contract erneuert und der Reservatcommissarius solchen confirmiret. Die Regierung hat zwar denselben für nachtheilig in Ansehung der Creditoren erkannt, und deßhalb des Reservatcommissarii K. Justification erfordert, warum er die Confirmation ertheilt habe, allein der Contract ist nirgends als ungültig aufgehoben; vielmehr von der Regierung und von diesem Tribunal bey vorgekommenen Fällen als gültig zum Grunde gelegt, und von den creditoribus nirgends als ungültig angefochten worden; der Appellat aber kann solchen, und was er hierunter einmal gethan, wann es auch zu seinem Schaden gereichte, und er sich gesetzten Falls aus Noth, um seine Competenz zu erhalten, dazu entschließen müssen, am wenigsten als ungültig anfechten. Dann intuitu seiner ist es exceptio de iure tertii,

tertii, ob der Contract den creditoribus nachtheilig sey, und wenn auch der Schaden auf ihn mit redundiret: so kommt doch solches in keinen Betracht, da keine laesio ultra dimidium vorhanden, ja nicht einmal angegeben, vielweniger erwiesen ist. Ueberdas stickt das Nachtheil vor die creditores hauptsächlich darinnen, daß sich der Appellat einen Vortheil gemacht, und mehr stipuliret auch genossen gehabt, als ihm zukame. Man kann also die Gültigkeit des Pachtcontracts überall für bekannt annehmen.

Quoad 2) ist nicht die geringste causa expellendi erwiesen, und alles was Appellat von Contraventionen des Pachtcontracts und sonst angeführet, auch einigermassen beschienen hat, nur von der Beschaffenheit, daß dadurch höchstens eine actio ad id quod interest fundiret würde; kinesweges aber eine gänzliche Aufhebung des Pachtcontracts darauf verfüget werden könnte; zumal kein lex commissoria dem Contract abjiciret worden, die deteriorationes von keinem Belang sind, und der Appellant sich deshalb zur Gnüge entschuldiget hat. Es haben sich zwar einige creditores über des appellantis Haushalt beschwehret, und in soweit ebenfalls um eine andere weite Verpachtung gebeten; allein es fehlet ihnen ebenfalls an zulänglichem Grunde; indem alles was sie anführen, darauf hinausläuft, daß der Appellant grösere Rechnungen mache als sich gebühre; welches aber auf den Commissarium vielmehr redundiren würde, wann er mehr in Rechnung passiren liesse, als sich gehörte. Nicht zu gedenken, daß der von K. eigentlich nur derjenige ist, der sich unter dem Nahmen verschiedener Creditoren beschwehret; indem die vornehmste Beschwehrde mit ist, daß der Appellant die Competenz, Alimentations- und andere nöthige Gelder zurücksetze, da doch die creditores selbst gewiß eine viel andere Sprache führen würden. Es kommt also alles auf den 3ten Punct an: ob Appellant selbst nach dem Pachtcontract das Gut räumen müsse?

Quoad hoc 5) meinet man zwar der Referens bey der Regierung, daß der Appellat einmal dominus des Guts bleibe, und daher auch mit Approbation des Sequestrationscommissarii die Person des locatoris nicht nur abgeben könne, sondern auch, wann er gegen anwelchende Caution unter solchen den Creditoren mehr zum Besten gereichenden Conditionen mit Approbation gedachten Commissarii selbst das Gut in Pacht nehmen, oder darzu ein anderes sicheres Subject substituiren wolle, appellans, wann er seine Befriedigung erhalte, darbey kein weiteres interesse habe, sondern ihm dieserhalb die exceptio tua non interest obstire; und hieraus macht derselbe den Schluß, daß Appellant seinem Versprechen zu folge gegen Zurückerhaltung seines Vorschusses und der weiter zu fordern habenden Posten schuldig seye die Pachtungen abzutretten.

Wann aber 1) der Pachtcontract de A. 1758. §. 1. klar im Munde führet, daß das letztere Pachtjahr sich mit dem 25sten März 1768. wiederum endige, jedoch mit diesem expressen Vorbehalt, daß wann er von K. mittlerzeit das verpachte Gut selbsten in Besitz nehmen und benutzen könnte und wollte, er conductor solches auf diesen Fall, von drey zu drey Jahren, ihm von K. gegen seine des conductoris in den folgenden §. §. ausgemachte Befriedigung hinwiederum abtretten sollte; nun aber

2) nicht nur in confesso beruhet, sondern auch notorisch ist, daß Appellat das Gut anderweit auf bessere conditiones verpachten wolle, selbst aber in Besitz zu nehmen, und den Appella-

ten

ten abzutragen bey seiner sonstigen großen Schuldenlast noch zur Zeit nicht im Stande sey; folglich die im Pachtcontract exprimirte Condition nicht existiret, worauf es gleichwohl praecise ankommt, und dem Appellanten nicht gleichgültig seyn kann, ob der Appellat das Gut selbst in Administration nehmen, und er es zu dem Ende übergeben, oder ob ihm ein anderer Pachter vorgezogen, und er diesem das Gut vor der Zeit abtretten soll;

3) ob zwar dem Appellaten und seinem Vater die Verpachtung des Guts ex consensu creditorum connivendo zugelassen worden, dennoch daraus nicht folget, daß er, ehe die creditores abgefunden sind, selbst oder per substitutum, wie ihm der Commißionsbescheid a quo zuläßet, das Gut gegen Caution in Verwaltung zu nehmen befugt sey; indem vielmehr das Oberappellationsdecret vom 26sten Jul. 1749. verordnet, daß ihm in Ansehung des Guts und dessen Administration, oder der davon eingehenden Pachtgelder bis sämtliche Creditores befriediget, nicht die allergeringste weitere Anmassung zu gestatten sey: so hält auch Referens das appellatische gravamen für gegründet, und würde daher um so mehr es bey den Pachtjahren noch zur Zeit lassen, weil bey einer neuen Verpachtung in puncto cautionis und sonst auch gewiß neue Schwührigkeiten und Processe entstehen, und die Sache in noch mehrere Weiterungen gezogen werden würde, dahingegen bey noch fortdaurender Pacht die Rechnungen völlig ad liquidum gebracht, und falls Appellaut schuldig bliebe, die Caution dargegen inne behalten, und nach Befinden alsdann mit mehrerem Bestand zur Exmißion geschritten werden könnte.

RESOLVTIO.
quaestionis II.

Anlangend die 2te Frage wegen der Competenz und übriger vom Appellaten reservirten Utilien, auch Alimentationsgelder für die Wirthin und Töchter, imgleichen die Proceßkosten: so will sich Referens dermalen nicht weitläuftig darbey aufhalten, in wieweit dem Appellaten unter den verschiedenen Gestalten, wie man ihn ansehen kann, das beneficium competentiae zu statten kommen könne; sondern es wird vor jetzo genug seyn, wann hier nur ex facti specie wiederholt wird, daß die Competenz vom Commissario Ao 1729. bey einer damals geringen Schuldenlast von 3600 Rthlr. auf 400 Rthlr. determiniret, und 300 Rthlr. von W. 100 Rthlr. aber von S. bezahlt worden. Da nun die Schulden nach der Zeit bey dieser Competenz sich gehäufet, nichts destoweniger aber Appellat außer dem W. Gut so З. sche mit 400 Rthlr. Competenz ohne andere reservirte Nutzungen recht dolose zu beschweeren, folglich seine Competenz gegen 700 bis 800 Rthlr. zu erhöhen Gelegenheit gefunden, überdem der Mutter 200 und den Schwestern 200, nachher 150 Rthlr. auf eben diese S. ische Pachtung angewiesen worden; ohne daß noch zur Zeit constiret, ex quo fundamento solches geschehen, und quo iure sie hierunter den creditoribus vorgehen sollen; welches alles um so unerlaubter unternommen worden, da das Oberappellationsgerichtsdecret vom 7ten März 1750. expresse verordnet:

daß dem debitori, ohne sämtlicher Creditoren ausdrückliche Einwilligung weder eine größere Competenz auszuwerfen, als dieselbe bishero genossen, noch auch ihme oder seiner Eheconsortin in Ansehung der Pacht- oder Cautionsgelder keine Einnahme oder Disposition zu gestat-

gestatten, sondern beydes, bis die K. ische creditores ihre völlige Befriedigung erlanget, lediglich zu des Executionscommissarii Händen zu liefern:

So findet Referens kein Bedenken, die Competenz, nebst denen nemlich aufgekommenen Alimentationsgeldern insgesamt lediglich auf die Güter zu W., welche über 300 Rthlr. anwerfen müssen, vor der Hand, und bis die creditores auch in diesem Stück ein anderes rechtlich ein- und ausführen, einzuschränken, mithin die auf das Gut E. im Pachtcontract widerrechtlich beschehene assignationes aufzuheben, und was sich Appellat an Jagd rc. reserviret hat, ebenfals der Masse zum besten einzuziehen, und respective zu verpachten; wogegen nichts hindert, daß man die jetzige Competenz sowohl bey der Regierung, als bey diesem Tribunal paßiren lassen, indem solches ad acta manca, auch ohnedem unter der ausdrücklichen Clausul geschehen ist: bis auf weitere Verordnung.

Weiter ist auch nöth g, da noch mit gar nichts dargethan ist, daß der Wittibin K. das Inventarium gehöre, vielmehr dieselbe ao 1729. ihre 1200 Rthlr. Ehegelder eingeklagt, und nachgehends theils selbst, theils auf die an ihren creditorem den Juden Simon Michael gethane Cession, und darauf an dessen creditores M. et cons. beschehene Zahlung, erhalten, gleichwohl nach dem Pachtcontract wegen des inventarii jährlich 80 Rthlr. zu genießen hat, und anbey die längst abgelegte 1200 Rthlr. noch immer dem Appellanten zur Caution einsetzet, daß solchemnach, bis der Concursproceß völlig zu Ende gebracht, mithin auch der K. ischen Wittib Forderung wegen des inventarii ad liquidum gebracht und classificiret seyn wird, die 80 Rthlr. hinführo ebenfalls ad massam gezogen, und dem Appellanten die Ablieferung der völligen Pachtgelder zu 990 Rthlr. injungiret würde, die Wittib aber, wie sie dazu komme, ihre längst abgelegte illata noch immer als rückständig fortzuführen, mit ihrer Verantwortung zur demnächstigen weiteren Vererordnung, oder auch commissarischen rechtlichen Verfügung zu vernehmen.

RESOLVTIO.
quaestionis III.

So viel endlich den dritten Punct der vom Appellanten aufgestellten Pachtrechnungen betrifft, so scheinet sowohl der Appellant als der Commissarius in der Meinung zu stehen, daß alle Fuhren und Lieferungen dergestalt gut gethan werden müßten, daß soweit solche die Pachtgelder übersteigen, der Ueberschuß cum usuris in der folgenden Jahrsrechnung als bezahlt zur Ausgabe kommen müsse, auf welche Weise er dann schon in einem Vorschuß von vielen 1000 Rthlr. stehen möchte; zumalen er das gelieferte hoch anrechnet, das übrigbehaltene hingegen mit Stillschweigen übergehet.

Referens muß auch gestehen, daß prior Dominus Referens bey diesem Tribunal in Ertheilung des Abschlagsdecrets vom 19ten Febr. a. c. diese Meinung incidenter adoptiret, wann er die Ordnung vom 20sten April 1759. also erkläret, daß zwar nach dem 4ten §. in Ansehung der Fouragirungen und Lieferungen untersucht werden müsse, ob nicht dessen ohngeachtet der Pachter so viel übrig behalten, daß er die Pacht bezahlen könne; die Kriegsfuhren hingegen indistincte nach dem 5ten §. täglich mit 2 fl. gut gethan werden müßten.

Wann

Wenn aber (1) nach gedachter Verordnung vom 20sten April 1759. §. 3. für fest stehet, daß ein Pachter ein mehreres, als er aus der Pachtung nach gewöhnlicher Abrechnung der Auslagen und Unkosten und nach Abzug des erlittenen Abgangs heraus gebracht und bringen können, nicht bezahlen, dahingegen aber auch wegen des ihm entgangenen Nutzens und Vortheils keine Vergütung fordern, sondern den erlittenen Schaden selbst tragen solle;

2) der 5te §. weiter nichts verordnet, als weil es zweifelhaft war, ob die Fuhren, die der Pachter mit seinem Anspannvieh thun müssen, dem Gutsherrn unter dem Abgang zugerechnet werden könnten, oder nicht, daß solchemnach zu Hebung dieses Zweifels eine Fuhre mit 4 Pferden oder 6 Ochsen täglich mit 2. fl. in der Vergleichung angeschlagen werden sollte, im übrigen aber

3) daß es mit Zurechnung der Fuhren, und mit Zurechnung der das Gut noch weit näher angehenden Frucht- und Fouragelieferungen zweyerley Bewandniß haben, und die Fuhren mehr privilegirt seyn sollten, als jene praestationes, nirgends versehen; hingegen

4) die angezogene Verordnung meines Erachtens vielmehr also zu verstehen ist, daß Appellant die Kriegsfuhren ordnungsmäßig anschlagen muß, und wann alsdann nach Abzug dessen sowohl, was dieselbe betragen, als auch der Frucht, und Fouragelieferungen und sonstigen in Rechnung zu paßirenden Posten deductis deducendis er wirklich soviel nicht übrig behalten und genossen hat, oder genießen können, als das Pachtgeld ganz oder zum Theil austrägt, derselbe über den wirklichen Genuß nichts zu bezahlen habe, und was er in diesem Fall auf assignationes oder sonst auf die Pacht bezahlet, und in effectu aus seinem Beutel vorgeschossen, ihm auf das folgende Jahr zu gut gehen müsse; ohne daß jedoch

5) der appellantische Pachter, wann er die Remißion der ganzen Pacht erhält, ob sich gleich seine Kriegsschadensrechnung noch so hoch beliefe, die geringste weitere Vergütung vom Gutsherren fordern könne;

vid. L. 15. §. 2. L. 33. D. locat. conduct.
MEV. P. 7. Dec. 84.
WINKLER. in der rechtlichen Abhandlung von Kriegsschäden Sect. 1. Cap. 4. num. 13. seqq. num. 29. 30. 31. 35. 36.

wie unter andern auch in causa

des Conductor Engelhards contra die geheime Räthin Mogin den 3ten Dec. 1761. bey der Regierung erkannt, und von diesem Tribunal approbiret worden; daher

6) wann Referens dem vormaligen Herrn Referenten bey Ertheilung des Abschlagsdecreti vom 19ten Febr. a. c. pure accedirt, er dieses nur quoad conclusionem dahin verstanden haben will, daß die Verweisung ad separatum mit den Kriegsfuhren für ein gravamen anzusehen, weil Appellant billig zur eidlichen Bestärkung derselben zu lassen gewesen: so concludiret Referens, daß nach vorstehenden, der Ordnung und den Rechten conformen principiis ein näheres Rechnungsregulatio vorzuschreiben sey.

Sonst finden sich in actis noch zwey strittige Puncte, deren Decision gut und vielleicht nöthig seyn wird:

1) daß Appellant sich beschwehret, wie ihm mehrere assignationes zugeschickt würden, als er an Pachtgeldern schuldig sey; und

2) daß er in frankfurter Währung bezahlen solle.

Die erste Beschwehrde wird sich hinführo von selbst geben, ist aber im übrigen an und für sich nicht ungegründet.

Die zwote Beschwehrde hingegen ist desto verwegener.

Nach dem ersten Pachtcontract müßte Appellant das jetzige ohnverändert gebliebene Pachtgeld in niederheßischer Währung bezahlen. Bey der Pachternewerung A. 4758. wurde frankfurter Währung stipuliret, sonder Zweifel wegen des damalen in Handel und Wandel und sogar in herrschaftlichen Cassen roullirenden schlechten Geldes. Da nun jetzo die vorige Währung wieder hergestellet, so ist Appellant nicht sowohl in frankfurter, als vielmehr, weil derselbe, des ausdrücklichen Innhalts seines Pachtcontracts ohngeachtet, auf den vormaligen höheren Geldcours restituiret wissen will, ohnedem auch der Appellat von dem a creditoribus approbirten ersten Contract nicht abgehen, mithin in eorum praeiudicium die Währung nicht verändern können, in der jetzo wieder hergestellten alten niederheßischen Währung, worinn auch die Schulden contrahiret worden, das locarium abzutragen schuldig, und darzu zu condemniren; da nun im übrigen die Compensation der Unkosten kein Bedenken findet: so wäre ꝛc.

DECISIO CLXXXIII.

ARGUMENTUM GENERALE:
AN DONATIO VALEAT IVRE NOSTRO SPECIALI, SI A IVDICE INCOMPETENTE CONFIRMATA?

SUMMARIA.

Alienationes rerum immobilium in Hassia nostra iudicialiter confirmandae sunt. n. 1.
Ideoque et donationes. n. 2.
Insinuatione non eget iure communi donatio remuneratoria. n. 3.
Donatio mortis causa a quovis magistratu confirmari potest. n. 4.
Characteres donationis remuneratoriae. n. 5.
Donatio mortis causa quid sit? n. 6.
Donationi non nocet, quod contrahentes ex ignorantia eius confirmationem a iudice incompetente impetraverint. n. 7.
Donatio enim etiam a iudice incompetente confirmari potest. n. 8. 10.
Adeo ut Iudex etiam in propria causa competens esse possit. n. 9.
Contractus consummatus ex capite deficientis confirmationis non rescinditur. n. 11.

Donatio modalis propter ingratitudinem revocari nequit. n. 12.
Et magis ad contractus onerosos quam lucrativos accedit. n. 13.

SENTENTIA.

In Sachen Dietrich Ebert von B., wider Johann Georg Ebert und Johannes Möller, curatorio nomine Hans Curt Eberts hinterlassener Kinder daselbst, in puncto donationis; wird auf alles An- und Vorbringen auch erfolgten Schluß zu Recht erkannt:

daß es bey der quaestionirten Donation ihres ganzen Inhalts nach, und also auch in Ansehung der Immobilgüter zu lassen, mithin Appellant von angestellter Klage schlechterdings zu absolviren, und solchergestalt die von der Regierung zu M. unterm 8ten Aug. 1758. ertheilte sententia a qua zu reformiren seye. Als J. O. A. Gericht erkennet, absolviret und reformiret, compensatis expensis. V. R. W.

Publicata die 10. Octobr. 1759.

FACTVM.

Christ. E. hat seinem Bruder Dietrich E. am 18ten Jul. 1750. seinen Antheil von Gütern, mit gerichtlicher vom Oberschultheissen zu Marburg ertheilter Confirmation, dergestalt geschenkt, daß ihm dieser jährlich zwey Schafe füttern und zwey Hember geben, alle ihm zugehörige Aecker, so lange er donator leben würde, ihm ausstellen, düngen und säen und die Früchte überlassen solle.

Nach des donatoris Tode aber meldeten sich dessen übrige Erben ab intestato und impugnirten die Schenkung, theils weil der donator sich durch einen vorher errichteten Ehelich die facultatem alienandi benommen, theils die Schenkung nicht von der Fleckenbühl Bürgelischen Obrigkeit wäre confirmiret worden. Es erfolgte auch vom Bürgelischen Syndico zu Marburg am 25sten Febr. 1757. ein Bescheid, worin die Schenkung quaestionis für nichtig erklärt, und die Kläger zur Mitsuccession ab intestato admittirt wurden. Hiervon appellirte Beklagter zuerst an die Regierung, und als diese unterm 8ten August 1758. erkannte:

daß die sententia a qua, soviel die geschenkte unbewegliche Grundstücke angehet, zu confirmiren, in Ansehung der bey den actis prioris instantiae befindlichen Specification sub num. 4. 5. et 6. bemerkten Mobiliarschenkung aber zu reformiren und solche mobilia dem Appellanti zuzuerkennen, demselben auch wegen der aberkannten Immobilstücke der Regreß gegen das Oberschultheissen Amt allhier vorzubehalten sey.

an dieses Gericht.

VOTVM.

Es kommt hier auf die Erörterung der Frage an:

Ob die landesherrliche Verordnung vom 9ten Jan. 1732. bey gegenwärtigem casu statt finde, und hiernach die quaestionirte Donation in Ansehung der Immobilgüter für ungültig zu erkennen seye?

DECISIONVM SVPREMI TRIBVN. APPELL.

RATIONES DVBITANDI.

Ob nun zwar

1   1) in besagter Ordnung §. 1. sich disponirt findet, daß die über unbewegliche Güter vorgehende Kauf- und Tauschhandlungen der Obrigkeit, worunter die zu veräusernde Stücke gelegen, angezeigt und ausgefertigt werden sollen, und dieses im §. 7. und 8. in mehrerem bestätiget wird;

2   2) wenn gleich in gedachtem ersten §. der Donationen nicht in specie Erwehnung geschiehet, dennoch selbige ebenfalls darzu referirt werden müssen, indem auf alle Alienationsfälle der Immobilien sich das Edict erstrecket, und im achten §. hierzu expressis verbis die Verschenkung gerechnet wird; nun aber

3) des donatoris Güter im B. ischen Gericht ohnstreitig gelegen sind, und also vor diesem die quästionirte Donation zu seiner Perfection hätte gebracht werden sollen; da im Gericht S. die herrschaftliche von der adelich Fleckenbühl Bürgellischen Gerichtsbarkeit ganz separirt ist, und beyde nicht concurrentem iurisdictionem im Gericht haben; mithin

4) da die Donation von dem Oberschultheissen zu Marburg als einem iudice incompetente confirmiret worden, der actus für null und nichtig, und also die Schenkung für unvollkommen und ungültig zu halten seye, wovon beyden Theilen, auch deren Erben ab intestato, massen die querela nullitatis 30 Jahr dauert, abzugehen erlaubt seyn würde; kraft
§. 3. et 4. d. Ordinat.

3   5) und obgleich eine donatio remuneratoria bekanntlich keiner gerichtlichen Insinuation, selbst an den Orten, wo die donationes inter vivos gerichtlich confirmirt werden müssen, bedarf,

ZOES. ad pand. Tit. de donation. n. 43.
BERLICH. P. 2. Concl. 14. n. 13.
COLER. P. 1. Dec. 10. n. 7.

4   und eine donatio mortis causa, weil es ein actus voluntariae iurisdictionis ist, und sich als ein legatum verhält, von einer jeden Gerichtsobrigkeit autorisirt werden kann:

LAVTERBACH. C. T. P. L. 39. Tit. 6. §. 15.
STRVV. Synt. iur. civ. Ex. 40. §. 22.

doch zu beyden die quästionirte Schenkung nicht qualificiret werden mag; indem in ersterem Betracht ihn Donationsbrief keiner Remuneration gedacht, sondern zum Beweggrund angegeben wird: weil er sich bishero beym donatorio aufgehalten, und bey demselben sein Leben zu beschliessen Willens seye, welches kein bene meritum ist, vielmehr donator seinen Aufenthalt und Verpflegung zweifelsohne nicht umsonst gehabt; die blose Worte: viele Treue, gute Aufwartung, und dergleichen, ohnehin noch lange keine donationem remuneratoriam ausmachen, sondern

5   dergleichen bene merita in specie benennet, und also beschaffen seyn müssen, daß der donator dadurch nicht nur paturaliter, wie

BERGER in differt. de liberalitate necessaria §. 14. et 15.

will, sondern auch civiliter obligiret werde; folglich der donatarius durch sothane bene merita ein ius perfectum zu Erlangung der schuldigen Remuneration bekommen;

STRYCK

STRVCK. *de caut. contract. Sect. 3. Cap. 9. §. 3.*
In dem zweyten Betracht aber der Schenkungsbrief ganz klar zeiget, daß die Donation nicht in casum mortis conferirt worden, also daß selbige erst durch den Tod zu ihrer Perfection kommen solle, wie bey einer donatione mortis causa erfordert wird,
    LAVTERBACH. *l. c. §. 26.*
und wenn schon es hier heiset: daß nach des donatoris Tod die Güter dem Appellanten verbleiben sollen, doch die donatio inter vivos et statim perfecta ist, quia non ipsa donatio, sed tantum ejus executio in mortem confertur.
    LAVTERBACH. *l. c. §. 27.*
    BOEHMER. *T. 2. P. 1. Conf. 568. n. 4. et 5.*

RATIONES DECIDENDI.

Dennoch aber und bisweilen
1) der Donationsbrief quaestionis alle behörige requisita hat, und beyde Contrahenten solchen haben autorisiren lassen, mithin ihrer Seits alles dasjenige gethan, was sie nach der Contractenordnung zu thun schuldig zu seyn geglaubt; daß aber aus Unwissenheit sie die Confirmation nicht gehörigen Orts gesucht haben, ihnen, so von der getheilten Jurisdiction des Gerichts S. keinen Begriff gehabt, nicht sowohl zur Last gelegt werden mag, als vielmehr alle Schuld auf den Oberschultheißen zu M. fällt, wogegen der reservirte Regreß dem Appellanten wenig helfen, und nur schwehre Processe nach sich ziehen würde;

2) nur die Unterlassung der Confirmation besage der Ordnung §. 4. die Nullität eines Contracts nach sich ziehet, und im ersten §. auf den Fall, wenn die Handlung nicht vor die Obrigkeit, worunter die zu veräußernde Stücke gelegen, gezogen ist, dergleichen Pön nicht gesetzt wird, noch vielweniger also diese bey einer donatione inter vivos Platz finden mag, da dergleichen Insinuation bloß auctoritatis publicae causa geschiehet, und ein actus voluntariae iurisdictionis ist, dergleichen keine causae cognitionem erfordern, und dannenhero vor jedem Gericht gar wohl vorgenommen werden können;

L. 4. de adopt.
L. un. §. f. de off. proconf.
adeo ut iudex in propria causa competens esse possit;
    MÜLLER *ad* STRVV. *Ex. 40. §. 10. not. 4.*
    ZIEGLER. *Concl. 1. n. 46.*
gleichwie dann die Rechtslehrer in specie von der donatione afferiren, quod coram omni iudice, etiam incompetente, civilem iurisdictionem habente, infinuari possit;
    LAVTERBACH. *de all. vol. iurisdict. Th. 26. 27.*
    BERLICH. *P. 2. Dec. 187. n. 4.*
    GAIL. *P. 2. Obf. 39. in fin.*
    MÜLLER *ad* STRVV. *l. c. in not.*
in praesenti auch des legislatoris gnädigste Intention bey dieser Verordnung völlig erreicht wird; indem

DECISIONUM SUPREMI TRIBUN. APPELL.

indem das herrschaftliche Interesse im Ab= und Zuschreiben der onerum eben sowohl vom Ober=
schultheißen, als vom B. ischen Iustitiario hat gewahret werden können, und das vorliegende In=
strument allen Zweifel und Streit, daß beyder Contrahenten Meynung also und nicht anders ge=
wesen, benimmt;

3) alle in der Donation stipulirte Puncte von beyden Theilen erfüllt worden sind, und donator bis an sein, 6 Jahr darauf erfolgtes Ableben dabey beharret, mithin da dieser von seiner
Schenkung nicht abzugehen willens gewesen, noch weniger davon abgegangen, Appellaten seine
Erben ab intestato, die des defuncti factum prästiren müssen, um so weniger die Schenkung
anfechten, und den Willen ihres Erblassers umstoßen können;

4) dieser zur Decision gegenwärtiger Sache hauptsächlich gereichende Satz, daß ein nach oft=
erwähnter Ordnung zwar unvollkommener, jedoch von beyden Theilen vollzogener, in allem adimpli=
ter und per traditionem et mortem contranentis zur Vollkommenheit gediehener und bestättigter
Contract nicht für ungültig erkannt, vielmehr bey seinen Kräften gelassen werden muß, nicht erst
anjetzo für festgesetzt werden darf, sondern durch die bisherige praeiudicia bey diesem Tribu=
nal, als

in causa Rau contra seine Schwägerin Catharina Rauin, Brob contra Brob *) Neu=
meyers et uxor contra Schäfers Erben

allbereits bestättiget, und mit vielen Gründen behauptet worden;

5) hier um so mehr es bey der Donation der beweglichen und unbeweglichen Güter gelassen
werden muß, als sonst unendliche Processe daraus entstehen würden, und Appellant derglei=
chen ansehnliche Gegenforderungen machen könnte, daß den Appellaten dadurch ihr prätendirtes
Antheil Güter sehr hoch und über den Werth zu stehen kommen möchte; da hier keine donatio
simplex sondern qualificata ist, nehmlich ex causa oder sub modo facta, welche donatio modalis nicht einmal ex capite ingratitudinis revocirt werden kann,

WERNHER. *Sel. obs. forens.* P. 1. Obs. 66. n. 3. Vol. 1. p. 82.

und also noch eine Frage ist, ob donator selbst von der Schenkung, welche als eine Compensation
und Satisfaction mehr die Art eines contractus onerosi als lucrativi gehabt,

FABER. *Cod.* L. 8. Tit. 36. Def. 3. n. 2.

abzugehen befugt gewesen sey, anerwogen die quäsitionirte donatio dem Appellanten viele harte
conditiones auflegte, als daß er den donantem auf Lebenslang bey sich behalten, verpflegen,
zwey Schaafe füttern, zwey Hemder geben, seine Aecker ausstellen, düngen und säen und gleich=
wohl die Früchte davon nicht vor sich genießen sollte, welches, wenn donator lang gelebt, leicht den Werth
der Schenkung hätte übersteigen können, und anjetzo so viel nach sich ziehen würde, daß wenn die
Donation ungültig seyn sollte, dem Appellanten aller Schaden und Unkosten, so donator bey sei=
nem zwanzigjährigen Aufenthalt ihm verursacht, der etwaigen Melioration nicht einmal zu geden=
ken, erstattet werden müßte; wogegen nichts vermag, wenn angegeben werden will, daß dem
Appellanten sogleich die geschenkte Güter zu seinem Nutzen übergeben worden, und defunctus
Knechts=

---

*) Decis. Tom. I. Decis. X.

Knechtsarbeit thun müssen, indem dieses nicht erwiesen, und man hier zu considriren hat, was Appellant nach dem Donationsbriefe zu präsiiren schuldig gewesen, und nicht was defunctus ihm gutwillig daran erlassen hat. So ist diesem allem nach Referens der ohnmaßgeblichen Meynung, daß ꝛc.

DECISIO CLXXXIV.
ARGUMENTUM GENERALE:
DE HYPOTHECA TACITA FISCI IN BONIS ADMINISTRATORVM.

SUMMARIA.

Pignus in re immobili conflitutionibus noftris iudicialiter confirmandum eft n. 1.
Oppignoratio exiftente iam concurfu facta nulla eft. n. 2.
Fifcus in bonis adminiftratorum, quae habent tempore fufcepti officii, hypothecam legalem habet, n. 3.
Ex communi opinione omnibus aliis hypothecis publicis pofterioribus praeferendam. n. 4.
Conflitutio noftra de confirmatione iudiciali pignorum ad pignora tacita non pertinet. n. 5.
Creditori pignus generale iam habenti non nocet, quod poftea fibi fpeciale quoque conflituendum curaverit. n. 6.
Reditus ex curfu publico, Poftgelder, eadem iura cum aliis reditibus publicis habent. n. 7.

SENTENTIA.

In Sachen des Procuratoris fisci, Nahmens fürstlicher Renthkammer wider die in actis benannte D. ische creditores, Prälationsrecht im Concurs betreffend, ist hiermit zu Recht erkannt: daß die Renthkammer und das Oberpostamt allhier mit ihren sämmtlichen vorhin für liquid erkannten Forderungen der 6084 Rthlr. 11 Alb. 7 Pf. Cammerreceß u. 41 Rthlr. 4½ Pf. rückständiger Postgelder, nebst den bis zur Zeit des eröfnten concursus aufgewachsenen, allenfalls noch zu liquidirenden Zinsen, den in dem Marburgischen Classificationsurtheil sub num. 9. 10. 11. 12. et 13. vorgesetzten Appellatischen Mitgläubigern allerdings vorzuziehen, und solchergestalt sententia a qua vom 30sten May 1752. zu reformiren seye; als F. O. A. Gericht erkennet und reformiret, mit Vergleichung der Kosten B. R. W.
Publicata die 12. Dec. 1753.

FACTVM.

Der gewesene Renthmeister D. zu W. hat im Jahr 1738. vier Jahre nachher als er zu dieser Bedienung gekommen, Fürstlicher Renthkammer nicht nur eine General- sondern auch eine Special-hypothek auf 1000. Rthlr. und seine liegende Güter bestellt, im Jahr 1740. aber noch für 2830 Rthlr.

Güter zu dem pignore speciali hinzugefügt. Als nun im Jahr 1747. über deſſelben Vermögen ein Concurs entſtanden: ſo hat die Regierung zu Marburg in dem ertheilten Claſſificationsurtheil der Fürſtlichen Renthcammer die creditores sub num. 9. 10. 11. 12. und 13. vorgeſetzt, der Procurator fiſci aber von dieſer Sentenz anhero appelliret.

VOTUM.

Der Grund der Entſcheidung dieſer Sache beruhet auf der Frage.

Ob und wie weit das von dem appellantiſchen Procuratore fiſci prätendirte Vorzugsrecht von den ihm in der Claſſificationsurtheil vorgeſetzten appellatiſchen Mitglaubigern gegründet ſey oder nicht?

RATIONES DVBITANDI.

Ob nun zwar

1) Appellaten ſich inſonderheit auf die Verordnung de anno 1732. wegen Confirmation der Contracten berufen, und Inhalts deren behaupten, daß appellantiſcher fiſcus ſich auf ſeine hypothecam tacitam beziehen könne, indem Fürſtliche Renthcammer hypothecam expreſſam anfänglich auf 1000. Thlr. und nachhero auf des debitoris übriges Vermögen ſich conſtituiren laſſen, mithin hoc ipſo ſelbſt anerkannt, daß ſie mit der erſtgedachten hypotheca tacita nicht hinlänglich geſichert ſey; ſodann auch

2) ſcheinet, daß auf die hypothecam expreſſam in vim praelationis nicht provocirt werden möge, weil dieſe nicht nach Maaß obgedachter Verordnung von Fürſtlicher Regierung zu M. als des discuſſi foro ordinario et rei ſitae confirmiret, auch zur Zeit, als dieſe conſtituiret worden, der debitor bereits nicht mehr ſolvendo, mithin der Concurs materialiter erſchienen geweſen, und eine ſolche Verpfändung in praeiudicium reliquorum nicht mehr geſchehen können; über dem

3) Fürſtliche Renthcammer, wenn ſie bey dem gedachten gemeinſamen Schuldner Schaden leidet, ſich dieſes ſelbſt zu imputiren haben möchte, weil demſelben nicht zu behöriger Zeit die Rechnung abgenommen, dadurch aber andere creditores ſicher gemacht worden, indem dieſe, wenn des discuſſi ſtarker Receß bekannt geweſen, ihme gewiß nicht creditiret haben würden, folglich aber auch dieſelben nunmehro unter dieſer Nachſicht nicht Schaden leiden könnten; ferner dürfte

4) noch ein Zweifel entſtehen, ob der Nahmens der Fürſtlichen Poſtcaſſa eingeklagte Receß allenfalls eben das privilegium tacitae et legalis hypothecae als der übrige Renthereyrückſtand zu genieſen habe, indem erſterer von dem discuſſo, nicht qua herrſchaftlicher Renthmeiſter, ſondern bloß qua Poſthalter contrahirt worden; nichtweniger will es das Anſehen haben, daß wenigſtens

5) Die B. iſche Schuld, als welche laut der in actis befindlichen Obligation zu Erkaufung der nachmals dem fiſco verhypothecirten O. iſchen Güterſtücke hergeſchoſſen worden, ein gleiches privilegium tacitae hypothecae mit der fürſtlichen Renthcammer Prätenſion habe, und alſo

dieſer,

dieſer, da allererſt in anno 1743 vor beſagte Fürſtliche Rentkammer hypotheca expreſſa beſtellt
worden, ratione temporis mit allem Recht vorzuſetzen ſeye; und endlich allegirt
  6) das iudicium a quo noch dieſes zur hauptſächlichen ratione decidendi, daß wenn dem
fiſco der Vorzug zugeſtanden werden wollte, alsdenn die meiſten übrigen creditores unverſchul-
deter Weiſe um das ihrige kommen würden.

RATIONES DECIDENDI.

Allbieweilen aber

  1) unbeſtrittenen gemeinen Rechtens iſt, daß dem fiſco ex bonis adminiſtratorum, quae habent et habuerunt eo tempore, quo ad officium accedunt,
              per tot. tit. Cod. de privil. fiſci, et in ſpecie *L. 1. 3. ibid.*
eine univerſalis hypotheca tacita et legalis dergeſtalt zuſtehe, daß ſelbiger allen hypothecis ex-
preſſis,
              vid. *L. 3. C. qui potiores in pignore*
ja auch ſo gar nach der gemeinen Meynung der Rechtsgelehrter den hypothecis publicis, niſi ſint
tempore priores, vorgehet:
              doc. PUFENDORFF *in Obſ. forenſ. Tom. 1. Obſ. 211. §. 3. et*
              LEYSER. *ad Pand. Sp. 226. Med. 1.*
und dann
  2) in hypotheſi unwiderſprochen, mithin richtigen facti iſt, daß der diſcuſſus anno 1734
ſeine Rentherey Bedienung angetretten, folglich ab hoc tempore alle ſeine Haabſeligkeit mit dem
nexu einer ſolchen hypothecae legalis et tacitae nicht allein behaftet, ſondern auch nach der Hand
in anno 1738 dieſem noch generalis et ſpecialis hypotheca auf 1000 Rthlr. und zuletzt noch
in anno 1740 die weitere Verſchreibung auf 2830. Rthlr iuncta cautione iuratoria hinzugefügt
worden; gegen die Verbindlichkeit dieſer Verhaftung auch
  3) die Verordnung de anno 1732. wegen Confirmation der Contracten keineswegs allegirt
werden mag, indem dieſe eines Theils die Gültigkeit einer ſonſtigen hypothecae tacitae et legalis
in keinem Stück aufhebt, ſondern nur ſoviel diſponiret, daß keine hypotheca expreſſa, wenn ſie
nicht gerichtlich confirmirt worden, paratam exſecutionem haben, oder in concurſu den ord-
nungsmäſigen inſtrumentis gleich geachtet, vielweniger vorgezogen werden ſolle;
              vid. *§. 11. cit. Ordin.*
mithin andern Theils appellatiſche creditores ſich darin ſoviel unſchicklicher fundiren, weil nach
Ausweis der Acten und des Claſſifications Urtheils kein einziger, zumalen unter denen dem fiſco vorgeſetzten a nris 9. usque 13 benahmten anzutreffen iſt, welcher eine gerichtliche confirmirte Verſchreibung vor ſich hätte; darbenebſt
  4) nicht abzuſehen iſt, wie daraus, daß Fürſtl. Rentkammer ſich in anno 1738. 1740 et
1742 eine ausdrückliche Verſchreibung über des diſcuſſi adminiſtratoris ſämmtliches Vermögen
geben laſſen, eine Begebung der ohnehin ipſo iure gehabten hypothecae tacite et legalis mit
Recht gefolgert werden möge; indem hier wohl eintrifft, quod ſuperflua non noceant; zumalen

48   DECISIONVM SVPREMI TRIBVN. APPELL.

in dem Cautionsschein de anno 1738. und sonsten die hypotheca ex provisione legis sich zugleich ausdrücklich reservirt worden, und wann auch gleich auf diese expresse Hypothecirung aus dem Grund, daß solches zu der Zeit des angeblich materialiter bereits erschienen gewesenen concursus geschehen, nicht reflectiret werden könnte, doch die erstere hypotheca tacita et legalis subsistiret; da im Gegentheil

5) aus diesen genommenen Präcautionen und den beygebrachten commissarischen Bescheinigungen satsam erscheinet, daß Fürstliche Rentkammer, sobald sie des communis debitoris üblen Haushalt gewahr worden, vigilant genug bey Richtigstellung des recessus gewesen, folglich nicht gesagt werden kann, daß selbige durch ihre moram dem debitori zu Contrahirung mehrerer Schulden Zeit und Gelegenheit gelassen, oder dadurch die übrigen creditores gefährdet worden, massen die acta samt dem Classificationsurtheil selbst zu erkennen geben, daß besagter debitor erst seit anno 1740 in die Schuldenlast gerathen; zu dem

6) eben so wenig eine hinlängliche Ursache auszufinden ist, warum index a quo in dem Classificationsurtheil den 1000. Rthlr. Cautionsgeldern vor den Appellaten den Vorzug gestattet, da er doch im übrigen die hypothecam expressam derselben vor ohnnachtheilig gehalten, und also das fundamentum praelationis nothwendig allein in der auf den ganzen Receß de iure sich erstreckenden hypotheca tacita et legali zu suchen ist, weiters und

7) wohl kein Zweifel seyn kann, daß nicht die Postgelder gleiches privilegium mit den übrigen Administrationsresiduis geniesen sollten, da solche so gut, als die übrige Gelder, von dem debitore als herrschaftlichen Bedienten eingenommen gewesen, anbenebst zur Einnahme bey Fürstliche Rentcammer gehören, auch dahin abgegeben und verrechnet worden; gleichergestalt

8) im Fall man auch der B. ischen Schuld das ius hypothecae tacitae zugestehet, selbige doch erst in anno 1741. contrahiret worden, und also als tempore posterior gleich allen übrigen dem fisco präferirten jüngern creditoribus nach selbigem Inhalt des Classificationsurtheils nothwendig nachstehen muß; und solchemnach

9) die dadurch leidenden creditores zwar zu bedauren, diese von dem iudice a quo hauptsächlich aus der blosen Convenienz hergenommene rationes decidendi aber doch im geringsten nicht dahin anreichend sind, daß man in dieser alleinigen Absicht dem herrschaftlichen fisco sein in den unwidersprechlichen Rechten gegründetes ius praelationis absprechen könnte; zumalen propter haec iura notoria und da es landkundig ist, daß alle berechnete Bediente von Zeit ihrer Dienste gnädigster Herrschaft hypotheca legali omnium bonorum verhaftet werden, besagte appellatische creditores in ignorantia vincibili, quae neminem excusat, sich befinden: so ic.

                                                            DE-

DECISIO CLXXXV.
ARGUMENTA GENERALIA:
I. Duplicitas vinculi ultra fratrum liberos non attenditur.
II. In patruis et avunculis origo bonorum non spectatur.

SUMMARIA.

Thema decisionis I. n. 1. 4. 5.
Thema II. n. 2.
In solis fratribus unilateralibus originis bonorum ratio habetur. n. 3.
Decisio SERENISSIMI *cum actis eo spectantibus. n. 6.*

DECRETVM.

In Sachen des Stadtphysici Dr. Licht Ehefrauen und Lieutenant du Roy Ehefrauen zu A. wider Christina Sophia Scheppachin und Susanna, des Oberförsters Jericho Ehefrau zu D. stritige Erbschaft betreffend;

werden die von Procurator D. R. gebetene Appellationsprocessus hiermit abgeschlagen.

Datum die 20. Aug. 1766.

FACTVM.

Simon Ludwig S. zu A. ist ab intestato verstorben; ohne Descendenten, Ascendenten oder Brüder und Schwestern zurück zu lassen. Seine nächste Verwandten sind seiner Mutter beyde Schwestern die Appellanten, und seines Vatters beyde Halbschwestern oder sorores consanguineae die Appellaten; erstere wollen allein Erben seyn, weil

1) sie nicht wüßten, ob Appellaten angegebener maßen wirklich verwandt wären;
2) bey ihnen Appellanten duplicitas vinculi vorhanden wäre, und
3) die Güter von mütterlicher Seite herkämen, folglich von dem vätterlichen separirt, und ihnen als mütterlichen Unverwandten zuerkannt werden müßten. Dieweil aber die Regierung hierauf nicht reflectirt, sondern durch Bescheid vom 28ten Sept. a. p. beyde Theile ohne Unterschied der Güter in capita admittirt hat: so haben appellantes an dieses Tribunal provocirt, und ihre vermeynte Befugniß in oberwehnten dreyen Puncten auszuführen gesucht.

RATIONES DECIDENDI.

Wenn aber quoad

1) Appellati ihre Verwandtſchaft nothdürftig beſchienen, und Appellanten das Gegentheil nicht beygebracht haben; quoad

2) die duplicitas vinculi ultra fratres eorumque liberos ausserhalb Sachſen und nach dem iure communi nicht attendiret, ſondern blos allein auf den Grad der Verwandtſchaft geſehen wird; l

    LAVTERBACH. *C. T. P. L. 23. poſt. Tit. 17. de ſucceſſ. iuris noviſſ. ſec. Nov. 118.* §. *37. ſeqq.*
    STRVV, *S. I. C. Exerc. 38. Th. 36.*

quoad

3) bey dergleichen entfernten Seitenverwandten eben wenig den Rechten nach zur Frage kommet, ob die Erbſchaft von der väterlichen oder mütterlichen Seite her ihren Urſprung habe,
    STRVV. *cit. loc. ibique* MÜLLER.

und was zwiſchen des defuncti fratribus conſanguineis et uterinis in dem
    L. 13. §. 2. C. de legit. hered.

und der
    Nov. 84.

verordnet wird, auf gegenwärtigen Fall, wo vielmehr der
    L. 10. §. 2. D. de vulg. et pupill. ſubſtit.

ſeine Anwendung findet, ſich nicht appliciren läßt:
    LEYSER. *ad Pand. ſp. 423. Med. 2.*

So iſt auch bey der ſententia a qua kein erhebliches gravamen vorhanden, und concludiret Dem. nach Referens auf folgendes Abſchlagsdecret:

    In Sachen ꝛc. werden die von Procurator D. R. gebetene Appellationsproceſſus hiermit abgeſchlagen.

VOTVM DNI. CORREFERENTIS I.

Es iſt dieſer caſus in der Gerichtsordnung de anno 1497 anderſt beclhirt, indem es daſelbſt heißt,

So aber das geſtorben verläßt ſeines Vatters Bruder oder Schweſter, jene verſammentlich (i. e. duplici vinculo) verwandt, und ſeiner Mutter Geſchwiſter von dem Vater, oder von der Mutter alleine, ſo erben dieſelben des Vaters verſammete Geſchwiſterde, vor der Mutter Geſchwiſterde von einem Aeltern, alleine; und desgleichen ſoll es des geſtorbens Mutter verſammete Geſchwiſter halb gegen des Vatters Geſchwiſtere von einem Aeltern allein auch gehalten werden.

    vid. die Sammlung der Heſſiſchen Landesordnungen 1. Theil. p. 26.

folglich ſoll nach dieſer Landesordnung die duplicitas vinculi in ſubſtrato allerdings attendirt werden. Nun weiß ich zwar wohl, daß dieſe Gerichtsordnung anfänglich nur das Fürſtenthum an der Lonne, als welches von ihrem Urheber dem Wilhelmo III. beherrſcht worden, angegangen hat, und daß dahero auch gezweifelt werden will, ob ſie jemals in Niederheſſen vim legis gehabt; wozu

wozu noch kommt, daß FERRARIVS MONTANVS schon seiner Zeit in den Consiliis Marburgensibus schreibt, daß dieselbe nicht durchgängig mehr in Observanz seye.

vid. Dnus. Hombergk in den Marburgischen Anzeigen de anno 1763. pag. 41. seq.

Nachdem aber noch im Fürstl. Rescript de 29. Dec. 1752. die Eheleute, so gleiche Handthierung treiben, betreffend, dieser Ordnung, als eines allgemeinen Landesgesetzes, Erwehnung geschiehet, so wird in dubio solange darauf gesprochen werden müssen, bis de contraria observantia iudiciali constiret, und möchten dahero processus zu erkennen seyn.

VOTUM DNI. CORREFERENTIS. II.

Quoad ius romanum bin mit dem Herrn Referenten völlig verstanden. Ich glaube auch, daß die von dem Herrn Correferenten angezogene alte Gerichtsordnung nur das Oberfürstenthum angegangen, bevorab da hierinnen viele Dinge enthalten, e. gr. de successione coniugum et usufructu parentum, welche mit den hiesigen Gesetzen und Landesgebrauch nicht überein kommen. Inzwischen aber und weilen dieselbe doch in dem Fürstl. Rescript vom 29. Dec. 1752. als eine Landesordnung anerkannt, und hiervor erklärt worden: so ist es quaestio anceps, ob hiernach, oder secundum ius civile gesprochen werden müsse; praeiudicia, bevorab bey diesem höchsten Gericht, dürften nicht vorhanden seyn, und erinnere mich deren keine. Am sichersten dürfte es seyn, wann dieser casus nach Anleitung der Oberappellationsgerichtsordnung. Tit. 5. §. 13. höchsten Orts einberichtet und hierüber die Decision eingeholt würde. Dann daß diese Gerichtsordnung nicht mehr in Observanz, als wozu eine praescriptio immemorialis erfordert wird, solches können die Appellanten, da die quaestionirte Gerichtsordnung noch in anno 1752. als ein Landesgesetz erklärt ist, ohnmöglich beweisen. Ich fürchte auch, wann dergleichen alte Ordnungen noch mehr zum Vorschein kommen sollten, hieraus noch mehrere Processe entstehen, und hieraus ein völliges ius incertum entspringen wird.

Voto huic convenienter a Serenissimo legislatore quaestionis praesentis decisio petita et impetrata est. En quae desuper acta sunt singula:

Actum Cassel bey Fürstlichem Oberappellationsgericht den 21ten May 1766.

Es lieget gegenwärtig ein Fall zur rechtlicher Entscheidung vor, wobey es auf die zwey Rechtsfragen ankommt:

1) Ob in der successione ab intestato der Mutter vollbürtige Schwestern zu der von ihrer Schwester Sohn hinterlassenen Erbschaft näher sind, wie des Vaters Halbschwestern, und überhaupt ob also, wann jemand ohne Erben ab intestato in linea descendenti, und ascendenti desgleichen ohne Geschwister verstirbt, sondern nur Vaters- und Mutter-vollbürtige und Halbgeschwister hinterlässet, die letztere mit erben, oder von jenen ob duplicitatem vinculi ausgeschlossen werden?

2) Ob nicht, wann Vaters- und Mutterschwestern zusammen erben sollen, dieses praevia bonorum separatione also geschehen müsse, daß jene das was von des defuncti

Vatter hergekommen ist, und diese dessen mütterliches Vermögen zu empfangen haben?

Bey dem Oberappellationsgericht ist man per maiora mit der Regierung dahier darinnen verstanden, daß nach den gemeinen Rechten ausserhalb Sachsen die duplicitas vinculi ultra fratres eorumque liberos nicht attendiret, sondern blos auf den Grad der Verwandschaft gesehen werde, auch keine separatio bonorum, welche in Sachsen gänzlich cessiret, statt finden könne.

LAVTERBACH. *Coll. th. pr. Lib. 18. post Tit. 17. de succeſſ. iur. noviſſ. sec. Nov.* 118. §. 37. *seq.*

STRVV. *S. I. C. Ex. 38. th. 36.*

Nachdem sich aber dieser Fall in der hessischen Gerichtsordnung de a0 1497. ob solche gleich dem römischen oder damals sogenannten neuen Recht mehrentheils gleichförmig abgefasset worden, ganz anderst decidiret findet, daß nehmlich der Mutter vollbürtige Geschwister des Vatters Halbgeschwister ausschliessen, weniger nicht, wann vom Vatter und Mutter Halbgeschwister vorhanden sind; diese in dem Mütterlichen und jene in dem Vätterlichen erben sollen, und obwohl die Partheyen sich auf diese Gerichtsordnung gar nicht, sondern auf die gemeine Rechte berufen, dennoch dasjenige was rechtens ist, auch ohne der Partheyen Anhandgebung ex officio billig gewahret werden muß: So kömmt es hierbey auf die Präjudicialfrage an: wie weit diese Gerichtsordnung de anno 1497. pro norma decidendi angenommen werden könne oder nicht?

Auf der einen Seite ist es an dem, daß diese zu Maynz gedruckte Verordnung nicht von denen damals in Hessen regierenden, und mit einander in Unwillen verfallenen beyden Herren Landgrafen WILHELMO medio et iuniore, sondern nur von einem, und zwar wahrscheinlicher Weise von dem letzteren verfasset und publiciret worden;

Marburgische Anzeigen *de anno 1763.* 5tes Stück.

folglich ihrem Ursprung nach nur in Oberhessen oder dem Fürstenthum an der Loina gegolten, und kein allgemeines Landesgesetz gewesen; vielmehr war Landgraf Wilhelm. der mittlere, welcher anno 1500. über ganz Hessen regierender Herr geworden, um das Jahr 1506. damit beschäftiget, eine gemeine Landesordnung verfassen zu lassen, und dadurch besonders bey Erbfällen allen Weitläuftigkeiten abzuhelfen, und zwar dergestalt, daß er dabey die Gewohnheiten der Städte, welche er des Endes in die Canzeley vorbescheiden ließe, zum Grund legen wollte; ja obgleich diese allgemeine Landesordnung nicht zum Stande gekommen: so scheinet jedoch auch die Ordnung de anno 1497. nicht einmal in Oberhessen, vielweniger durchgängig im ganzen ganzen Lande zur Observanz gekommen zu seyn, da nicht allein der Hofgerichts-Advocat Abraham Sauer zu Marburg in seinem anno 1580. herausgegebenen Buch sub titulo güldener Fluß von Erbschaften

Part. 3. Cap. 3. p. m. 249.

klaget, wie die Verordnung de anno 1497. nach welcher die Eltern ihre Kinder nicht allein erben, sondern deren Geschwister zugleich Miterben seyen, an viel Enden übel gehalten werde, wiewohl es aus den neuen Rechten gegründet sey, sondern auch weyland Herr Landgraf LVDOVICVS testator anno 1572. von den Städten des Oberfürstenthums über ihren Landsbrauch in solchen Erbfällen, welche sonst nach der Verordnung de anno 1497. ihre Erledigung gehabt hätten, Erkundigung

ung eingezogen und befunden hat, daß es ratione successionis nach eines jeden Orts Landbrauch, und nicht auf einerley Weise, vielweniger nach obiger Ordnung von 1497. gehalten werde;

S. die Marburg. Beyträge 3. Stück.
add. OLDENDORP. progymn. all. for. Cl. 5. all. 6. practt. III.
Consil. Marp. Vol. 1. Conf. 2. n. 8.

bey welchen Umständen um so weniger zu glauben ist, daß das Samthofgericht und die Regierungen hier und zu Marburg in vorkommenden Fällen auf diese vielen nur dem Nahmen nach bekannte, und erst jetzo wieder durch den Druck der Sammlung heßischer Landesordnungen gemeiner werdende Verordnung de anno 1497. oder auf die immer mehr in Abgang gekommene öfters in actis gar nicht angezogene Localgewohnheiten sollten gesprochen und nicht vielmehr die gemeine Kayserl. beschriebene Rechte schlechterdings zum Grunde genommen haben, worauf der Hofrichter und Beysitzer in der Ordnung gewiesen waren, wann keine Gewohnheiten angezogen, und da nöthig, bewiesen würden, und welche wie notorisch ist, die ehemalige Gewohnheiten bey der successione ab intestato, welche mit der Zeit schlechterdings nach dem iure romano abgemessen worden, gänzlich verdrungen haben.

Auf der andern Seite aber möchte diesem im Wege stehen, daß die Verordnung de 1497. nachhero, wie ganz Hessen beysammen und darüber das Samthofgericht zu Marburg bestellet, auch auf redliche, erbare Statuten, Ordnungen und Gewohnheiten des Fürstenthums und Landschaft gewiesen war, anno 1531. zu Frankfurt und 1557. zu Marburg wieder aufgelegt, auch vom Hofgerichtsadvocat Saurer anno 1589. in seinem fasciculo iudiciario von neuem editret;

Marburgische Anzeigen von 1763. 5. Stück.

folglich für ein abgeschafftes und außer Observanz gekommenes Gesetz nicht geachtet, hingegen für ein allgemeines heßisches statutum, wie wenigstens der Reichshof-Rath von Senckenberg der Meynung ist, angesehen worden; und obgleich der Gesetzgeber Landgraf Wilhelm III. fürstlich das gemeine Recht vor Augen hat, so setzt doch derselbe den Landesbrauch in Oberhessen gar nicht auf die Seite, sondern hat darauf mit sein Absehen, und suchet beyderley Rechte gleichsam mit einander zu verbinden, und die befundene Widersprüche in den Localgewohnheiten zu heben, mit dem ausdrücklichen Vorbehalt, die Ordnung aus täglichem Bericht der Unterthanen und der Gerichte Uebung zu mehren und zu bessern, wie das Einsicht der Vorrede und verschiedener Articul von selbst in die Augen fällt.

Art. 27. 32. 33. 34. 37.

Dieser Landesbrauch aber, welcher sich in den mehresten Stücken des Hauptwerks, besonders was die successionem coniugum betrifft, durch ganz Hessen erstreckt hat,

S. alte Gewohnheit und Stadtrecht zu Cassel d. ao. 1300. in KUCHENBECKER anal. Hass. coll. 4. pag. 291.

und denen zwar bald auf diese bald auf jene Art von einander abgehenden teutschen Rechten und Gewohnheiten überhaupt gemäß ist.

HEINECC. Elem. iur. germ. Lib. 2. Tit. 9. §. 262. seqq.
CARPZ. P. 3. C. 7. 30. 33.

und noch anno 1572. in Uebung gewesen, gehet weit weniger von der Verordnung de anno 1497. als von den gemeinen Rechten selbst ab; folglich scheinet das wenigste, was man thun kann, dieses zu seyn, daß man sich so lange, bis eine andere annoch in Obervanz seyende Localgewohnheit gezeiget wird, an diese Ordnung halte, und derselben ohne Unterschied in Ober- und Niederhessen zu Vermeidung aller Verwirrung um so mehr nachgehe, als dasjenige, was den Landesordnungen und kundbaren Gewohnheiten zuwider nach den gemeinen Rechten in neueren Zeiten beurtheilet worden, mehr vor einen Mißbrauch anzusehen, als daß solches in künftigen Fällen zur Consequenz zu ziehen seyn möchte; bevorab in der jüngeren Proceßordnung de anno 1745. §. 38. seqq. dasjenige, was in der Verordnung de 1497. §. 28. enthalten ist, wegen des darüber entstandenen, und auf die gemeine Rechte seine Beziehung habenden Zweifels nicht allein erneuert, sondern auch in dem gnädigsten Erläuterungsrescript vom 21. Dec. 1752. sich auf obige alte Verordnung nahmentlich bezogen wird.

Weil aber die Frage: ob man in vorkommenden Fällen auf die erweisliche Gebräuche und vorhandene hessische Landesordnungen, wann solche gleich öfters bald aus Unwissenheit der Partheyen oder ihres Advocaten, theils auf andere zufällige Weise außer Acht gelassen worden, insbesondere aber in gegenwärtigem Fall auf die Ordnung von 1497. oder aber auf die gemeine Rechte sprechen, mithin jene Verordnung für abgeschafft achten solle, nicht sowohl auf einer richterlichen Entscheidung, als vielmehr auf höchster landesherrlicher Verordnung beruhet, und eben sowohl eine gnädigste Decision zu erfordern scheinet, als solches in Ansehung zweifelhafter Rechtsfragen in der Oberappellationsgerichtsordnung Tit. 5. §. 13. vorgeschrieben ist: So hat man hiervon unterthänigste Anzeige thun, und die höchste Resolution zu schuldigster Nachachtung sich gehorsamst erbitten, und ob allenfalls der Regierung allhier und zu Marburg gutachtliche Meynung hierüber zu erfordern seyn möchte, unterthänigst anheim geben sollen.

  Unterthänigstes Gutachten von allhiesiger Fürstl. Regierung d. d. den 21ten Junii 1766.

       P. P.

 Auf wieder angebogenen Bericht vom Hochfürstl. Oberappellationsgericht, die Entscheidung einer bey der successione collateralium vorkommenden Rechtsfrage betreffend, das gnädigst erforderte Gutachten pflichtschuldigst zu erstatten: so dürfte heutiges Tages keinem Zweifel mehr unterworfen seyn, daß die Gerichtsordnung de A. 1497. von Herrn Landgraf WILHELMO juniore herrühre, und da dieses nur allein das Fürstenthum an der Loina beherrscht, auch nur allda gegolten, natürlicher Weise also in dem Niederfürstenthum keine vim legis gehabt haben müsse. Es entspringet daher nur die Frage: ob solche 1) nachher in dem Niederfürstenthum recipiret und zu einem allgemeinen Landesgesetz gemacht worden, oder 2) blos erdings in dem Oberfürstenthum beybehalten seyn?

 Die Gründe, welche in der Oberappellationsanzeige pro affirmativa der ersteren Frage angeführet worden, dürften solche nach der Regierung Ermessen, nicht hinreichend bewähren.

 Dann aus der dem Saamhofgericht ertheilten Fürschrift folget zwar alle Zeit soviel, daß dasselbe nach denen Gewohnheiten und statutis, auch Landesordnungen vorzüglich vor dem iure communi,

muni, in iudicando sich achten solle; gleichwohl hat selbiges in Fällen, welche aus dem Niederfürstenthum Hessen dahin geblieben, den bekannten Rechts principiis gemäs, so wenig nach denen im oberhessischen hergebrachten Gewohnheiten, als einer hasigen constitutione provinciali, wie die Gerichtsordnung de anno 1497. ohnstrittig ist, die Entscheidung abmessen dürfen, vielmehr darin das hiesige Landrecht, oder in dessen Ermangelung das ius romanum zur Richtschnur nehmen müssen. Daß aber nach demselben in causis successionum dahier stets und durchgängig gesprochen werde, bestärket die tägliche Erfahrung, und wird daher nicht leicht jemand, der diese Ordnung durch die neue Sammlung der heßischen Constitutionen kennen lernet, und von dem Gesetzgeber, daß er blos im Oberfürstenthum regieret, nur wahrnimmt, solche zu Bestärkung seiner Gerechtsame bey denen niederheßischen foris, gegen das ius romanum anzuziehen, sich getrauen.

Die Meynung des Reichshofraths von Senckenberg, welcher diese Gerichtsordnung für ein allgemeines heßisches Gesetz ausgiebt, hat also keinen zureichenden Grund, zumalen die von ihm in den Sel. iur. et hist. Tit. III. und V. desgleichen in der commentatione de iure Hassorum privato herausgegebene statuta einiger heßischen Städte von der duplicitate vinculi in successione collateralium ultra fratrum liberos nicht das mindeste bestimmen, noch erwähnen.

Ohnehin kann die Privatmeynung eines Rechtsgelehrten, wie aus dem Exempel des Landrechts, welches von den drey Gebrüdern Herren Landgrafen Wilhelm, Ludwig und George emaniret seyn soll, offenbar erhellet, die Gültigkeit eines Gesetzes nicht wohl erweisen. Der Amtschultheiß Henrich Anton Geiße hat dieß Landrecht nicht nur in ao. 1703. zu Hanover drucken laßen, sondern sogar ein Promulgationsmandat von Herrn Landgraf Carl piae memoriae, pag. 391. vorangesetzt. Diese angesehene heßische Rechtsgelehrte, und noch gantz neuerlich der Vicecanzlar Kortholt zu Gießen, haben solches für ein allgemeines heßisches Recht ausgegeben; und dennoch weiß man dahier zuverläßig, daß daßelbe niemals zu Stande gekommen, und daß daher der Viccanzlar Waldschmidt in diff. de singular. quibusd. et antiq. in Hassia iuribus C. v. §. 7. gantz recht gehabt, wann er von sothaner Collection versichert, daß sie ohne landesherrliche Bewilligung und Autorität durch ein bloses Privatunternehmen ans Licht getretten.

Zwar kann es gar wohl seyn, daß der 38te und folgende Sphi der neuen Processordnung aus der Gerichtsordnung de anno 1497. entlehnet worden, bevorab das deßhalb an die Justitzcollegia ausdrücklich beziehet. Allein eben daher, daß bey der am 29ten Dec. 1752. ergangene Erläuterungsrescript auf die viel gedachte Gerichtsordnung sich im Druck vorliegenden Processordnung nicht für rathsam befunden worden diese alte Verordnung zu allegiren, lässet sich allemal mit Grund schließen, daß dieselbe pro lege Hassiaca universali nicht gehalten seyn müsse: Ohnehin aber kann vielen dem nachherigen rescripto beschehene Anführung nicht zum Beweis dienen, daß sothaner lex provincialis alles seines Inhalts im Lande durchgängig recipiret seyn solle, sondern nach den Reguln der Interpretation darf man lediglich nur in dem erläuterten passu auf diese Gerichtsordnung recurriren, und bleibt es mithin ausgemacht, daß solche weder durch die Observanz noch durch einen landesherrlichen Befehl ein ius provinciale universale geworden, einfolglich in

Nieder=

Niederheſſen in cauſis ſucceſſionum bey dem Abgang einer Localgewohnheit nur allein nach dem gemeinen Rechten zu erkennen geweſen ſey.

Ob man aber 2) dieſe Gerichtsordnung im Oberfürſtenthum allenthalben bey Kräften geblieben, ein ſolches ſtehet zwar dahier mit Zuverläſſigkeit nicht zu beurtheilen; ſoll man aber der Verſicherung des Hofgerichts Advocati Abraham Sauers, die in dem anno 1580. von ihm edirten Buche enthalten iſt, nachgeben: ſo möchte dieſe Gerichtsordnung, ohnerachtet ſie noch anno 1557. in Marburg wieder aufgelegt worden, in den Succeſſionsfällen wenigſtens ſchon damals nicht groß im Gebrauch geweſen, nachher aber dabey um ſo gewiſſer in Abgang gekommen, und das römiſche Recht vollends durchgedrungen ſeyn, als anſonſt Herr Landgraf Ludewig zu Marburg, wie in der Oberappellationsgerichtsanzeige ebenfalls bemerkt iſt, nicht nöthig gehabt hätte, von denen differenten Stadtgebräuchen, welche guten Theils gegen die Gerichtsordnung angehen, die fernere Erkundigung einziehen zu laſſen. Aber geſetzt indeſſen, daß ſie jetzt noch im Oberfürſtenthum in uſu wäre, ſo dürfte doch deren Extenſion auf das Niederfürſtenthum, um dahier ein gleiches Recht einzuführen, nicht einmal anzurathen ſeyn.

Dann da es ausgemacht iſt, daß die ſtatuta oder leges provinciales aus dem Rechte, woraus ſie urſprünglich hergenommen ſind, ihre Auslegung und Erläuterung herholen müſſen: ſo kann man auch keinesweges in Zweifel ziehen, daß nicht der Succeſſionsfall, welcher die dermalige Anfrage veranlaſſet, aus dem römiſchen Rechte in die oft ermeldete Gerichtsordnung eingefloſſen. Dann daß die Teutſchen von dem Vorrechte der vollen Geburt urſprünglich nichts gewußt, ſondern dieſes aus dem römiſchen Recht allererſt erlernet, und daher die Parömie, die halbe Geburt tritt ein Glied weiter zurück, ihrer Gewohnheit nach formiret, das römiſche Recht gleichwohl die duplicitatem vinculi ultra fratrum liberos bey der Erbfolge der collateralium gar nicht in Betrachtung gezogen, dieß hat der Oberappellations Rath von PUFENDORFF Tom, II. obs. 193. auf eine überzeugende Art nicht nur erwieſen, ſondern auch von denen ſtatutis, welche die duplicitatem vinculi weiter extendiren, und nahmentlich von dieſer Gerichtsordnung de 1497. das Urtheil gefället, daß ſolche ex erronea interpretatione ihren Urſprung habe. Dieſerwegen dürfte alſo weit eher die Ordnung, wofern ſie im Oberfürſtenthum noch gilt, in dieſem paſſu zu emendiren, als ſothaner error auch in dem Niederfürſtenthum einzuführen ſeyn:

Als wohin man das erforderte Gutachten hierdurch unterthänigſt erſtatten, und darauf das weitere höchſtem Ermeſſen gehorſamſt anheim ſtellen ſollen.

Unterthänigſtes Gutachten, von Fürſtl. Regierung zu Marburg d. d. Marburg den 28ten Junii 1766.

P. P.

Eurer Hochfürſtl. Durchlaucht hat Höchſt Dero Oberappellationsgericht in dem hierbey wieder zurückgehenden unterthänigſten Auszug zwey Rechtsfragen vorgeleget:

1) Ob in der ſucceſſione ab inteſtato der Mutter vollbürtige Schweſtern zu der von ihrer Schweſter Sohn hinterlaſſenen Erbſchaft näher ſind, wie des Vatters Halbſchweſtern, und überhaupt, ob alſo, wann jemand ohne Erben ab inteſtato in linea deſcenden-

cendente und afcendente, desgleichen ohne Geschwister verstirbt, sondern nur Vatters und Mutter vollbürtige, und Halbgeschwister hinterläffet, die letztere mit eben, oder von jenen ob duplicitatem vinculi ausgeschloffen werden?

2) Ob nicht, wann Vatters und Mutterschwestern zusammen erben sollen; dieses praevia bonorum separatione also geschehen müsse, daß jene das, was von des defuncti Vatter herkommen ist, und diese deffen mütterliches Vermögen zu empfangen? und um gnädigste Verordnung gebeten, ob in einem jetzo zur Entscheidung vorliegenden, und etwa künftig vorkommenden ähnlichen Fällen nach der hessischen Gerichtsordnung de ao. 1497. oder nach den gemeinen Rechten gesprochen, mithin jene Verordnung für abgeschafft gehalten werden solle?

Da man nun, wie Wir aus diesen unterthänigsten Anzeige ersehen haben, bey Fürstl. Oberappellationsgericht per maiora mit Fürstl. Regierung zu Cassel verstanden ist, daß nach denen gemeinen Rechten aufferhalb Sachsen, die duplicitas vinculi ultra fratres eorumque liberos nicht attendiret, sondern blos auf den Grab der Verwandschaft gesehen werde, auch keine separatio bonorum, welche in Sachsen gänzlich cessiret, statt finden könne; und dann auch Unser unterthänigst ohnmaasgebiges Guthachten darüber per extractum Geheimenrathsprotocolli d. d. Cassel den 27ten May a. c. erfordert worden: So sind Wir, um solches gehorsamst zu erstatten, damit völlig einverstanden, daß nach Maasgabe der gemeinen Rechte, bey denen cognatis, welche secundum gradus praerogativam succediren, so wenig die duplicitas vinculi, als die distinctio und separatio bonorum statt habe; und solchergestalt wird allhier in dergleichen Fällen bis auf diese Stunde gesprochen, wie dann noch ohnlängsthin in Sachen Michel und Henrich Combächers zu Nieder Aspe, Amts Wetter, contra Mat: haus Koch et Consorten die Appellationsprocessus abgeschlagen und pure remissoriales sind erkannt worden, wellen sich befunden, daß der judex a quo die Erbschaft quaestionis denen von väter- und mütterlicher Seite vorhandenen, sowohl vollbürtigen als halbbürtigen Geschwistern zu gleichen Theilen zuerkannt, und also nach denen gemeinen Rechten gesprochen hatte. Daß bey hiesiger Regierung, wenigstens in denen neueren Zeiten, anderst, und zwar nach der Verordnung de Ao. 1497. gesprochen worden, davon ist nichts bewust, und dahero auch fast zu zweifeln, daß sothane Verordnung jemalen zu einer beständigen und durchgehenden Observanz gekommen seye; bevorab, da solche auch in einigen andern Puncten längstens nicht mehr in Uebung gewesen ist. Aus diesen Ursachen wären Wir der unterthänigst ohnmaasgebigen Meynung, daß es hierinnen bey denen gemeinen Rechten, als wornach in ähnlichen Fällen allhier bishero ist gesprochen worden, auch hinführo zu lassen seyn möchte. Wir beharren ꝛc,

Extract Geheimenrathsprotocolli d. d. Cassel den 11ten Julii 1766.
No. 207. die Entscheidung einer bey der successione collateralium vorkommenden Rechtsfrage betreffend:
Resol. die beyden Gutachten sind in Abschrift zum Oberappellationsgericht abzugeben, um in vorkommenden dergleichen Fällen nach den gemeinen Rechten zu sprechen.

DECISIO CLXXXVI.
ARGUMENTA GENERALIA:

I. Differunt servitus luminum et ius aperiendi fenestras in proprio pariete, per statuta negatum.
II. De novi operis nunciatione.

SUMMARIA.

Casus, in quibus aedificatio nunciato praestita cautione permitti non debet. n. 1. 2. 3.
Iudici hodie liberior facultas est, aestimatis circumstantiis, cautionem aut admittendi aut reiiciendi; n. 4.
In qua aestimatione et favor publicus aedificiorum aliquid momenti habet. n. 5.
Quid sit servitus luminum? n. 6.
Et quid servitus apericndi fenestram in proprio pariete? n. 7.
Ab hac ad illam non procedit conclusio. n. 9.
Quid ad probandam servitutem ne luminibus officiatur, requiratur? n. 8.
Quantum spatii servitus stillicidii comprehendat? n. 10.

SENTENTIA.

Jn Sachen des Generalfruchtschreibers von Ende, und dessen Ehefrau, wider den Postmeister Reinuck und dessen Ehefrau, appellationis, nunciationem novi operis betreffend: wird allem An- und Vorbringen nach zu Recht erkannt:

 daß es bey dem commissarischen Bescheid vom 6ten Nov. 1744. zu lassen, und die dagegen von hiesiger Regierung unterm 25ten Febr. 1745. ergangene remissoriales wieder aufzuheben. Inmassen Königl. Fürstl. O. A. G. es dabey lässet und wieder aufhebet, compensatis expensis V. R. W.

Publicata die 7. April. 1747.

FACTUM.

Die beyden Häuser der litigirenden Theile haben vormals einem Herrn zugehört. Im Jahr 1663. aber ist das eine davon von dem Eigenthümer an Basilius Reinuck dergestalt verkauft worden:

 daß der Käufer sich an dem gekauften Hause der Dachtraufe nach der Thorfahrt zu, wie auch nothdürftiger offener Fenster in den Kammern zu Gewinnung Luft und Tageliechts gebrauchen solle 2c.

und

und stehet gegenwärtig den Appellaten zu; das andere aber besitzen die jetzige Appellanten. Diese haben im Jahr 1744. angefangen in ihrem Hofe an der Seite des Reinöcklichen Hauses eine Mauer aufzuführen. Die Appellaten aber innotirten ihnen novum opus, und wurden durch den von der Regierung zur Untersuchung der Sache verordneten Commissarium angewiesen, den Originalkaufbrief in termino praefixo den 17ten Jul. 1744. zu produciren. Weil aber diesem iniuncto bis in den November desselben Jahres kein Gnüge geschahe: so baten die Appellanten ihnen sub cautione die Fortsetzung des Baues zu erlauben, und erhielten am 6ten Nov. den commissarischen Bescheid:

Wird nunmehro den Impetranten die Ausbauung der Mauer quaestionis gegen die von ihnen eingelegte und denen Impetranten zu ihrer Versicherung in originali auszuhändigende Caution de demoliendo, in casum succumbentiae; jedoch daß Impetrati sothane Caution noch zuvor gerichtlich confirmiren la sen sollen, verstattet.

Auf ergriffene Appellation aber gab die Regierung am 25ten Febr. 1745. remissoriales des Inhalts:

daß der Commissarius vorkommenden Umständen nach, mit Aussetzung des puncti cautionis, mit Untersuchung der Hauptsache fortfahren, und selbige förderfamst zu Ende bringen solle,

von welchen dann der Generalfrachtschreiber von C. weiter an dieses Gericht provocirte.

VOTVM.

Es kommt in dieser Sache dermalen noch nicht auf die Entscheidung der Hauptsache, sondern blos darauf an:

Ob der quaestionirte Bau, wie von dem Commissario Burgermeister K. erkannt worden, gegen die von den Apppellauten eingelegte Caution zu verstatten, oder nach Innhalt der Regierungsremissorialien mit Ausstellung des Cautionspuncts erst die Hauptsache auszumachen sey?

und die Beantwortung dieser Frage hänget von der weitern Untersuchung ab:

Ob die nunciantes durch den producirten Originalkaufbrief, oder sonsten ihr ius prohibendi bereits so weit in actis dargethan, daß man den quaestionirten Bau vorläufig schon für unerlaubt halten könne?

RATIONES DVBITANDI

So viel nun die letztere Frage betrifft, führen zwar die nunciantes an, sie befänden sich

1) in possessione vel quasi servitutis luminum et ne luminibus officiatur, und sey

2) sothane Possession durch den producirten Kaufbrief bestens colorirt worden, als worin ihnen die Fenster in ihrem Hause zu Gewinnung Luft und Tageslichts von Seiten des G. lichen Hauses verstattet, und woraus auch folgte, daß solche von dem domo serviente nicht obscurirt werden könten, cum qui vult finem etiam media voluisse censeatur; bey so erheblich und klarer Bewandnüß aber

3) es auch in Ansehung der erstern Frage um desto mehr scheinet, daß die Regierung in den remissorialibus a quibus ganz recht berobnet habe, es sey die Caution de demoliendo nicht zu admittiren, sondern die Hauptsache erst auszumachen, als

4) dasjenige, was sonsten de permittendo aedificio erga cautionem de demoliendo, si nuncians praestituto tempore eius iniuriam non deduxerit,

in L. ult. C. de nov. op. nunc.

versehen, alsdenn seinen Abfall leidet, si certum est, ita ut coeptum aedificari non posse. Quemadmodum enim legum transgressio sub cautione aliqua nunquam erit licita, ita nec permittendum contra illam sub satisdatione aedificari;

MEV. *P. 6. Dec. 140.*

ingleichem wann der nuncians sein ius prohibendi nur verosimiliter dargethan;

LEYSER *Med. Sp. 126. Med, 9.*

3 oder si ex aedificatione nunciati insigne damnum immineat; cum hodie DD. iudici liberiorem
4 facultatem tribuant, ut aestimatis circumstantiis decernat, utrum cautioni locus esse debeat nec ne; iuxta

WERNHER. *P. 2. Obs. 374.*
GAIL. *P. 1. Obs. 16.*

welches

5) um so mehr Application finden mögte, als nunciati kein zur Zierde und Ansehen der Stadt gereichendes Gebäude, sondern nur eine blose Mauer aufzuführen gesonnen, wobey der favor publicus aedificiorum cessire; übrigens

6) die von dem Commissario angeführte Ration, als ob nunciantes die Sache erfissen lassen, ungegründet seye; indem vielmehr nunciati verursacht, daß der terminus zu Producirung des Kaufbriefs rückgängig worden, und endlich

7) der Bau auch deswegen ohnmöglich vor sich gehen können, weilen ihnen durch die nur zwey Fuß vier Zoll von ihrem Hause abgesetzte Mauer so gar das gestandige in dem Kaufbrief klar eingeräumte Dachtraufenrecht, benommen werden würde.

RATIONES DECIDENDI.

Allein dessen allem ohngeachtet hält Referens bey der oben prämittirten letztern Frage das angegebene ius prohibendi noch zur Zeit weder liquido noch verosimiliter, weder in possessorio noch petitorio dargethan.

Dieses ist ausser Zweifel, daß die nunciati auf dem Ihrigen bauen, hingegen ist noch nicht ausgemacht, was die nunciantes vor servitutes, solches zu verhindern haben. Sie geben zwar servitutem luminum, et ne luminibus officiatur an; gleichwie aber dieses zwey ganz unterschiedene servitutes sind, und jene diese nicht nothwendig in sich begreift: so ist auch die *servitus luminum* hier ganz unerfindlich.

6 Die servitus luminum bestehet eigentlich darin, ut in pariete alieno vel communi liceat fenestram habere lumenque necessarium inde recipere.

L.

L. 40. de serv. praed. urb.
L. 16. eod.

si vero per statutum invaluit, non licere habere fenestras in proprio pariete protendentes in alienam aream, tunc oritur inde servitus aperiendi fenestram in proprio pariete.

STRYCK. *V. M. Tit. de serv. praed. urb.* §. 9.

Wann nun in dem producirten Kaufbrief dem R. ischen Hause nothdürftige offene Fenster in ihrer eigenen Wand zugestanden werden, welches sonsten nach den hiesigen statutis regulariter nicht erlaubt ist: so siehet ein jeder, daß hier keine servitus luminum, sondern nur eine servitus fenestras aperiendi vorhanden seye, darüber dann kein Streit ist, und welche die libertatem naturalem in suo aedificandi keinesweges einschränken kann.

Die *servitutem ne luminibus officiatur* aber anlangend, so hätten nunciantes, wenn sie desfalls eine possessionem vel quasi vorschützen, dabey als bey einer servitute negativa, nothwendig eine Prohibition cum acquiescentia alterius beweisen müssen.

BOEHMER. *ad Pand. L. 8. T. 1. §. 3.*

Dieses ist aber von ihnen in actis nicht geschehen, und fällt also die Possession zuförderst desfalls gänzlich weg.

Hiernächst erscheinet auch in petitorio aus dem producirten Kaufbriefe so klar noch nicht, daß die Worte, offene Fenster zu nothdürftiger Luft und Tageslichte eine servitutem ne luminibus officiatur bedeuten sollen.

Denn eines Theils ist ganz was anders, wenn ich zugebe, daß jemand gegen die statuta loci offene Fenster zu nothdürftiger Luft und Tageslicht in meinem Hofe haben kann, als wodurch ich mir die meinem Nachbar zustehende, aber per statuta restringirte Freyheit in seiner Wand offene Fenster zu machen, restituire, der meinigen aber dadurch nichts benehme, und ein anders ist, wenn ich mich verbinde, die Fenster durch das Bauen auf dem Meinigen nicht zu obscuriren, als wodurch allererst die servitus ne luminibus officiatur eingeführt wird, und daher dürfte bey einer über die Hauptsache erfolgenden Decision eine grose Frage seyn, ob nicht ohngeachtet der verstatteten offenen Fenster zu Luft und Licht annoch eine ausdrückliche Constitution der Servitut ne luminibus officiatur, erfordert werde, welche doch in dem producirten Kaufbrief nicht enthalten, und worinnen man sich dermalen weiter einzulassen nicht nöthig hat; andern Theils ist hierbey zu erwegen, daß den Nuncianten durch den vorhabenden Bau nicht alles Licht benommen werde, und da ihnen die Fenster in dem Kaufbrief nur zu nothdürftigem Licht verstattet worden, so entstehet darüber ebenfalls eine bey der Hauptsache erst zu erörternde Frage, was hierunter zu verstehen, und ob die nunciantes nicht dennoch das nothdürftige Licht behalten, wenn gleich der Bau der Mauer vor sich geht.

Endlich schützen die nunciantes auch das Dachtraufenrecht, oder servitutem stillicidii vor. Darüber aber haben sie sich gar nicht zu beschwehren Ursach, weilen solches nach der hiesigen Observanz mehr nicht, als zwey Fuß erfordert, die Mauer aber zwey Fuß vier Zoll von dem R. ischen Hause abgesetzt ist.

Alles dieses kommt jedoch hier nur soweit in Erwegung, als die Zulaſſung der Caution darauf beruhet, und um zu erkennen, daß das ius prohibendi in Anſehung der vorgeſchützten Servituten luminum et ne luminibus officiatur, item ſtillicidii, theils obugegründet, theils noch gar nicht liquidum ſey, woraus auf die erſtere prämittirte Frage folget, daß auch das Bauen gegen die von nunciantes eingelegte Caution allerdings zu verſtatten, und es deßfalls bey dem commiſſariſchen Beſcheid zu laſſen, hingegen die Regierungsremiſſorialos wieder aufzuheben ſeyen; allermaſſen dasjenige, was oben in rationibus dubitandi vorgekommen, nunmehro keine Reflerion verdient. Dann ad

1) iſt die gerühmte poſſeſſio vel quaſi ſervitutis ne luminibus officiatur nicht erwieſen, und eben ſo wenig läſſet ſich ad

2) aus dem producirten Kaufbrief, wogegen an Endiſcher Seite ohnedem noch verſchiedene andere Einwendungen gemacht werden, ein apodictiſcher Beweis ſothaner Servitut in petitorio nehmen; mithin da ad

3) das Ius prohibendi weder liquidum noch veroſimile, das von nunciantibus vorgegebene damnum inſigne aber bloß darinnen beſtehet, daß ſie bis zu ausgemachter Hauptſache etwas Licht verliehren: ſo iſt auch ad

4) hier keine von den allegirten ICtis contra expreſſam ſanctionem iuris in
L. un. C. de nov. op nunc.
ſtatuirte Exception vorhanden, als worin ad

5) der Umſtand, ob nuncianti nur eine Mauer bauen, oder wie ſie in actis declariren, ein Gebäude darauf ſetzen wollen, ebenfalls nichts alterirt, indem die ratio dict. L. un. nicht allein in favore aedificiorum, ſondern auch naturalis libertatis beſtehet; ad

6) iſt das tempus legale trium menſium zu Doctrung eines iuris prohibendi bey Ertheilung des commiſſariſchen Beſcheides einmal vorbey geweſen, und hiernächſt keine Frage mehr, an inre quis aedificet vel non, cum ſecurus ſit is, qui novum opus nunciavit, poſtquam ei cautum eſt. Dem Vorgeben aber, als ob die Zeit nicht culpa nunciantium vorbeygegangen, contrabiciret der Commiſſarius in dem Beſcheide ſelben, und iſt auch ein anders ex actis und dem protocollo, die nunciantes mögen ſagen was ſie wollen, nicht zu ſehen, und letzlich ad

7) bleibet den nunciantibus das Dachtraufenrecht, wie oben gezeiget, allerdings in ſalvo. Welchemnach ꝛc. ꝛc.

DECISIO CLXXXVII.
ARGUMENTUM GENERALE:
DE EXCEPTIONE NOMINATIONIS AVCTORIS.

SVMMARIA.

Ab omnibus, qui tenent et restituendi facultatem habent, regulariter peti potest. n. 1.
Actio confessoria utilis ex iure venationis datur contra impedientes et turbantes n. 2.
An exceptio nominationis auctoris in possessorio locum habeat, dubium quibusdam videtur. n. 3.
Nonnulli etiam Doctores putant solam nominationem non sufficere, sed denunciationem, sumtu denunciantis faciendam accedere debere. n. 4.
Colonus domino fundi in iure suo praeiudicium inferre nequit, n. 5.
Ideoque rei vindicatio non competit contra conductorem. n. 6.
Sed conductor exceptione nominationis auctoris tutus est; n. 7.
Quod in emphyteuta quoque et vasallo iuris est. n. 8.
Doctores contrasentientes nominationem auctoris cum denunciatione litis confundunt. n. 9.
Iudicium militare nostrum (das Kriegs=collegium) non gaudet iurisdictione in causis realibus. n. 10.
Casus, quo nominatio auctoris cessat. n. 11

DECRETVM.

In Sachen Procuratoris fisci, Nahmens des Oberförsters Hollands zu Homberg, wider den General=Major von Donop daselbst, den Lerchenfaug auf dem Berger und Lendörfer Feld betreffend:

Werden die von erstern gebetene Appellationsprocessus mit der Verordnung abgeschlagen, daß in so fern Appellat den ihm auferlegten Beweis beybringet, alsdann appellantischer Procurator fisci mit seiner gegen Appellaten als conductorem der Baumbachischen Koppeljagd angestellten Turbationsklage an die Regierung zu verweisen seye, um solche daselbst wider den von Baumbach rechtlich ein=und auszuführen.

Datum die 22. Iun. 1768.

VOTVM.

Da in formalibus nichts zu erinnern ist, so kommt es quoad materialia bey dem in Frage seyenden Lerchenfang, welchen Appellat in Kraft der gepachteten von Baumbachischen Koppeljagd exerciret hat, Procurator fisci aber für gnädigste Herrschaft in Anspruch nimmt, und worüber das Kriegscollegium am 19ten Junii 1766. dem Appellaten den Beweis, daß ihm der Lerchenfang in besagten Feldern mit verpachtet seye, auferlegt, der Procurator fisci hingegen solchen für irrelevant angesehen, und daher an dieses Tribunal appelliret hat, auf die Frage an:

Ob die vom Appellanten gegen Appellaten angestellte Klage statt finde, und ob solchemnach, der Beweis erheblich, oder ob er nicht gar überflüssig sey?

RATIONES DVBITANDI.

Der Appellat gestehet ein, daß er auf dem Feld den Lerchenfang exerciret habe, auf welchem der Appellant darzu berechtiget seyn will. Es scheinet also die Klage gegen ihn, wann er gleich die Jagd nur gepachtet hätte, allerdings statt zu finden, ohne daß er sich auf seinen locatorem beruffen könne; bevorab so lange er noch nicht bewiesen hat, daß ihm nicht etwa nur die Repeljagd überhaupt, sondern in specie auch dieser strittige Lerchenfang mit verpachtet, und er vom locatore specialiter zu dem facto, worüber sich der Procurator fisci beschwehret, autorisiret worden.

1. Dann vorerst ist in den Rechten versehen, quod ab omnibus, qui tenent et habent restituendi facultatem, peti possit,

    L. 9. in f. D. de R. V.

2. et actio confessoria utilis, quae ob ius venationis competit,

    LAVTERB. *C. th. pr. L. 8. Tit. 5. §. 8.*

    contra eos detur, qui iurium usum impediunt, et illorum quasi possessionem quodammodo turbant.

    LAVTERB. *ibid. §. 7.*

3. Hiernächst scheinet es zweifelhaft zu seyn, ob in iudicio possessorio die exceptio nominationis seu laudationis auctoris statt finde.

    BERLICHEN *P. 1. Concl. 24. n. 119.*

4. Fände aber diese gleich statt, so würde doch nach einiger Doctorum Meynung die blose Nomination, wie sie vom Appellato geschehen, nicht genug, sondern eine wirkliche Denunciation, und zwar auf seine Kosten erforderlich gewesen seyn.

    BERLICHEN *ibid. n. 126. seqq. 130. seqq.*

    Könnte man aber den Rechten nach auf die nominationem auctoris ohne weitere Umstände reflectiren, so scheinet doch wenigstens dieses nöthig zu seyn, daß der Appellant den ihm in sententia a qua auferlegten Beweis erst beybringe.

RATIONES DECIDENDI.

5. Nachdem aber dem Gutsherrn durch den colonum in Ansehung seines Guts und demselben anklebender Rechte und Gerechtigkeiten nicht präjudiciret werden kann,

    L. 17. C. de agric. et censit.

6. dannenhero die rei vindicatio contra conductorem nicht competirt;

    d. *L. 9. D. de R. V.*

7. und der conductor exceptione nominationis et laudationis auctoris item declinire kann; dergestalt, daß der Kläger contra auctorem ipsum, wann dieser gleich abwesend ist, in gehöriger Ordnung klagen muß,

L. 2.

L. 2. C. ubi in rem act.
BERLICHEN. *P. 1. Concl. 24. n. 112.*
VMMIVS *Disp. ad proc. 11. n. 39.*

welches sogar bey einem emphyteuta und vasallo statt findet, wann de iure et pr aejudicio dominii die Frage ist:

BERLICHEN. *ibid. n. 116.*
MYNSING. *Cent. 2. Obs. 58.*
BRVNNEM. *in Comm. ad L. 2. C. ubi in rem actio n. 13. seqq. et in proc. civ. c. 11. n. 5.*
Dissentit ROSENTHAL, *de feudis C. 8. concl. 30. n. 8.*

So hat auch das Kriegscollegium in so weit Recht, daß es auf die beschehene Nomination reflectiret hat, und der Appellant ist dadurch gar nicht gravieret, sondern vielmehr dem Appellaten zu nahe getretten worden, welcher ausser der Nomination einen Beweis beyzubringen eben so wenig nöthig hat, als daß er dem locatori litem zu denunciren schuldig ist; indem die D. D. insgemein, welche solches behaupten, die nominationem auctoris mit der litis Denunciation zu verwechseln pflegen.

BERLICHEN. *l. c. num. 140. seqq.*
BRVNNEM. *ad d. L. 2. C. ubi in rem act. n. 6. seqq. et in Proc. civ. c. 11. n. 11.*

Wann nun aber die Jurisdiction des Kriegscollegii sich auf iura realia nicht erstrecket, wie solches die Instructionalien vom 30ten Oct. 1767. §. 5. in mehrerem ausweisen, wo es heisset:

Ausser dieser Oberaufsicht und mittelbaren Gerichtbarkeit über die Unterkriegsgerichte, bestätigen Wir Unserm Kriegscollegio die bisher gehabte Jurisdiction über alle Generalspersonen, Gouverneurs und Commandanten der Festungen, die Regimenter, (excl. Unserer Garde du Corps und des ersten Bataillon Garde) deren Innhaber und Befehlshabere, wie auch alle beym Kriegscollegio selbst, Unserm Kriegspfennigamt, Commissariat, Proviant und andern Kriegsämtern stehende Bediente, ferner über die in Pension gestehten, keinem Regimente mehr unterwürfige Officiers und andere Militair Personen deren Ehefrauen und Kinder, auch Wittwen und Waysen, solange jene ihren Wittwenstuhl nicht verändern, und diese ein anderes Metier ergreifen, wodurch sie einem andern foro sich unterwerfen, und zwar dergestalt und also, daß die Consistorial-Lehn- und Regente Güter angehende Sachen und daraus anzustellent: actiones reales et in rem scriptae fernerhin ausgenommen, und den consistoriis, dem Lehnhof und den Regierungen allein vorbehalten bleiben, mithin auch die dem Kriegscollegio über des defuncti Verlassenschaft gebührende Obsignation, Resignation, Inventarisation und Erkennung der Concursprocesse, desgleichen die Bevormundung der Kinder, sich ausser der im Sterbhause befindlichen Mobiliarverlassenschaft, über die unbewegliche Güter im Lande nicht erstrecken, sodann in Ansehung derjenigen Militairpersonen, welche als Landsassen in Unseren Landen angesessen und begütert sind, es dem Kläger in Personalsachen frey stehen solle, ob er seine actionem personalem bey dem Kriegscollegio, als in foro militari anstellen, und seine Befriedigung aus dem Mobiliarvermögen suchen, oder nach der in Unseren Fürstl.

IX DECISIONVM SVPREMI TRIBVN. APPELL.

Heßischen Samthause festgestellten Verfassung bey den Regierungen, oder dem damit concurrentem iurisdictionem habenden Samthofgericht zu Marburg klagen, und daselbsten seine Befriedigung aus des Beklagten Gütern suchen wolle, welchenfalls jedoch die Regierungen nicht zur Auspfändung der Mobiliarverlassenschaft greifen, sondern die Execution bloserdings in die Güter verhängen sollen. Dafern jedoch über eines Officiers oder einer der sonst oben benannten Militairpersonen Vermögen der Concursproceß Schulden halber zu erkennen, und ein solcher nichts als seine Mobilien und Effecten im Vermögen hat: So bleibt dem Kriegscollegio die Berichtigung dieses Schuldwesens, und was dahin gehöret, völlig überlassen. Daferne aber ein solcher Officier oder Militairperson auch zur Massa gehörige unbewegliche Güter besitzet, als weshalben der Concurs bey der Regierung zu eröffnen und zu ventiliren ist: so hat Unser Kriegscollegium zwar dem von besagter Regierung zu bestellenden Curatori bonorum die Mobiliarverlassenschaft extradiren zu lassen; Wir wollen aber zugleich besagtes Unser Kriegscollegium hiermit autorisiret haben, nicht nur, wie sich von selbst verstehet, die wirklich annoch vorhandene herrschaftliche Gelder zu separiren und zurück zu nehmen, sondern auch was der defunctus etwa an herrschaftlichen Geldern Unserer Kriegscassa, oder dem Regiment an Gewehr und Montirungsgeldern oder sonst schuldig bleiben möchten, aus der Mobiliarverlassenschaft, noch übrig ist, behändigen zu lassen; wobey jedoch denen creditoribus, welche gegen die Liquidität der Forderung etwas einzuwenden, oder vor Unserer Kriegscasse oder dem Regiment ein Vorrecht und ius praelationis in concursu zu haben vermeynen, solches gegen dieselbe bey Unserm Kriegscollegio auszuführen, und rechtliche Erkänntniß, salva appellatione, zu erwarten ohnbenommen bleibet.

Diesemnach aber das Kriegscollegium billig, so bald der Appellat den quästionirten Lerchenfang nur als Pachter verlangte, hingegen nach der Zeugen Aussage von Seiten gnädigster Herrschaft vor dem locatore v. B. ein Vorrecht prätendiret wurde, welche Frage nirgends als bey der Regierung entschieden werden konnte, den Procuratorem fisci billig dahin verweisen sollen. Referens concludiret demnach rc. rc.

VOTVM DNI. CORREFERENTIS.

Wann auch die Frage, ob in possessorio die Nomination statt finde, noch zweifelhaft seyn sollte: (wiewohl mir Berlich cum aliis, locis a Dno. Referente citatis die Nomination mit der litis Denunciation confundiret zu haben scheinen) so glaube ich doch, daß einem conductori, welcher vor sich nichts besitzet, dergleichen auch quoad possessorium ohngezweifelt zustehen müsse.

Was demnächst casum substratum anbetrifft, so bin ich zwar mit dem Hrn. Referenten überhaupt dahin verstanden, daß die Sache in sofern sie den von B. qua locatorem angehet, nicht vor Fürstliches Kriegscollegium gehöre. Da aber Procurator fisci ausdrücklich negiret, daß gedachter von B. dem Appellaten den Lerchenfang in locis quaestionis verpachtet habe; und dann

wann

wann dieses nicht wäre, die geklagte Turbation ein factum proprium et illicitum des Appellaten involviren, mithin solchenfalls die Nomination bekaunten Rechten nach wegfallen würde;
HARTMANN PISTOR. *in observ. 85.*

So glaube ich, das Kriegscollegium habe in sofern nicht unrecht auf diesen Beweis erkannt. Hoc supposito aber würde auch sothaner Beweis nicht als überflüßig übergangen werden können, sondern meo quidem iudicio folgender gestalt zu decretiren seyn:

Werden die von ersterem gebetene Appellationsprocessus mit der Verordnung abgeschlagen, daß in sofern Appellat den ihm auferlegten Beweis beybringet, alsdann appellantischer Procurator fiscl mit seinen gegen Appellaten als conductorem der B. lschen Koppeljagd angestellten Turbationsklage an die Regierung zu verweisen um solche daselbst wider den von B. rechtlich ein - und aus zuführen.

DECISIO CLXXXVIII.
ARGUMENTUM GENERALE:
DE RESTRICTO IVRE RECIPIENDI IVDAEOS DOMINIS IVRISDICTIONALIBVS IN HASSIA COMPETENTE.

SUMMARIA.

Landsassus in *Hassia recipere non potest iudaeos, nisi prius a domino territoriali literas protectorias,* vulgo Schutzbriefe *impetraverit.* n. 1.
Nec ordo Teutonicus plus ibidem iuris, quam ex observantia facultatem dandi iisdem literas receptionis, vulgo Aufnahmsbriefe*, habet.* n. 2.
Iurisdictio in iudaeos ius eosdem recipiendi non involuit. n. 3.
Nec hoc ius per praescriptionem, ne immemorialem quidem, contra leges prohibitivas adquiri potest. n. 4.

SENTENTIA.

In Sachen Syndici des teutschen Ritterordens Landcommende Marburg, wider den Procuratorem fisci daselbst, die Ertheilung der Schutzbriefe für die Juden zu Goßfelden betreffend, ist auf alles An - und Vorbringen hiermit zu Recht erkannt:

daß die von dem appellantischen teutschen Orden in das Dorf Goßfelden, vermöge des Ew des ertheilter und ferner zu ertheilender Aufnahmsbriefe bereits aufgenommene, auch künftig auf zunehmende Juden vor ihrer Reception sich denen Landesordnungen gemäß gehörig zu qualificiren, auch des Endes gleich andern die Schutzbriefe auszubringen schuldig und gehalten.

halten, und mit dieser Erläuterung sententia a qua der Regierung zu Marburg vom 20ten Dec. 1766. zu confirmiren seye. Als Fürstl. D. A. Gericht erkennet und confirmiret, mit Vergleichung der Kosten P. R. W.
Publicata die 23. Mart. 1768.

FACTVM.

Procurator fisci hat gegen den Syndicum der teutschen Ordenscommende zu Marburg, wegen eines dem Juden Salomo L. ertheilten Schutzbriefes bey Fürstlicher Regierung zu Marburg Klage erhoben, und dem teutschen Orden das Recht solche Schutzbriefe zu ertheilen negiret. Nach verhandelter Sache gab die Regierung den Bescheid:

daß der beklagte Syndicus auf die der Judenaufnahme halber ergangene landesherrliche Verordnung vom 22ten Febr. 1707. lediglich zu verweisen, und deren zu folge keinen Juden, ehe und bevor derselbe einen herrschaftlichen Schutzbrief vorgezeigt, in dessen Gerichtsdorf Goßfelden aufzunehmen, oder zu dulden, vielweniger einen förmlichen Schutzbrief, sondern nur einen Aufnahmschein zu ertheilen befuge, mithin dey dem Juden Salomo L. ertheilten Schutzbrief wieder einzuziehen, und sich dessen hinführo bey Vermeidung nachdrücklicher Ahndung zu enthalten schuldig sey.

Durch diese Erkänntniß hat sich der teutsche Orden graviret geachtet, und sich deshalb an dieses Tribunal gewandt.

VOTVM.

Bey Entscheidung dieser Sache setzt Referens zuerst voraus, daß es nach der bereits bevi manu ertheilten restitutione in integrum,

vid. pag. 71. act. huius inst.

nicht mehr auf die von dem Appellaten wiederholte exceptionem desertae appellationis, auch eben sowenig auf das ius recipiendi iudaeos überhaupt, sondern bloß auf die Frage ankomme;

Ob der teutsche Orden denen im Dorfe Goßfelden seiner unwidersprochenen Befugniß nach auf zu nehmenden Juden Schutzbriefe zu ertheilen befugt, und ob nicht dieselbe vielmehr schuldig, gleich andern Juden im Lande, sich des Schutzes halber bey Fürstlicher Landesherrschaft zu melden, und in behöriger Maasse die Schutzbriefe aus zu wirken?

RATIONES DVBITANDI.

So weitläufig nun beyde Theile in den Acten sich hierüber heraus gelassen und gestritten; so glaubt doch Referens, daß die Sache mehr auf einem Wortstreit, als einer Realität beruhe.

Dann

1) gründet sich der appellantische Orden in einer unüberdenklichen Possession ratione iuris recipiendi iudaeos, Vermöge der producirten Rechnungsextracte;

vid.

vid. pag. 41. 61. all. hui. inst.

2) suchet er auch titulum dieses Rechts aus dem vom Kayser Ruperto in anno 1403. ertheilten, und vom Kayser Carolo V. in anno 1541. bestättigten privilegio zu beweisen;

3) berufet sich derselbe dieserwegen auf seine vermeyntliche Immedietät, vermöge deren ihnen als einem unmittelbaren Reichsstand dieses Recht gleich andern um so mehr zustehen müsse, da sogar

4) verschiedene Familien in Hessen, als die von Scheule, Reue und Milchlinge dieses Recht genößen, und endlich

5) denen herrschaftlichen Beamten die bißhero hergebrachte Ertheilung der Judenschutzbriefe bekannt gewesen, und von denenselben diesem Recht sowenig widersprochen worden, daß vielmehr schon in anno 1709. der Rentmeister Ungefug bey der Regierung zu Marburg darunter acquiesciret habe; überdem scheinet

6) es desto mehr bedenklich zu seyn, dem Orden hierunter etwas aufzulegen, da derselbe in seinen Handlungen dieser Instanz, ohnerachtet seiner bey diesem Gerichte (pe melioris iustitiae consequendae, wie man sagt, geschehenen Einlassung, sich den allenfallsigen recursum an den Reichshofrath nicht undeutlich vorbehalten.

RATIONES DECIDENDI.

Nachdem aber

1) der Orden durch die producirte Rechnungsextractus weiter nichts erwiesen hat, als daß er seit anno 1667. gegen ein gewisses Aufnahmegeld à 4. fl. 16. alb. Juden nach Goßfelden aufgenommen; dieses aber

2) vorhingedachter maßen, so viel das Recht Juden aufzunehmen an sich betrifft, dem appellantischen Theil nicht widersprochen, sondern nur von Seiten des Fisci verlangt wird, daß die solchergestalt recipirt werdende Juden gleich andern im Lande Schutzbriefe bey gnädigster Landesherrschaft auswirken sollen, und dann dieses letztere

3) ohnbeschadet jener Befugniß gar wohl statt finden kann, auch wirklich der Erfahrung nach überall in hiesigen Landen statt findet; indem

4) sowohl diejenige von Adel, worauf sich der appellantische Theil beziehet, als andere in hiesigen Landen, ja selbst die Rotenburgische Herrschaft,

vid. recessus de anno 1628. §. und dieses alles ꝛc. ꝛc.

schuldig sind, die von ihnen recipirt werdende Juden zu Ausbringung der herrschaftlichen Schutzbriefe anzuweisen; gestalten auch

5) diese Schuldigkeit nicht allein in der von dem Iudicio a quo zum Grund gelegten landesherrlichen Verordnung vom 22ten Febr. 1707. sondern auch in einem weit ältern von Herrn Landgrafen Philippo Magnanimo unterm 18ten Jul. 1524. ergangenen landesherrlichen Ausschreiben ihren Grund hat; maßen schon berozeit kein Jude, der nicht herrschaftlichen Schutz und Geleite erhalten, in hiesigen Landen geduldet werden sollen; mithin dieses und dasjenige, was in denen neuen Verordnungen dießerhalb wiederholet worden,

DECISIONVM SVPREMI TRIBVN. APPELL.

6) nur eine natürliche und unzertrennliche Folge der landesherrlichen Hoheit ist, maſſen leicht zu begreifen, daß, wann einem jeden Gerichtsherrn im Lande erlaubt ſeyn ſollte, nach ſeiner Willkühr ohne weitere denen Landesgeſetzen gemäſſe Qualifikation ſo viele Juden auf zu nehmen, als er wolle, ſolches dem Landesherrn und übrigen Unterthanen zur unleidlichen Beſchwerde im Handel und Wandel, auch ſonſten gereichen, mithin niemalen zu geſtatten ſeyn würde; hiergegen auch

7) dem Orden ſo wenig ſeine vermeynte Immedietät, als das angeführte Kayſerliche privilegium zu ſtatten kommen mögen; indem erſtere reichskundigermaſſer von dem hieſigen Hochfürſtl. Hauſe, ſoviel die in Heſſen gelegene Commenten betrifft, niemalen anerkennet, ſondern dieſer Anmaſſung bey dem allgemeinen Reichstag widerſprochen iſt; und was

8) das angezogene Rupertiniſche, und vom Kayſer Carolo V. erhaltene privilegium betrifft, deſſen von dem Orden ſelbſt in ſeinem anno 1751. herausgegebenen hiſtoriſch diplomatiſchen Unterricht

in adiunctis ad Sect. 1. n. 20. et 21.

bekannt gemachter Inhalt zu erkennen giebt, daß darinen nichts vom iure recipiendi iudaeos, ſondern nur eine Beſtätigung aller vorhin hergebrachten Ordensgerechtſamen, auch ſoviel die Juden in specie angehet, in dem letzteren Caroliniſchen nur ſo viel enthalten iſt, daß ſelbige gleich an andern Ordensunterthanen deſſen Gerichtsbahrkeit unterwerfen ſeyn ſollen; lerans aber

9) um ſo viel weniger auf den Judenſchutz, wovon dermalen die Rede iſt, geſchloſſen werden kann, da die Gerichtbarkeit das ius recipiendi iudaeos keinesweges involviret,

AYRER. in differt. de iure recipiendi iudacos Cap. 1. §. 7. et 8.

MEV. P. 8. Dec. 350.

und das Dorf Goßfelden in anno 1273. mithin zu einer Zeit, wo bekanntlich noch kein einziger Reichsſtand den Judenſchutz gehabt, indem die Churfürſten durch die güldene Bulle, die übrigen Stände aber durch die Reichspolliceyordnung de anno 1548. Tit. 20. erſt zu dieſem Recht ausdrücklich gelangt, von dem Cloſter Altenburg bey Wetzlar, und einem Heinrich von Goßfelden quoad iurisdictionem et certa bona particularia titulo emti acquiriret worden;

vid. oben allegirter Hiſtoriſchdiplomatiſcher Unterricht in adiunct. ad ſect. 11. n. 49. et 50.

welchemnach es alſo

10) vielmehr ſeine Richtigkeit hat, daß, da das Dorf Goßfelden in unſtreitigem hieſigen territorio gelegen iſt, der Schutz der daſigen Juden auch niemand anders als dem ordentlichen Landesherrn zuſtehen könne, und alſo die Juden, wann ſie deſſen genieſſen wollen, ſich nach Maaß der uralten Landesverordnung durch Auswirkung der beabſichtigten Schutzbriefe, und auf ſonſt erforderliche Art qualifiziren müſſen; wie es dann ſogar

11) nicht von dem geringſten Effect ſeyn könnte, daß dem Orden in dem Dorf Goßfelden der Schutz zuſtehe, indem doch ein ſolcher Jude auf dieſe Art darinen eingeſchloſſen, und keinen Handel und Wandel zu treiben im Stande ſeyn würde; daher auch

12) der teutsche Orden dieses begreift, und deswegen in seinem replicis hui. instantiae.
vid. pag. 149. act. hui. inst.

selbst declariret, daß die Landcommende nichts dagegen haben werde, wann ein Jude sich im Ordendorf Goßfelde niederlassen wolle, und der Ordnung gemäß hierzu vom Orden die Einwilligung erlangt habe, daß er sich zuförderst um den herrschaftlichen Schutzbrief bewerbe, und bey dem Orden sein Aufnahmdecret löse; aus dieser Declaration auch

13) erhellet, daß man also nicht einmal nöthig habe, auf des Ordens übrige Einwendungen zu reflectiren, da der zeitige Landcommenthur dieses auch in effectu anerkannt, indem er in dem unterm 2ten May 1764. ertheilten Annahmsbrief den dadurch recipirten Juden auf die Landesverordnung quoad qualificationem verwiesen;
vid. pag. 113. act. hui. inst.

ausserdem

14) wann auch der Orden erweisen könnte, daß er vi possessionis immemorialis privative das Recht hergebracht, denen Juden in Goßfelden Schutzbriefe zu ertheilen, dieses doch nichts erheben würde; massen ein solches Recht etiam per praescriptionem immemorialem contra leges prohibitivas ob salutem publicam a Principe latas nicht einmal acquiriret werden kann, wie dieser Satz in den Hannöverischen Landen zwischen dem dasigen Fiscal und denen geschlossenen Gerichten des Landes Göttingen vor einigen Jahren weitläuftig ventiliret,
vid. HEINECCIVS in Conf. T. 1. Resp. 4. et 5. et AYRER. in diss. de iure recipiendi iudaeos p. tot.

endlich aber bey dem Oberappellationsgericht zu Zelle mit guten Gründen in contrarium entschieden worden;
vid. PVFENDORFF. in Obs. iur. Tom. 2. Obs. 1. §. 25.
AYRER. cit. diss. Cap. 6. §. 16.

überhaupt aber vor. jetzo

15) es diesen Umständen nach dem Orden hauptsächlich darum zu gelten scheinet, daß das iudicium a quo seine bisher ertheilte Schutz- oder nunmehro selbst so genannte Annahmsbriefe cassiret, und einzuziehen befohlen habe,
vid. pag. 149. act. hui. inst.

und wann dieses gehoben wird, der Orden ohnehin ob incompetentiam nicht weiter an den Reichshofrath recurriren kann; hierbey aber

16) Referens keine Nothwendigkeit siehet, warum auf dieser Einziehung und Cassation zu bestehen seyn möchte; da es genug ist, wann die bisher ertheilte so genannte Schutzbriefe nur vor solche dem Orden vermöge des unstrittig competirenden iuris recipiendi iudaeos unbedenklich zu gestattende Aufnahmsbriefe erkannt werden: So wird diesemnach auf folgende, mit nicht unbilliger Vergleichung der Kosten zu ertheilende sententiam respective declaratoriam et confirmatoriam hiermit ohnmaßgeblich angetragen ꝛc. ꝛc.

DECL

DECISIO CLXXXIX.
ARGUMENTUM GENERALE:
OBSERVATIONES CIRCA DECIMAS
vom Auf- und Tresenevzehnten.

SUMMARIA.

Praescriptio immemorialis privilegio aequiparatur n. 1.
Mutatio generis fructuum nil mutat in iure decimarum. n. 2. 4.
Nec si hucusque quis iure decimandi quoad certum genus fructuum usus non fuerit, inde tamen renunciatio inferenda est. n. 3.
Sensus legum Hassiacarum in praesenti argumento. n. 5.
Quae cum aliis legibus specialibus conspirant. n. 6.

DECRETVM.

In Sachen der Gemeinde Haueda, wider ihren Zehndherren, den von Papenheim zu Grimmelsheim, in pcto. des Auf- und Tresenevzehndens:

Werden die von Procurator L. sen. gebetene Appellationsprocessus abgeschlagen. Datum die 8. Iun. 1768.

FACTVM.

Der von P. zu G. hat von der appellantischen ihm zehndpflichtigen Gemeinde H. verlanget, daß sie von einem Acker auf den andern aufzählen, den Tresenevzehnden abgeben, und das Auszehnden der Hüte sich gefallen lassen sollte, und deshalb bey dem Amt zu Z. Klage erhoben. Das Amt erkannte hierauf nicht nur in Ansehung der Gemeinde auf bessere Legitimation, sondern auch provisionaliter dahin:

Indessen sollen beklagte Zehndpflichtigen bis zu weiterer richterlichen Cognition, der Einerntung von den zehndbaren Aeckern sich enthalten, oder der comminirten Bestrafung und Ersetzung alles Schadens gewärtiget seyn.

Hiervon appellirte die Gemeinde an hiesige Regierung, und als diese confirmatorie erkannte:

allesamt Beklagte werden, ohnstatthaften Einwendens ungehindert, und solange höheren Orts andere Verordnung nicht ausgebracht, angewiesen und schuldig erkannt, der durch gnädigste Verordnung vom 10ten März a. c. ohne Rücksicht auf den Possessionsstand in Ansehung derer von Abel und anderer privatorum ratione des Auf- und Tresenev- auch Auszehntung der Hüte, mit Aufhebung der besfalls in anno 1747. emanirten Verordnung wieder hergestellten landesherrlichen erneuerten Zehendordnung de 20. 1737. wie überhaupt so besonders deren 5. und 6ten Abschnittes sich schuldig zu fügen, mithin solcher in allem gemäß sich zu verhalten, das Aus- und Aufzehnden, nebst Entrichtung des Tresenenzehndens vorbeschriebenermassen zu gestatten, widrigenfalls allen daraus den Klägern zugefügten Schaden und Kosten zu ersetzen, und weiter deßfallsiger executivischen Verfügung zu gewärtigen:

weiter an dieses Tribunal.

VOTUM.

In der Verordnung von 1737. ist §. 2. befohlen worden:

und gleichwie es der Billigkeit allerdings gemäß ist, daß diejenige uns oder sonst jemanden zu zehnden zustehende Felder und zehndbare Stücke, sie seyen Winter- Sommer- oder Braachfelde mit Früchten oder anderer Tresenen ausgestellt, den hergebrachten Zehenden entrichten müssen, gestalten das Braachfeld davon von deswegen nicht befreyt werden mag, weilen derjenige Acker, welcher besamet gewesen, oder Tresenen getragen hat, das folgende Jahr nicht soviel und gutes Korn, als wann er in der Braache nicht besäet worden, bringen kann, dahero und wann die Braache nicht gezehndet werden soll, der Zehenherr merklich verliehren müßte: also sollen fürs künftige alle Zehenäcker, sie seyen im Winter- Sommer- oder Braachfelde und womit es wolle ausgestellet, der Gebühr ausgezehndet werden.

Desgleichen ist in dem 5ten §. enthalten: daß bey einem jeden Inhabern von einem Stück Zehendland auf das andere gezählet und die etwa übrigbleibende Garben mit Löchen getheilet werden sollen.

Diese Verordnung aber wurde besonders in Ansehung des Auf- und Tresenenzehndens in 20. 1747. geändert, und zwar von deswegen (wie es in dieser Ordnung heißet,)

indem viele Unterthanen sich theils auf rechtskräftige Bescheide, theils auf eine unüberdenkliche Freyheit und Possession sich bezogen ꝛc. ꝛc.

daher dann verordnet wurde, daß bey denen von Adel und andern Privatpersonen in Ansehung des sogenannten Auf- und Tresenenzehndens, über oder unter der Erden es wieder auf den alten Fuß hergestellet, und kein Zehendherr, der es nicht vorhin rechtmäßig hergebracht, aus erwehnter Zehenordnung einiges Recht herzuleiten befugt seyn, sondern ein jeder bey dem Herkommen, und seinem vorhin gehabten Recht und Possession geschützt werden solle.

Nachdem aber bey dem in 20. 1764. vorgewesenen Landcommunicationstage die Landstände auch unter andern um Abänderung und Aufhebung dieser Verordnung gebeten: so wurde durch die Ordnung vom 10ten März 1767. §. 3. gnädigst befohlen:

Wollen Wir, daß es mit Aufhebung der Verordnung de 20. 1747. bey der Zehenordnung von anno 1737. künftighin sein unabänderliches Verbleiben habe, jedoch mit der ebenmäßigen Erläuterung, daß demjenigen, was des ein oder andern Zehendes halber vor der Ordnung de a0. 1737. verglichen, oder durch rechtskräftige Bescheide abgethan und festgestellet worden, kein Abbruch geschehen, sondern solches in seinen Kräften gelassen bleiben soll.

Nun gestehen Appellantes selbst ein, daß sie weder Vergleiche noch rechtskräftige Bescheide dieserhalb vor sich hätten, sie behaupten aber, daß sie per praescriptionem immemorialem die Freyheit von Tresenezzehenden und des Aufzählens, wie auch der Hüte einzubinden acquiriret hätten, und ihnen die dieserhalb hergebrachte unüberdenkliche Possession durch die letztere Verordnung de anno 1767. nicht benommen worden.

Es fragt sich also:
ob hierin die appellantische Intention fundiret, und die angeführte possessio immemorialis in substrato, wann auch solche erwiesen werden könnte, statt haben könne +

RATIONES DVBITANDI.

1 Nun ist zwar bekannt, daß die praescriptio immemorialis loco tituli ist, und solche einem privilegio äquiparirct werde; summa enim est praescriptionis immemorialis auctoritas, et natura prorsus peculiaris, atque ab indole caeterarum praescriptionum diversa. Etsi ergo quis per legem aut privilegium omni praescriptione exemptus sit, praescriptionem tamen immemorialem admittat, oportet, quam tollere princeps voluisse non est credendus,

LEYSER *spec. 461. Med. 7.*

und dann in gegenwärtigem Fall summus legislator in der letzteren Verordnung nicht einmal verordnet hat, daß auf die Präscription nicht reflectiret werden solle, vielmehr befohlen, daß wann bey einem oder andern Zehenden Vergleiche oder rechtskräftige Bescheide vorhanden seyn sollten, diese in Kräften bleiben sollen, woraus also die natürliche Folge entspringet, daß einem jeden seine rechtmäßig hergebrachte Befugniß dadurch nicht gekränket werden solle.

RATIONES DECIDENDI.

Gleichwie aber
2 1) der Satz wohl seine ohngezweifelte Richtigkeit hat, daß von denen zehendbaren Grundstücken, sie mögen im Winter- Sommer- oder Braachfelde mit Früchten oder Treseney ausgestellet seyn, ohne Ausnahme der Zehende entrichtet werden muß; nam mutatio generis fructuum non mutat decimas,

MEVIVS *P. 9. Dec. 68.*

3 und hindert hierbey auch nichts, wann der Zehendherr ehedem von dergleichen Früchten vorhin keinen Zehnden gezogen hat; cum causa magis hic spectetur, quam exercitium, h. e magis ad ius decimarum fundo inhaerens respiciendum, quod circa quoscunque fructus versatur, quam ad usum specificum circa hos vel illos fructus;

BOEHMER *I. E. P. Tom. 3. L. 3. Tit. 30. §. 80. et 81.*

diesem nächst
2) bekannt genug ist, daß in denen vorigen Zeiten die Ländereyen insbesondere das Braachfeld nicht so häufig wie in gegenwärtigen Zeiten mit allerhand Früchten oder Treseney ausgestellet worden.

worden, mithin wann schon ehedem, die Zehendherren auf die Entrichtung des Losungszehndens über oder unter der Erden, als eine damalen nicht in Consideration gekommene Abgabe nicht reflectirt und ihr Zehendrecht nicht exreciret haben, dennoch sie dadurch nicht in die Nothwendigkeit gesetzt worden, solches anjetzo sich als eine Schuldigkeit gefallen zu lassen; indem

3) die Cultivirung und Verbesserung des Ackerbaues von Jahr zu Jahr sich geändert und zum Theil verbessert hat, da in denen jetzigen Zeiten fast bey allen Gemeinden viele und grose Stücke Landes mit Cartuffeln ꝛc. ausgestellt werden, wovon in denen ältern Zeiten nicht einmal etwas bekannt war; folglich

4) wann auch erwiesen werden kann, daß von der Treseney und dergleichen Früchten, welche man ehedem nur für Gartengewächse gehalten, kein Zehnden gegeben worden, solches doch nach verändertem Umständen auf jetzige Zeiten nicht wohl zu extentiren stehet, zumalen die Zehendherrn dadurch in einen gar merklichen Schaden gesetzt werden würden; ob decimarum enim debitum domino fundi quidem non est interdictum atque impeditum ad meliorem aliamque frugem istam reducere, non tamen et licitum ex mutatione alterius conditionem reddere deteriorem;

   ᴍᴇᴠ. *P. 9. Dec. 68. n. 3. et 4.*

ferner

5) nach der neuern Verordnung de 1767. es sein unabänderliches Verbleiben bey der Zehndordnung de anno 1737. haben soll, und nur die beyden Fälle nahmentlich ausgenommen worden, wann etwa Vergleiche oder rechtskräftige Bescheide vorhanden wären, mithin hieraus nach der Regel, quod exceptio firmet regulam in casibus non exceptis, um so mehr für fest zu setzen ist, daß auf keine andere exceptiones, folglich auch nicht auf die exceptionem praescriptionis attendiret werden soll, als in der aufgehobenen Verordnung de 20. 1747. zwar gesagt worden, daß die Unterthanen theils auf rechtskräftige Bescheide, theils auf eine unüberdenkliche Freyheit und Possession sich bezogen, und es dieserhalb bey dem Herkommen und Possesion gelassen werden solle ꝛc, dahingegen aber in oftermehnter neuern Verordnung de an. 1767. von einer unüberdenklichen Freyheit und Possesion nichts gesagt noch solche ausgenommen, mithin hierin die vorige Verordnung de 20. 1747. ebenwohl aufgehoben worden; °) endlich

6) es so ohngewöhnlich nicht ist, daß durch landesherrliche Verordnungen bey Zehnden und dergleichen Gefällen alle Verjährungen aufgehoben worden, wie solches unter andern in denen Magdeburgischen Landen geschehen:

   vid. ʙᴏᴇʜᴍᴇʀ *I. E. P. Tom. 1. L. 2. Tit. 22. §. 23. et Tom. 3. Lib. 3. Tit. 30.*
   §. 42.

So ist Referens der ohnmaßgeblichen Meynung, daß aus obigen Ursachen die angeführte possessio immemorialis keinen Platz habe, und concludiret dahero ꝛc.

DE-

°) Per Rescriptum declaratorium d. d. 11. Aug. 1768. postea ordinatio d. d. 10. Martii 1767. §. 3. magis determinata atque omnibus huius generis litibus meta posita est.

DECISIO CXC.
ARGUMENTUM GENERALE:
DE REMEDIO EX L. FIN. COD. DE EDICT. D. HADR. TOLL.

SUMMARIA.

Vitium vifibile teftamenti parentum inter liberos non eft legatum perfonae extraneae relictum.
n. 1.
Terminus femeftris, vi legum noftrarum provincialium, illatis et meliorationibus liquidandis praefixus, non currit lite fuper poffeffionis et retentionis adhuc pendente. n. 2.
Exheredatio in teftamento parentum locum non habet. n. 3. vid. tamen n. 7.
Haec ergo tale teftamentum vitio vifibili adficit. n. 4.
Quid fit vitium vifibile? n. 5.
Ad vitia vifibilia referendus eft defectus facultatis teftandi n. 6.
Inftitutio inaequalis in teftamento parentum inter liberos locum habet n. 8.
Teftamentum, in quo quis de bonis et allodialibus et feudalibus dispofuit, quoad feuda tantum nullum eft. n. 9.

SENTENTIA.

In Sachen der Gräfinnen von E. wider den Grafen zu J. S. appellationis, mütterliche Erbschaft und deshalb ſtreitige Poſſeſſion betreffend, iſt communicatio der von Procurator G. übergebenen Renunciationsanzeige wegen vorhin gebetener venlae replicandi an Lt. G. und auf das verhandelte und geſchehenen Beſchluß zu Recht erkannt:

Daß wohl geſprochen und übel appelliret, dannenhero sententia a qua der Marburger Regierung vom 15ten May 1751 zu confirmiren und zu beſtättigen, Appellanten auch die Koſten dieſer Inſtanz, nach richterlicher Ermäßigung, an den Appellaten zu erſtatten ſchuldig ſeyn; als F. O. U. Gericht confirmiret und beſtättiget, auch ſchuldig erkennet B. R. W.

Publicata ad maiora d. 20. Septembr. 1752.

FACTVM.

Der beyden Theile gemeinſchaftliche Mutter eine gebohrne v. Ep. iſt in der erſten Ehe an den Grafen von S. verheyrathet geweſen, und von denen in dieſer Ehe erzeugten Kindern iſt niemand als der Appellat und eine Tochter übrig. Nach Abſterben des Grafen von S. aber hat ſich deſſen hinterlaſſene Wittib dem Herrn L. E. L. von H. D. an die linke Hand trauen laſſen.

aus

aus welcher Ehe dann die appellirende beyde Gräfinnen von E. vorhanden sind. Diese streiten gegenwärtig mit ihrem fratre uterino dem Hrn. Grafen von S. über die mütterliche Nachlaßenschaft.

Hierunter befinden sich unter andern zwey Güter das eine die F. genannt, welches theils aus Erb- theils aus Fuldischen Manns und Weiberlehngütern bestehet, und in dem Lehnbrief Wüftung im Hundbach mit dazu gehörigen Aeckern und Wiesen und das Haimbächer Holz genannt wird, das andere zu M. gelegen, ein he. lisches Mannlehen. Diese Güter hat der hiesige Generalmajor von Sp. an seinen Schwiegersohn den Grafen von S. unter dem Nahmen der H. lschen Güter mit lehnsherrlichen Consens für 13000 Rthlr. dergestalt verkauft, daß derselbe daran 10,000. Gulden für den Prautschatz seiner Frauen zu gut haben, nach Abgang des Gräflich S. lschen Mannsstammes aber die Lehen, gegen Erstattung einer Summe von 5000. Rthlr. an die Allodialerben, wieder an den Sp. lschen Mannsstamm verfallen sollen, und mit diesen Gütern ist der litigirenden Theile Frau Mutter nach dem Tode ihres ersten Gemahls, des Grafen von S., Nahmens ihrer mit demselben erzeugten Kinder von hiesiger und der Fuldischen Lehncammer nicht nur wieder belehnt, sondern ist auch ohne Zweifel wegen ihres daran stehenden dotis und illatorum bis zu ihrem im Jahr 1751. erfolgten Tod in deren völligen Besitz geblieben.

Als aber dieselbe in besagtem Jahr verstorben: so hat ihr aus erster Ehe hinterlassener Sohn, der Herr Graf von S. von den Lehngütern die Possession ergriffen.

Dagegen thäten die Gräfinnen von E., jetzige Appellanten, bey der Regierung zu Marburg Vorstellung, und erklärten sich, die Erbschaft ihrer Mutter cum beneficio legis et inventarii anzutretten, und gründeten sich deßfalls auf eine von ihrer Mutter errichtete Disposition; mit Bitte, die gegentheilige Possessions Ergreifung zu cassiren, und sie vor ihre Güteranntheile ab intestato bis zur Publication des mütterlichen Testamentes in die sämmtliche Verlassenschaft zu immittiren.

Die Regierung ertheilte auch causa cognita am 1. März 1751. nachfolgenden Bescheid:

Daß Frau Implorantinnen mit und nebst dem Herrn Implorato in die Possession der mütterlichen Nachlaßenschaft pro rata hereditaria, jedoch dergestalten zu immittiren, daß nach vorgängiger, in sämtlicher Interessenten, oder deren Bevollmächtigten Gegenwart geschehener Resignation und Inventirung der obsignirten, zur mütterlichen Erbschaft gehörigen Effecten und Briefschaften, die Lehen von dem Erbe zu separiren, und Frau Implorantinnen in Ansehung des von ihrer Mutter in und zu erstern angeblich ein- und angewandten dotis, illatorum und sonstigen Meliorationen ihre Forderung in Gefolg des §. 44. der Proceßordnung binnen einem halben Jahr von Zeit ihrer Mutter Tod, als pro termino et prorogatione angesetzten Frist, anzuzeigen und rechtlicher Gebühr nach darzuthun, unter dem in ebenbesagter Ordnung comminirten praeludicio schuldig zu erkennen, und anzuweisen seyen.

Hierbey liessen es beyde Theile bewenden, bis bey Resignirung der Briefschaften sich ausser der vorhin bemeldeten mütterlichen Disposition von 20. 1736. noch eine andere von 1740. verfand, worin die Gräfinen von E. zu Universalerben eingesetzt waren. Hierauf stellten dieselbe das remedium diam ex L. fin. C. de Edict. D. Hadr. toll. an, und baten, fie in die alleinige Poffeßion der Erbschaft zu setzen. Sie wurden aber von der Regierung durch Bescheid vom 15ten May 1751. des Inhalts:

Daß der Frau Implorantinen Suchen missionis in possessionem solitariam in die Güter quaest. nicht statt habe, sondern es bey der denen Frau Implorantinen durch den Bescheid vom 1ten März dieses Jahres zuerkannten Compossession und verordneten Immission in solche noch zur Zeit zu lassen, und so diese, als auch die in besagtem Bescheid verordnete Resignation und Inventarisirung, auch separatio feudi ab allodio von dem vorhin erwannten, oder auf ein oder des andern Theils extrajudiciales Anfuchen zu ernennenden andern Commissario forderfamst vorzunehmen; nach dessen Vorgang und allenthalbiger Berichtigung aber ratione des von denen Frau Jmplorantinnen gesuchten alleinigen Besitzes der mütterlichen Erbschaft quoad allodium ferner zu erkennen sey. W. R.

mit ihrem Gesuch noch zur Zeit abgewiesen, und wandten sich daher vermittelst des remedii appellationis an dieses Gericht.

VOTUM.

Der Appellanten angestelltes remedium possessorium ex L. f. C. de Ed. D. Hadr. toll. könnte wohl Platz finden, wenn nur die Umstände der Sache darnach qualificirt und die Action bewiesen wäre, als woran es allenthalben fehlet.

RATIONES DVBITANDI.

Denn obgleich das producirte Testament de 1736. mit allen denjenigen requisitis versehen, welche die Rechte bey einem privilegirten testamento parentum inter liberos erfordern, und in so weit mit keinem vitio visibili behaftet ist; maßen die Verlassung blos einiger legatorum an extraneos dessen Kraft an und vor sich selbsten nichts benimmt;

BERGER *Oec. iur. p. m. 356.*

daneben auch durch den producirten Kaufbrief über die H. Ische Güter bescheinigt worden, daß der Appellanten Mutter in der F. Mühle und dem Gut quaest. 10000 fl. Dotalgelder stehen habe, weßhalben ihnen nach Vorschrift der hiesigen Proceßordnung ohngehindert der von Appellanten zuerst geschehenen Possessionsergreifung das ius retentionis nicht zu versagen seyn möchte, mehrerwogen der von Appellaten dagegen gemachte Einwand, daß sie die illata und prätendirte meliorationes in der bestimmten 6 monatlichen Zeit nicht liquidiret hätten, von deswegen keine Attention verdient, weilen dieser terminus, bey fortdauerndem Streit über die Possession und das ius retentionis an sich selbsten zu laufen noch nicht anfangen kann.

RATIONES DECIDENDI.

Alldieweilen aber

1) die Testatrikin in ihrer anno 1740. weiter errichteten Dispofition worauf, als die letztere und neueste, alleine zu sehen, von der vorigen darine abgegangen, daß sie die Appellanten zu ihren einzigen Universalerben eingesetzt, da doch der Appellat ebenfalls ihr leiblicher Sohn ist, folglich

sich von der Testatricin um destomehr nothwendig mit zum Erben eingesetzt werden müssen, als solches in testamento parentum ebenfalls erforderlich, und in diesem testamento privilegiato ex 3
sententia Doctorum communiori nicht einmal eine Erherebation statt hat,

BERGER *O. J. c. l.*

und da dieses nicht geschehen, daraus allerdings ein vitium visibile erwächset, welches durch das 4
bloße Anführen der Testatricin, daß ihre Kinder erster Ehe bereits abgefunden, nicht saluirt werden können;

hiernächst

2) sowohl aus dem obangezogenen Kaufbrief, als aus den von der verstorbenen Mutter Nahmens ihrer Söhne und Kinder erster Ehe, erhaltenen Lehnbriefen klar erhellet, und außer allem Widerspruch ist, daß das K. Gut durchgehends Hessisch Mannlehn seye, die F. Mühle aber theils aus Fuldischen Mann- und Weiberlehn bestehe, worüber die Testatricin zu disponiren keine Macht gehabt, welches dann abermalen vor ein vitium visibile zu halten, so dem quästionirten Testament und darauf gegründeten remedio ex *L. f. C. de Ed. D. H.* toll. obstiret; vitium 5
enim visibile est, quod in continenti probari potest;

BOEHMER *de act. Sect. 2. C. 3. §. 7.*

maius autem non poterit existere vitium, quam quod oritur ex defectu facultatis testandi. 6
Et is in hoc remedio dicitur contradictor legitimus, qui titulum vel fortiorem vel parem demonstrare potest;

COTHMANN. *Vol. 5. Resp. 15. n. 21.*

und soviel

3) das in der neuen Proceßordnung verstattete ius retentionis ratione dotis illatorum et meliorationum betrifft, die Appellanten sich dessen vor sich allein gegen den Appellaten um deswillen nicht bedienen mögen, weilen dieser als ein frater uterinus zugleich nebst ihnen der Mutter ab intestato succediret, und pro rata an allen diesen Forderungen aus den Gütern gleichfalls Theil, mithin sich des iuris retentionis contra quemcumque ebensowohl, als die Appellanten zu erfreuen hat; nicht zu gedenken

4) daß alle diese praetensiones durch die von Appellaten in dieser Instanz beygebrachte wichtige Beylagen sub. litt. K. L. et M. überflüßig absorbirt scheinen:

So können Referentis wenigen Dafürhaltens die angestellte remedia nicht vor erwiesen gehalten werden, und sind die Appellanten dadurch, daß sie mit der gesuchten possessione solitaria abgewiesen worden, so wenig beschwehret, daß ihnen vielmehr durch die bey allen diesen Umständen und den vorzüglichen Rechten des Appellatens auf die quästionirte Güter per sententiam vom 1ten März verstattete Compossession sehr viel zu gute geschehen ist.

Und wie demnach die gravamina sich ex rationibus supra deductis von selbsten resolviren, allermassen

ad gravamen 1) die Appellanten aus keinerley Grund eine possessionem solitariam von den quästionirten Gütern prätendiren können;

ad grav. 2) die Verabfolgung der obsignirten mütterlichen Mobilien und Brieffschafften an die Appellanten nicht geschehen kann; indem der Appellat nicht allein als Miterbe von seiner Mutter in allodio, und als alleiniger successor feudalis in Ansehung der Brieffschafften weit mehr als die Appellanten, interessirt ist; sondern auch die Testatricin in ihrer ersteren Disposition de 1736. selbsten bekennt, daß die mehresten Mobilien zur F. Mühle, an Mahlereyen, Tapeten, Spiegeln, Tischen, Canape, Kupfer, Zinn und Eisen ihren S. schen Kindern gehören, folglich auch in Ansehung der Meublen mehreres Recht, als die Appellanten hat;

ad grav. 3) aber die Erstattung der Kosten dieses processus gegen den Appellaten um so unstatthafter, als vielmehr die Appellanten mit ihrem so offenbar ungegründeten Suchen Unrecht haben, und deswegen dem Appellaten die Kosten ersetzen müssen; übrigens alles dasjenige, was beyde Theile in ihren weitläuftig gestellten petitis hinc inde, wegen Resignirung und Inventirung der Mobilien und Brieffschafften, und Separation der Lehne von dem Erbe, der maternorum und paternorum, auch eines anzuordnenden Commissarii vorgebracht, nicht hierher, sondern vor die Regierung zu M. gehört: So concludirt Referens ad pure confirmatoriam cum expensis.

VOTVM DNI. CORREFERENTIS.

Mir scheinet, meo saltim iudicio die Intention des Appellaten so klar nicht zu seyn.

Das erste von dem Herrn Referenten bey dem mütterlichen Testament quaestionis suppositte vitium visibile, daß nehmlich keine exheredatio liberorum in testamento parentum privilegiato geschehen könne, beruhet in quaestione iuris satis dubia; indem verschiedene Doctores

doc. STRYCK *de cautelis testam. cap. 10. §. 18. et cap. 19. §. 12.*

sich desfalls quoad thesin conträrer Meynung befinden, und es wird quoad hypothesin dieser Satz noch so viel zweifelhafter, da meines Davorhaltens in beyden mütterlichen, quoad certitudinem voluntatis als ein unstrittiges holographum nicht den geringsten Zweifel habenden Dispositionen nicht sowohl eine formelle Exheredation als vielmehr eine institutio inaequalis enthalten ist, diese letztere Art der Dispositionen aber von den mehresten Rechtslehrern auch in testamentis privilegiatis vor zuläßig gehalten wird.

doc. BRVNNEMANN *ad auth. quod sine C. de testam. n. 10. ibique plures. Nov. 18. Cap. 7. et Nov. 107. Cap. 3.*

Die haupt ratio decidendi ist also meines Erachtens allein darin zu finden, daß die gemeinsame Mutter Gräfin von S. in gewissermaßen über Lehngüter und also super re aliena disponirt hat. Nachdem aber auch hierbey ex facto et iure in Consideration kommt, daß

1) das Gut S., wovon pro nunc noch allein die Frage ist, von der Testatricin Vatter dem hiesigen General von S. als beyder litigirender Theile mütterlichen Großvatter herkommt, und obschon

2) dieser seinem Schwiegersohn dem Grafen von S. bey seiner Verheyrathung sothanes Gut vor 13000. Rthlr. käuflich überlaßen hat, doch dieses

3) dergestalt geschehen ist, daß dabey die der gemeinsamen Mutter dotis loco von ihm mitgegebenen

gegebenen 10000. Gulden oder 6666. Rthlr 21. Alb. 4 Pf. mit statt Zahlung gerechnet, folglich

4) dieses Gut wirklich über die Helfte von diesen Dotalgeldern bezahlt worden, so daß dadurch

5) die verstorbene Gräfin wegen dieser ihrer Dotalgelder das dominium, wenigstens pro dimidia, von sothanem Guth gehabt zu haben scheinet; da sie ohnehin

6) hoc titulo vel saltim Iure retentionis wegen der liquiden 10000. Gulden das Gut quaestionis bis an ihr Ende in unwidersprechenem Besitz behalten; dahingegen

7) die appellantische Gegenprätensionen noch zur Zeit um so mehr in illiquido beruhen, als appellantischer Seits auf die zu deren Bescheinigung in hac instantia allererst producirte documenta sich noch gar nicht eingelassen worden, und also auch darauf noch zur Zeit gar nichts mit Zuverläßigkeit zu erkennen stehet, und wenn man auch schon

8) voraussetzen wollte, daß die mütterliche Disposition quoad feudalia nicht bestehen könnte, und also vitio laborire, doch eines theils auch ex actis und aus den Lehnbriefen selbst erscheinet, daß bey der F. mühle sich verschiedene allodialia befinden, und andern theils dieses doch die letzte Willensverordnung quaestionis nicht in totum, sondern nur quoad feudalia et reliqua paterna anträftig machen kann;

doc. BOEHMER in *Confil. Hall. Tom. 2. Resp. 106. n. 45. Resp. 251. n. 16. et Tom. 3. Resp. 798. n. 33.*

Im übrigen aber aus vorangeführten Ursachen

9) nicht so schlechterdings dafür gehalten werden mag, daß dieses Gut für ein paternum zu halten seye; wenigstens auch

10) nicht zu leugnen stehet, daß denen appellantischen Gräfinnen wegen der mütterlichen 10000. Gulden, welche auf dem Gut liquido haften, und worüber doch allenfalls testiret werden können, das ius retentionis zustehen sollte: So kann Correferens seines Orts nicht anders davor halten,

als daß dem Appellaten bloss die Compossession in Ansehung der zu dem Gut J. mühle gehörigen, in dem Lehnbrief deutlich exprimirten Lehnspertinenzien zu zu erkennen seye.

Wollten aber doch maiora auf pure confirmatoriam schliessen, so findet Corref. allenfalls die Sache ex adductis doch nicht so gethan, daß man pro voto Domini Referentis die Appellanten in expensas condemniren könne.

DECISIO CXCI.
ARGUMENTUM GENERALE:
AN ET QVATENVS IN CAVSIS VENATIONEM CONCERNENTIBVS, VBI PRIVATVS CVM PRINCIPE LITIGAT, POSSESSORIVM IN HASSIA NOSTRA LOCVM HABEAT?

SUMMARIA.

Ex relatione.

Super regalitate venationis interpretes iuris certant, et quatenus in tali causa possessorio contra fiscum locus fit, adhuc sub iudice lis est. n. 1.
Sententia eorum, qui pro fisco decidunt, praesertim secundum leges Hassiacas magis fundata esse videtur. n. 6.
Fiscum de facto neminem ex possessione mittere posse, propius vero est. n. 2.
Imo nostrae constitutiones possessorium summariissimum in genere contra Principem concedere videntur. n. 3.
Quidam Doctores ad effectum manutenentiae in regalibus possessionem decennalem requirunt. n. 4.
Secundum leges Hassiacas thema decisionis nostrae negative decidendum videtur. n. 5. 11.

Ex correlatione.

Sententia, votis plurimis probata, possessorium summariissimum contra fiscum admittens. n. 7. seqq.
De modo probandi praescriptionem immemorialem in tribunali nostro vsitato. n. 8.
In possessorio summariissimo contra fiscum qualitas et iustitia possessionis respicienda est. n. 9.
Dubia e legibus nostris specialibus petita removentur. n. 10.

SENTENTIA.

Jn Sachen Procuratoris fisci, assistendo dem Landwindbheger G., wider die verwittibte Obristin von Meysebuch zu Retteroba; puncto der Jagd in der Hupfelder Feldmark, und dem so genannten Rohrwig: ist auf das bis dahin verhandelte hiermit Vorbescheid:

Kann und wird Appellatin, wie sie hiermit zugelassen ist, die angebliche possessionem vel quasi der in locis quaestionis prätendirten Jagensgerechtigkeit binnen zwey Monaten peremtorischer Frist salva reprobatione rechtsbehörig bey diesem O. A. Gericht annoch beybringen: so ergehet alsdann in der Sache ferner W. R.

Ad maiora publicata d. 1. Iul. 1767.

FAC-

FACTVM.

Die verwittibte Obristin von M. hat in anno 1764. bey hiesiger Regierung sich über den Landwirthschafter G. zu Oberl. beschwehret, daß derselbe, ohngeachtet sie und ihre Vorfahren in den ältern, mittlern und jüngern Zeiten die Jagd in der Hupfelder Feldmark ruhig exerciret, ihrem Jäger die Flinte gewaltsamer Weise abgenommen, auch unterm 14ten Jun. a. p. den Bescheid erhalten:

daß Implorantin bey dem Besitz der Jagd in der Hupfelder Feldmark, solange bis in possessorio ordinario oder petitorio ein anderes ausgeführt worden, Einwendens ungehindert, zu schützen, und Implorat derselben, die abgepfändete Flinte zu restituiren, auch sich aller ferneren Beeinträchtigungen zu enthalten schuldig seye;

worauf Procurator fisci Nahmens des Windhetzers G. an dieses Tribunal appelliret hat.

VOTVM.

Bey vorliegender Entscheidung dieser Sache kommt es auf die in thesi vielfältig bestrittene Rechtsfrage an:

ob nehmlich Appellatin in Ansehung der prätendirten Jagd mit Recht gegen den Procuratorem fisci nomine Principis in possessorio summariissimo, auch blos deswegen, weil solche jener tacendo vermeyntlich nachgegeben haben solle, manuteniret werden könne?

RATIONES DUBITANDI.

Nun ist

1) bekannt, wie unterschieden die Meynungen der Doctorum sowohl über die Regalität der Jagd an sich, als auch besonders über die Frage seyen; wie weit das possessorium in solchen Fällen contra Principem statt finde, und will sich Referens hierunter, um nicht andere auctores auszuschreiben, nur auf dasjenige beziehen, was

PVFENDORFF. in introd. in process. civil. P. 1. Cap. 6. §. 13.

wegen des dieserhalb zwischen Herrn Bilderbeck zu Celle, und dem nunmehrigen Vice-Canzler Herrn Strube zu Hanover in anno 1728. und 1731. öffentlich ventilirten Streits in der Kürze zusammengezogen, auch der Herr Assessor

V. CRAMER. in opusc. T. 3. Opusc. 1.

weitläuftiger ausgeführt hat. Es ist auch nicht zu leugnen, daß

2) die Meynung derjenigen vielen Grund zu haben scheint, welche in thesi behaupten, daß auch der fiscus nicht befugt sey, einen de facto seiner Possession zu entsetzen, mithin gegen diesen das ad hunc effectum verordnete summariissimum ebenwohl statt finden müsse;

vid. *PVFENDORFF supr. cit. loc.*

und soviel in specie

3) die hiesige Landesverfassung betrifft, ist nicht allein in den landesherrlichen resolutionibus ad desideria statuum vom zweyten Octob. 1655. daß es ratione possessorii momentanei nach den gemeinen Rechten gehalten werden solle, versehen, sondern auch in dem Landtagsabschied

de anno 1731. die dahin abzielende Handhabung eines jeden bey seinen hergebrachten Rechten stipuliret, und in dem neueren von der Appellatin allegirten Edict wegen Verbesserung der Justiz §. 1. die Ausführung des possessorii summariissimi ausdrücklich zugelassen; es möchte auch

4) die beyliegende hiesige Jagdordnung vom 26ten Nov. 1722. nicht im Wege zu stehen scheinen; indem die Appellatin behauptet, daß die daselbst verordnete Probation einer immemorialen Possession nur auf das petitorium gehe, mithin caeteris paribus das possessorium sive summariissimum, sive ordinarium, keinesweges ausschliesse; und zwar dieses

5) um so weniger in substrato, da der apellantische Procurator fisci in libello gravaminum das possessorium nicht für unstatthaft anerkennet; indem er vorhin angeführter massen selbst gebeten:

> die Appellatin in possessorio vel ordinario zugleich mit Darthuung der Possession des prätendirten Jagdexercitii zu Edirung ihres tituli anzuweisen.
> vid. pag. 24. ad huius inst.

Wollte man aber auch

6) von Seiten dieses Tribunals den thesin des nicht zu admittirenden summariissimi annehmen; so würde doch noch die Frage übrig bleiben, ob nicht wenigstens das von
> LEYSER. Sp. 499. Med. 8.

und

> BERGER. in elect. proc. possessor. th. 26.

behauptete Temperament einer gegen den fiscum ad effectum manutenentiae in regalibus hinlänglichen zehenjährigen Possession um so ehender auch in casu substrato pro norma zu nehmen, da prior Dom. Referens vor Erkennung der processuum in seinem voto angeführet, daß von Seiten dieses Tribunals schon vorhin hiernach gesprochen seyn soll, und wann man

7) dieses vorausgesetzt, so dürfte kein Zweifel übrig bleiben, daß nicht die appellatische vorgebliche Possession von dem iudicio prioris instantiae mit Grund für eingestanden angenommen worden; weil testantibus actis Procurator fisci erst in dieser Instanz dem widersprochen, in voriger aber nur blos auf den Beweis des tituli bestanden hat.

RATIONES DECIDENDI.

Nachdem aber doch

1) die hiesige auf vorheriges von hiesiger Regierung vi rescripti vom 20ten Februar erfordertes Gutachten ergangene landesherrliche Jagdordnung de anno 1722. §. 4. überhaupt verordnet:

> daß allen denjenigen, welche nicht mit der Jagensgerechtigkeit überhaupt aus Gnaden berechtiget, oder daß sie solche über Menschen gedenken jederzeit ruhig hergebracht, erweislich beyzubringen im Stande, das Jagdzeug abgenommen, und die Pfändungen bey den Regierungen oder Beamten niedergelegt werden sollen;

dabey auch

a)

2) daß dadurch die Zulaßung eines poſſeſſorii ſummarii vel ordinarii für unſtatthaft erkannt worden, Referentis Ermeſſen nach ſoviel weniger Zweifel übrig bleiben will, da in dem ſogleich folgenden 5ten §. eben dieſer Verordnung noch weiter ſtatuiret iſt:

> daß um alle Turbationsklagen, (welche doch ohne Zweifel ad poſſeſſorium gehören,) und alle verbrießliche Conſequenzien, wie es heißt, zu vermeiden, ein jeder, welcher beſondere Jagd conceſſiones erlangt, und die Jagdgerechtigkeit, wie vor gemeldet, hergebracht habe, bey Verluſt derſelben, ſolche binnen einem halben Jahre a die publicationis dieſer Verordnung bey denen nachgeſetzten Regierungen auch Oberjagd- und Forſtbeamten in originali, oder beglaubter Abſchrift produciren, in deſſen Entſtehung aber die Pfändung oder Beſtrafung ſtatt finden ſolle;

dieſemnach alſo

3) bey dem ſo klar vorliegenden Geſetze deſtoweniger nöthig ſeyn will, ſich bey dem Streit quoad ius in theſi, ob die Jagd pro regali maiori oder minori zu achten, und ob dabey ein poſſeſſorium contra Principem ſtatt finde, ſoviel die hieſige Lande betrifft, aufzuhalten; da der vorhin allegirte Aſſeſſor

VON CRAMER *cit. tom. 3. Opuſc. 1.*

die Meynung derjenigen, welche hierunter pro fiſco geſchrieben, und daß ſolche auch bey dem Reichscammergericht ehedem angenommen geweſen, nicht allein überhaupt mit nicht zu verwerfenden Gründen beſtättiget, ſondern auch,

4) ſoviel in ſpecie die hieſige Heßiſche Lande betrifft,

§. 9. ibid.

mit mehrerem dargethan hat, daß nicht allein die Juriſtenfacultät zu Marburg ſchon längſt hiernach geſprochen, ſondern auch der ehemalige Canzler Schäfer bereits unterm 25ten Septemb. 1711. gezeiget, daß durch die in ao. 1655. ertheilte Reſolution ad deſideria ſtatuum keinesweges die Admiſſion des poſſeſſorii ſummariiſſimi feſtgeſtellet, ſondern ſelbige ſich nur auf die gemeine Rechte beziehe; dieſes aber in contrarium nicht allegirt werden könnte, weil bekantermaßen die Meynung der Rechtslehrer, was hierunter für gemeinen Rechtens zu halten, ſehr getheilt, und ſoviel pro fisco als contra fiscum allegirt werden; eben ſo wenig auch

5) der Landtagsabſchied de anno 1731. als die neuere Ordnung wegen Verbeſſerung des Juſtizweſens dieſerhalb ein anderes ſtatuiren; indem erſterer weiter nichts enthält, als daß ein Landſtand, bey dem, was er legitime hergebracht, (unter welchem Ausdruck wohl niemand das bloße poſſeſſorium ſummarium oder ordinarium verſtehen kann,) gelaſſen werden ſolle; letztere hingegen gar nicht von dem Falle, wie weit das poſſeſſorium contra Principem ſtatt finde, ſondern nur überhaupt von dem in poſſeſſorio ſtatthaften Proceß, und wie ſelbiger zu inſtruiren, Ihrem Inhalt nach redet; ferner

6) der beſchehenen Nachfrage zu folge ſich nirgends finden will, daß dieſes Tribunal die vorhin allegirte Meynung des Leyſers und Bergers einer gegen den fiscum anzunehmenden zehenjährigen manutenibeln Poſſeßion in regalibus per iudicata adoptirt haben ſollte; ſolches auch we-

gen des ausdrücklich obstirenden Landesgesetzes nicht einmal vermuthlich seyn will; im Gegentheil
die relationes

in Sachen Procurat. fisci zu Marburg c. von Milchling, sodann c. von
Vulte

zeigen, daß dieses Gericht jederzeit auf die Jagdordnung gesprochen, und daß obgleich in
causa

Procurat. fisci, allhier c. von Stockhausen, und Burgermeister und Rath zu
Homberg

auf das possessorium ordinarium confirmatorie erkannt worden, doch daraus kein praeiudicium vor
den gegenwärtigen Fall in contrarium herzuleiten seye, weil Procurator fisci in beyden Fällen den
Beweis in possessorio ordinario, ohne sich auf die Jagdordnung zu beziehen, nachgegeben, und
nur wegen anderer Puncte appelliret gehabt, mithin von ersterem keine Frage gewesen; endlich

7) aus eben dieser Ursache auch auf das unschickliche und confuse petitum des Procuratoris
fisci, keinesweges zu reflectiren, sondern mit desto besserem Fug ad normam legis zu erkennen stehet, weil

8) der scheinbare Einwand, als ob es gleichwohl hart sey, daß ein privatus sofort de facto
seiner Possession entsetzt werden könne, ausserdem, was der Herr Assessor von Cramer dagegen
supra cit. loc. in not. lit. f, nebst andern angeführet hat, auch dadurch seinen Abfall leidet,
weil daraus nach hiesiger Jagdordnung weiter nichts folgt, als daß derjenige Unterthan, welcher
sich über deßfallsige turbationes beschwehret, nach Maaß dieses Edicts sich nicht, wie die Appellatin ohne Allegirung des geringsten tituli, auf bloße narrata in puncto praetensae possessionis
gründen, sondern daß er und seine Vorfahren die Jagensgerechtigkeit bereits vorhin binnen dem gesetzten halbjährigen Termin beygebracht, oder daß er solche noch seit undenklichen Jahren exerciret, bey seinem Manutenenz gesuch zugleich mit darthun müsse: so concludiret Referens aus allem
diesem, daß nicht anderst als reformatorie zu erkennen, doch aber die Sache zur weiteren Ausführung an das iudicium a quo noch zur Zeit nicht zu remittiren, sondern 2c.

VOTUM DNI. CORREFERENTIS. I.

Ich nehme aus der Jagdordnung vom 26. Nov. 1722. §. 4. für bekannt an, daß wer die
Jagdgerechtigkeit prätendirt, entweder ein schriftliches privilegium aufweisen, oder solche über
Menschen Gedenken jederzeit ruhig hergebracht haben müsse. Ich setze ferner voraus, daß nach
ausdrücklicher Vorschrift eben dieser Jagdordnung §. 5. ein jeder, welcher solche Jagdconcessionen
erlanget, und die Jagensgerechtigkeit, wie vorgemeldet hergebracht, bey Verlust derselben solche
damalen a. 1722. binnen einem halben Jahr a dato publicationis dieses, bey denen Regierungen,
auch Oberjagd- und Forstbeamten allhier, in originali oder beglaubter Abschrift produciren müssen, und zwar in der Absicht, daß alle Turbationsklagen und andere verdrießliche Consequenzen soviel
möglich vermieden bleiben, auch die Jagdbezirke nicht über die Gebühr oder die erlangte Vergünstigung und die determinirte Zeiten extendirt würden. Man pflegte dergleichen Vorsicht auch in
andern Fällen anzuwenden, und hieße es daher in dem Landtagsabschied von 1731. §. 10. daß
diejeni-

diejenigen von Prälaten, Ritter und Landschaft, so mit Branbewein- Bier- und Weinschenken entweder belehnt, oder sonsten von Alters her privilegirt, oder darzu die Gerechtigkeit von ohndenklichen Jahren geruhig hergebracht, dabey gelaſſen und gehandhabt, folglich niemand deßfalls in seiner Befugniß gekränkt werden solle; zu dem Ende dann ein jeder seine privilegia bey den Regierungen, und der Renthcammer in beglaubter Form vorzeigen könne. Was aber in diesem Fall voluntatis war, solches war in jenem Fall nach der Jagdordnung necessitatis. Wer über seine Jagdgerechtigkeit privilegia in Händen hatte, der konnte nicht nur, sondern mußte solche produciren. Wer aber nichts zu produciren hatte, der konnte natürlicher Weise ein mehreres nicht thun, als daß er anzeigte, daß er die Jagd über Menschen Gedenken ruhig hergebracht habe. War dieses Angeben dem Jagdforstamt bekannt, so wurde es auch für bekannt angenommen, und hatte es darauf sein Bewenden. Wollte ihm aber sein Angeben in Zweifel gezogen werden, so mußte er die praescriptionem immemorialem erweisen, und kame es also dadurch zu einem Proceß, welcher auch bey einem privilegio alsdann unvermeidlich war, wann man solches nicht gelten, oder selbiges in ein und andern Stücken etwa anderst erklären wollte e. g. nur von hetzen und fangen, nicht aber von pirschen und schiesen.

Endlich setze ich auch noch aus der Jagdordnung dieses als bekannt voraus, daß den Fallknieren, Windhetzern, Förstern, Jägern, Vogelfängern und Hasenhetzern auf das schärfste und bey Verlust ihrer Dienste befohlen wurde, fleißig acht zu haben, und diejenige, welche nicht privilegirt oder die Jagd auf vorbeschriebene Art hergebracht, mit Abnehmung des Jagdzeuges zu pfänden und ohnverzügliche Anzeige zu thun.

Wenn ich nun hierbey die rechtliche Vermuthung zum Grund lege, daß jeder dasjenige, was ihm bey Verlust seiner Gerechtigkeit befohlen, und wozu er respective bey Verlust seines Dienstes angewiesen worden, wirklich gethan habe: so mache ich hieraus billig den Schluß, daß nicht allein diejenige, welche a. 1732. und in den nachfolgenden Jahren gejagt, ihre Befugniß auf eine oder die andere Art in der Maaſſe gezeigt haben müſſen, daß solche damalen vor bekannt und richtig angenommen worden, sondern auch daß die Forſtbedienten, vermöge ihrer pflichtmäſſigen beſtändigen Aufſicht, worzu die mehreſten ohnehin von Natur ſehr geneigt ſcheinen, in den ſeithero verfloſſenen 44. Jahren keine neue Privatjagd werden haben aufkommen und niemand neuerlich jagen laſſen, der nicht auch a. 1723. gejagt gehabt. Es könnte alſo wohl gar noch die Frage aufgeworfen werden, ob nunmehro hier in Heſſen in petitorio noch auf praescriptionem immemorialem zu erkennen nöthig, und ob nicht genug ſeye, wann jemand beweiſen könnte, daß er ſeit 30. bis 40. Jahren ruhig gejagt hätte? Weil aber doch dem Procuratori fisci der Gegenbeweis, daß der andere keine praescriptionem immemorialem vor ſich habe, bevor bleiben müßte: ſo will ich auch nachgeben, daß jeder, welcher die Jagdgerechtigkeit prätendiret und kein privilegium vor ſich hat, noch jetzo die praescriptionem immemorialem erweiſen müſſe, bevorab in der Maaſe, wie die praescriptio immemorialis nach denen bey dieſem Tribunal

secund. doctr. PUFENDORFF. *Obſ. iur. univ. T. 1. Obſ. 151. T. 2. Obſ. 54.*
albereits in einigen Fällen angenommenen principiis erwieſen wird.

Allein

Allein wenn gleich derjenige, welcher die Jagdgerechtigkeit prätendiret, den Beweis der praescriptionis immemorialis übernehmen muß: so folgt doch daraus nicht, daß ihn der andere deswegen aus der Possession setzen, und ihm bis zu erledigtem petitorio die Jagd verbieten könne; sonst müßte auch derjenige, welcher actione negatoria klagt, dem andern den Gebrauch der Servitut, in deren ohnleugbaren Besitz er ist, solange bis er in petitorio Beweis geführet, und den Proceß gewonnen hätte, untersagen können. Meines ohnzielsetzlichen Erachtens können daher einem solchen, welcher die Jagd bisher ante litem motam exerciret hat, die remedia possessoria nicht denegirt werden, und dieses um soviel weniger, da seit der Jagdordnung oft und vielmals in possessorio litigiret, und bey diesem Tribunal darinne erkannt worden, auch selbst in dieser Sache vom Procuratore fisci nicht behauptet wird, daß gar kein possessorium statt haben könne.

Es fragt sich also nur, ob das possessorium summariissimum oder bloß das ordinarium contra Principem statt habe?

Nach den gemeinen Rechten scheinet diese Frage zweifelhaft zu seyn. Einige halten dafür, daß die remedia possessoria gar nicht, andere hingegen, daß sie eben so, wie contra privatum, auch contra Principem statt fänden.

LYNCKER *in anal. ad Pand. L. 43. Tit. 1. §. 7.*
à LEYSER *Spec. 499, Med. 8.*

Andere aber machen hiervon eine Ausnahme, daß in regalibus eine 10 jährige Possession erfordert werde.

à LEYSER *ibid. Med. 9.*

Gleichwie jedoch diese letztere Meynung in nulla lege expressa fundiret ist, und das interdictum uti possidetis, sowohl das summariissimum als ordinarium unter sich begreifet;

vid. *priol. hujus tribunalis in causa von Baumbach c. Greve et consort. d. 12. Mart. 1767.*

mithin eine zehenjährige Possession nicht zum summariissimo, sondern offenbar zum ordinario gehöret, ja so gar eine längere Zeit in sich begreift; als an und für sich zu besagtem ordinario erfordert wird: So halte ich meines Orts ohnmaßgeblich dafür, daß wo jemand in Possession ist, und ihm das vitium violentiae, clandestinitatis, vel precarii nicht obstiret, wenn nehmlich a parte adversa dergleichen vitium nicht bewiesen, oder ex possessione anteriore nicht präsumiret werden könne,

conf. dict. relatio.

daß er bey solcher possessione, auch contra fiscum manuteniret werden müsse; folglich nur inso weit das possessorium summariissimum ceßire, daß nicht qualis qualis possessio attendiret, sondern qualitas et iustitia possessionis mit in Betrachtung gezogen, und wenn der Fiscal das vitium possessionis in continenti beybringen kann, er eben sowohl wie ein anderer damit gehöret wird. Ein privatus wird freylich bey einer Sache nicht manuteniret, die er zu besitzen vergiebt,

die

die er aber ihrer Natur und Beschaffenheit nach sine titulo nicht besitzen kann, wann er nicht eben titulum dociret, oder wenigstens allegiret.

         arg. L. *P.* 1. *D.* 10a. n. 12. *P.* 3. *D.* 205, *P.* 4. *D.* 130. et *D.* 356. *P.* 8. *D.* 283. n. 4. 6.

Allein wann er bey einer Sache, welche praescriptione immemoriali acquiriret werden kann, diesen titulum alleg1ret, und zugleich, daß er bis jetzo in ruhigem Besitz seye, behauptet: so muß er zwar die praescriptionem immemorialem in petitorio billig darthun, inzwischen aber solange, bis der andere das petitorium anstellet, und solches definitive entschieden wird, durante lite bey der Possession, worinen er auch nur hoc anno gewesen zu seyn darthut, insofern der andere kein vitium possessionis als vim, clandestinitatem vel precarium erweisen, oder de possessione antiquiore dociren kann, manutenirt werden.

Diesem allem nun sind auch, wie bekannt, Fürstliche resolutiones de a. 1655. gar nicht zu zuwider. Es heißet zwar darinnen,

      soviel aber 5) das possessorium momenti betrifft, soll und muß es dabey nach den gemeinen Rechten gehalten werden;

woraus aber weiter nichts folgt, als daß man contra ius commune nichts habe statuiren wollen. Dahingegen wird kurz vorher ausdrücklich festgestellt, daß sowohl das possessorium summariissimum als ordinarium contra Principem statt finden solle, indem es alda heißet:

      und wann 2) Sachen, dabey J. F. G. interessirt, so von keinem sonderbaren praeiudicio seyen, vorfallen, sollen dabey die Aufträge in Entstehung der Güte nicht statt haben, sondern dieselbe secundum iura und der Canzleyordnung gemäß bey der Canzley erörtert werden. Was aber Sachen maioris praeiudicii belangt, sollen dieselbe zuforderst ebenmäßig bey der Canzley gehöret, und wo möglich im Guten verglichen werden. Im Fall aber die Güte nicht statt finden sollte, sondern die Sache durch Bescheid decidirt werden müßte, und man alsdann in possessorio momentaneo verfirre, so soll zuforderst attendirt werden, ob ein Theil seine angegebene Possession entweder per documenta oder rechtliche praesumtiones fundirt hätte, und auf solchen Fall, wofern das Gegentheil sich nicht etwan auf documenta, rechtliche praesumtionen oder Beweisthum berufen würde, soll secundum acta et probata gesprochen werden. Auf den Fall aber das Gegentheil sich auch auf Documente oder Beweisthum, oder dergleichen beziehen würde, so soll alsdann demselben nicht allein zu Uebergebung seiner Artickel cum denominatione testium omissis interrogatoriis ein terminus gegeben, sondern auch, wann die Zeugen darauf, so es begehret würde, iurato abgehört, demselben die attestationes seiner Zeugen communiciret, und darauf noch eine Schrift in einem den Umständen gemässen termino einzubringen verstattet, und alsdann darauf gesprochen, inmittelst aber die litigiosa possessio, wo nöthig, sequestriret, und es im übrigen, wann beyde Theile sich auf dergleichen Beweisthum beziehen, ebenermassen gehalten werden, auch wann die Sache hernach ad possessorium ordinarium käme, keinem Theil hierdurch pleniores et sollenniores probationes abgeschnitten seyn. Wenn aber

(*Decis. Tom. VII.*)   M   ausser-

ausserhalb dem possessorio momentaneo eine andere Sache nach der gütlichen Verhör entweder ad possessorium ordinarium oder petitorium, oder sonsten zu Recht erwachsen sollte, in diesem letzten Fall bleibt der Ritterschaft unbenommen, entweder die Sache vor der Cantzley oder den Austrägen auszuführen und respective zu stehen. Und damit man sich in einen und andern dergleichen in J. F. G. Interesse laufenden Sachen, die bey der Cantzley ventilirt werden, um sovielweniger einiger Partheylichkeit zu befahren, wollen J. F. G. über dasjenige, was diesfalls in der Cantzleyordnung schon enthalten, darinnen zum Ueberfluß noch ferners Dero Räthe per generalem relaxationem ihrer Pflichten eventualiter erlassen.

Ich concludire daher diesem allen nach dahin, daß Appellant, Einwendens ohnerachtet, auf die Klage sich einzulassen schuldig sey.

VOTVM ADDITIONALE DNI. REFERENTIS.

11 Es scheinet mir dasjenige, was der Herr Correferens gegen die Disposition der Jagdordnung anführet, mehr eine interpretationem authenticam als doctrinalem et usualem zu involviren, zumalen bey unserm Tribunal praeiudicia in contrarium in relatione allegirt und in correlatione nicht widerlegt sind.

Wenn blos von der thesi iuris in casu subftrato die Frage wäre, so würde ich mich contra fiscum determiniret haben. Da es mir aber in vorliegendem Fall blos auf dasjenige anzukommen geschienen, was vermöge der landesherrlichen Jagdordnung, und der darauf sich gründenden vorherigen Erkenntnisse dieses Tribunals bereits feststehet, so sehe ich auch nicht, was der allegirte passus aus denen Fürstlichen resolutionibus de ao. 1655. da sie ohnehin weit älter als die quästionirte Verordnung sind, in hypothesi zur Entscheidung beytragen könne.

Daß in regula, wie diese resolutiones besagen, der processus possessorius auch contra fiscum statt finde, solches hat bey uns keinen Zweifel, ob aber solches, und zumalen das summariissimum, nach Maaß der Jagdordnung und allegirten praeiudiciorum, auch in Jagdsachen Platz greife, darauf beruhet cardo nostrae quaestionis, welche ich mir ex adductis in relatione noch immer nicht zu affirmiren getraue.

Da auch in mehreren andern Ländern und deren Gesetzen mit Beyfall sehr vieler von denen relative von mir bemerkten Auctoribus allegirten Rechtslehrern das contrarium statuiret wird, so kann ich auch bey der bisherigen Observanz keine Unbilligkeit finden.

Interim lubenter cedo maioribus. Nur muß noch erinnern, daß nicht auf eine weitere Einlassung erkannt werden könne; indem der Procurator fisci wirklich in dieser Instanz sich eingelassen, und den appellatischen allegirten Besitz schlechterdings negirt hat. Mithin wird wenigstens, stante etiam illa hypothesi auf den von Seiten der Appellatin in hoc possessorio beyzubringenden Beweis zu interloquiren seyn.

Peracta probatione secundum maiora praesertim ob dispositionem resolutionum Principalium de a. 1655. admissa, sequens lata est

SEN-

SENTENTIA DEFINITIVA.

In Sachen ꝛc. ist auf alles weitere An- und Vorbringen, und erfolgten Schluß zu Recht erkannt:

Daß Appellatin dasjenige, was ihr durch Vorbescheid vom 1ten Jul. a. pr. zu erweisen auferlegt worden, hinlänglich erwiesen, mithin dieselbe nunmehro bey der possessione vel quasi der Niederjagd an den quästionirten Orten in solange, biß Appellant in petitorio ein anderes ein- und ausführet, zu schützen, und solchergestalt der Regierungsbescheid a quo vom 14ten Jun. 1766. auch alles seines übrigen Inhalts zu confirmiren sey. Als F. D. A. Gericht zu recht erkennet, manuteniret, und confirmiret, die Unkosten aber vergleichet V. R. W.

Publicata d. 29. Iun. 1768.

DECISIO CXCII.
ARGUMENTUM GENERALE:
DE IVRE AEDIFICANDI IN SVO, LEGIBVS RESTRICTO.

SVMMARIA.

Pendente appellatione continuatio novi operis praestita cautione permitti potest, tam ante quam post elapsos tres menses. n. 1.
Modo ius nunciantis et aedificantis dubium sit. n. 2.
Nec nuncianti insigne damnum immineat. n. 3.
Iniusta est aedificatio, quae non intermisso legitimo spatio, aut contra statum antiquorum aedificiorum peragitur. n. 4.
Causae aedificiorum celerrimae expeditionis sunt. n. 5.
Iudex litium multiplicationem vitare debet. n. 6.
Quousque licentia aedificandi in suo legibus romanis restringatur. n. 7.
Nihil est, cur his legibus hodie usum denegemus. n. 8.
Aequum est legem, etsi hactenus minus observatam, si de contraria observantia non constat, in usum revocare. n. 9.
Conspirat cum iure romano praxis Tribunalis nostri. n. 10.
Furnum secundum parietem alterius habere non licet. n. 11.

DECRETVM.

In Sachen des Geheimenraths und Universitäts-Vicecanzlers Estor und Consorten zu Marburg, in actis benannt, wider den Beckermeister Blenner daselbst, puncto novi operis nunciationis:

Sind die von Procurator Dr. F. gebetene Appellationsproceſſus hiermit abgeſchlagen, ſondern wird die Sache ihrer Beſchaffenheit nach an das iudicium a quo mit der Verordnung zurück gewieſen, um dem Appellaten den vorhandenen Bau, ſo weit er ſolchen höher als der vorige geweſen, hinauf zu führen, und die in dem Sch. lichen Hauſe vorhandene Fenſter und Löcher zu verbauen, auch ſonſt zu der Appellanten Nachtheil denſelben weiter, als den alten Bau zu extendiren gemeinet iſt, ſchlechterdings zu unterſagen; im übrigen aber, da ſowohl des Appellaten als der Mitappellantin Sch. Backofen beyde gefährlich angelegt ſind, und an einem ſo gefährlichen Orte zeither zur größten Ungebühr Boden und Cammern mit Fourage angefüllet worden, der Polizeycommiſſion darunter die allenthalbige nöthige Verfügung zu überlaſſen.

Datum d. 16. Nov. 1763.

F A C T U M.

Die Appellanten haben dem Appellaten wegen der vorgenommenen Erhöhung eines Baues novum opus nunciret. Burgermeiſter und Rath zu M. aber haben unterm 16ten Jun. 1763. die Vollführung des Baues geſtattet, und dem Appellaten nur injungiret, die Auffführung nicht anderſt als nach polizeyrichterlich vorhergehendem Gutfinden, und deßfalls geſchehener Regulirung zu unternehmen. Von dieſem Beſcheid haben ſich die Appellanten an die Regierung gewendet; nachdem aber dieſelbe per decretum vom 14ten Auguſt pendente appellatione die Vollführung des Baues gegen 100. Rthlr Caution de demoliendo erlaubt: ſo haben dieſelben weiter anhero appelliret.

V O T V M.

In facto ſtehet feſt, daß Appellat einen Bau erhöhen will, und ob es zwar noch zur Zeit in der Appellanten bloſen Angeben beruhet, daß der Appellat auf einen in den letztern Kriegsjahren ohnbefugter weiſe, wider die hölzerne und leimerne Wände des benachbarten Wirthshauſes zur Sonnen angelegten Backofen nunmehro gar noch zu der ganzen Stadt und der benachbarten Appellanten, beſonders aber des Geheimenrath Eſtors und deſſen anſehnlichen Bibliothec augenſcheinlicher Gefahr einen ſelbſt beym Augenſchein für unzuläſſig erkannten Heu- Stroh und Holz-Boden ſetzen, und dadurch den bereits ohngebährlich verſperrten Feuerplatz noch mehr verbauen, und zwar unter der Appellantin Sch. Dachtraufe dergeſtalt in die Höhe führen, daß er, ohne dazu eine Servitut zu haben, die Balken in ihre Wand immittiren wolle: ſo iſt doch vorerſt ſoviel gewiß und von iudicio primae inſtantiae anerkannt worden, daß der vorhabende Bau nicht anderſt aufgeführt werden könne, als nach vorhergehendem polizeyrichterlichem Gutfinden, und deßfalls geſchehenen Regulirung, wie weit es dem gemeinen Weſen ohnnachtheilig ſey, welche Clauſel ohnnöthig geweſen, wann das vorhabende Gebäude von den benachbarten weit genug entfernt wäre, und nicht vielmehr nahe daran ſtoſen, oder wohl gar damit zuſammenhängen ſollte. Iſt aber dieſes, oder es können auch appellantes ihr Angeben in continenti erweiſen, wie dann ſolches aus dem bloſen Augenſchein ſich ergeben muß: ſo ſind auch dieſelbe allerdings dadurch graviret, daß dem Appellaten, pendente appellatione das Fortbauen gegen Caution geſtattet worden. Daß dieſes pendente appellatione geſchehen könne, wird zwar von vielen Rechtsgelehrten behauptet,

MEV. *P 2. Dec 179. n. 3. 4.*
und zwar sowohl post tres menses,
L. un. C. de op. nov. nunc.
LAUTERBACH. Colleg. th. pr. eod. Tit. §. 35.
vid. MEV. *P. 4. D. 237.*
als auch nach richterlichem Befinden ante elapsum trimestre spatium,
LAUTERBACH. d. l.
CARPZOV *L. 1. Resp. 7. n. 12. seqq.*
a WERNHER. *T. 2. P. 7. Obs. 30.*

Es verstehet sich aber hierbey, quod tum demum haec cautio locum habeat, quando res dubia est, non vero ubi ius nunciantis et iniuria aedificantis patent,
L. 1. pr. D. de nov. op. nunc.
MEV. *P. 2. D. 179. n. 7.*
vel a nunciante in continenti probari possunt.
LAUTERBACH. l. c.
MEV. *P. 2. Dec. 180. n. 2.*

Ebnermaßen findet die Caution keine statt, quoties is, qui opus novum nunciavit, per eam non fit securus, sed ipsi potius insigne damnum immineat,
arg. L. 20. §. 11. D. de nov. op. nunc.
MEV. *P. 2. D. 179. n. 4. 7.*
a WERNHER *Tom. 1. P. 2. Obs. 374.*

Da nun eines Theils de in iustitia novi operis, in so fern nehmlich der Augenschein ausweiset, quod nunciatus haud intermisso legitimo spatio,
L. 14. D. de S. P. urb. L. 12. §. 2. iunct. L. f. C. de aedif. priv.
et tamen contra statum et formam antiquorum aedificiorum aedificare velit;
L. 11. 24. D. de S. P. urb. L. 12. §. 2. 6. de aedif. privat.
andern Theils de iure nunciantium zur Genüge constiret, welche in diesem Fall novum opus zu nunciren, vollkommen berechtiget sind;
L. 1. §. 17. D. de op. nov. nunc.
ohnehin auch bey der angegebenen Feuersgefahr die appellantes durch die 100. Rthlr. nichts weniger, als sicher gestellet werden; überdem aber es nach dem Bescheid a quo auforderst auf die policeymäßige Regulirung ankommt, und ehe solche vorhergegangen, dem Appellaten das Fortbauen am wenigsten gestattet werden kann: so wird dermalen nöthig seyn, compulsoriales und zwar bey der vorhin prämittirten Bewandniß der Sachen, auch weil sonst, bey versagtem effectu suspensivo, die anhero eingewandte Appellation völlig vereitelt werden würde, cum expressa inhibitione die Sache in statu quo zu lassen, und dem Appellaten das Fortbauen bis auf weitere Verordnung nicht zu gestatten, förderjamst zu erkennen seyn.

CONTINVATIO.

Die nunmehro eingelaufene Acten enthalten gar nichts, was dem Appellaten bey seinem vorhabenden Bau zu statten kommen könnte, und wird demnach per deducta nichts übrig seyn, als daß man die Sache dergestalt remittirt, um es bey der bereits geschehenen Inhibition zu lassen, und die Sache selbst definitive zu erörtern. Weiter gehet das appellantische petitum nicht, und weiter ist auch die Sache anhero noch nicht devolviret. Inzwischen ist dieselbe doch eines Theils vollkommen instruiret, und sogar noch pendente appellatione ein neuer Augenschein eingenommen worden; anderen Theils siehet man aus denen mit eingeschickten votis schon zum voraus, daß die Regierung das principium angenommen habe, daß der Appellat auf dem Seinigen bauen könne, so hoch er wolle, folglich für den Appellaten sprechen, und dadurch nicht nur eine neue Appellation, sondern auch einen neuen Streit, ob nicht von der Zeit an das Fortbauen gegen Caution zu gestatten sey, veranlassen werde. Weil nun aber alle dergleichen Bausachen celerrimae expeditionis sind,

  L. 12. §. 7. de aedif. privat.
  MEV. P. 1. D. 81. n. 6. et P. 6. D. 261.

et litium multiplicationem, ut rem odiosam iudex vitare debet:
  MEV. P. 2. D. 164. n. 3. 4. P. 5. D. 89. n. 3. P. 6. D. 5. n. 3.

so ist es am schicklichsten, daß man sogleich der Hauptsache per rescriptum ein Ende mache, in welcher Absicht, das, was bereits pro decernenda inhibitione kürzlich berühret worden, annoch mit wenigem weiter zu bedeuten ist.

Appellantes haben einen gedoppelten Grund, warum sie dem Appellaten den vorhabenden Bau nicht gestatten wollen:

1) wegen der Feuersgefahr, und 2) weil Appellat wider die vorige Form eines bedeckten Gangs ein neues Gebäude aufführen wolle, wodurch besage der Abrisse und Commissarischen Relation dem Geheimenrath C. drey Fenster ziemlich verdunkelt, dem MItappellanten Sch. aber ein kleines Fenster, und ein mit einem Gitter versehenes Loch gar verbauet wird.

Was den ersten Punct betrifft: so gehöret solcher für das in dem Bescheid a quo vorbehaltene policeyrichterliche Ermessen, mithin um so vielweniger anhero, weil besage der Commissarischen Relationen durch das blose Höherbauen die Feuersgefahr nicht vergrössert wird, angesehen Holz, Heu und Stroh in einem niederigeren Bau so gut, wie in einem höheren liegen, und man an dem Gebrauch der Handspritzen; deren man sich schon jetzo an dem auf allen Seiten verbaueten Ort nur allein bedienen kann, durch den höheren Bau nicht gehindert wird. Wiewohl es dieses Commissarischen Davorhaltens ungeachtet seine gute Richtigkeit hat, daß je höher Gebäude an einem schon gefährlichen Orte aufgeführet werden, und jemehr also der Hof nicht nur versperret, sondern auch bey einem grösseren Bau mit mehrerem Holz und Balkenwerk angefüllet wird, desto grösser auch die Gefahr seyn müsse. Ohne sich aber hierbey aufzuhalten: so stehet in Ansehung des zweytens Puncts Appellat mit der Regierung sowohl, als dem iudice primae instantiae in der Meynung, daß er auf dem Seinigen bauen könnte, wie er wolle. Nun heisset es zwar insgemein:

generis: explorati iuris est, in suo alicui hactenus omne facere licere, quatenus nihil in 7
alienum immittit,
  L. 8. §. 5. D. si serv. vind.
et singulis permissum est, res suas facere meliores, etiam cum vicini incommodo, modo
absit aemulatio.
  L. 24. §. f. L. 26. D. de damno infecto. L. 1. §. 12. L. 2. §. 5. D. de aq. et aq.
  pluv. arc. L. 3. D. de oper. publ. L. 38. D. de rei. vind. Novell. 63.
  MEV. *P. 1. Dec. 60. n. 9. et P. 4. D. 39. n. 1.*
  CARPZ. *P. 2. Const. 41. Def. 11.*
In specie altius aedificia tollere, et tollendo obscurare vicini aedes, si domus servitutem
(scil. altius non tollendi, et ne luminibus officiatur) non debeat, dominus eius minime
prohibetur.
  L. 8. 9. C. de servit. et aqua. L. 9. D. de serv. praed. urb. d. L. 26. D. de dam-
  no inf.

Allein diese Regel hat nur so weit statt, als sie nicht in Bausachen, und sonst durch die Gesetze eingeschränkt ist. Nun ist es aber klaren Rechtens, daß wo nicht ein anderes per pacta ausgemacht ist, derjenige, welcher ein Haus bauen will, einen Platz von 2 bis 2½ Schuhen liegen lassen müsse.
  L. 14. D. de serv. praed. urb. L. fin. D. fin. reg.
  GOTHOFRED *ad d. L. 14. not. 77. et ad LL. XII. Tab. Lib. 2. tit. 11. c. 6.*

Will er aber Lichtfenster in die Wand setzen, oder gar offene Fenster machen, oder gegen seines Nachbarn Haus worin derselbe Licht- oder Guckfenster rechtmäßig hergebracht hat, ein Gebäude aufführen: so muß er einen Zwischenraum von 10. oder 12. Schuhen liegen lassen,
  L. 12. §. 2. C. de aedif. privat.
und bey öffentlichen Gebäuden, desgleichen bey Treschtennen wird noch ein gröserer Zwischenraum erfordert.
  L. 9. C. de aedif. privat. L. f. §. f. C. de servit. et aqua.

Führet jemand in einem engeren Zwischenraum eine Wand mit Fenstern auf, wo er nicht zu berechtiget ist: so kann ihm der Nachbar entweder novum opus nunciiren,
  L. 1. §. 17. D. de op. nov. nunc.

oder eben so nahe auf seiner Seite eine Wand aufführen, und dadurch die unberechtigten Fenster verdunkeln und verbauen.
  arg. t. t. D. quod. quisque iur. in al.

Sind aber wirklich alte Gebäude mit Fenstern vorhanden, zwischen welchen sich weniger als 10. bis 12. Schuhe Raum befindet: so kann zwar jeder von beyden Eigentümern, welcher das seinige abzubrechen genöthiget ist, auf dem alten Platz ein neues Gebäude aufrichten, aber nicht höher noch anderst, wie das vorige gewesen, es seye dann mit des Nachbars guten Willen. Er kann also keine Licht- oder Tagefenster in Guckfenster verwandeln ic.

L. 11. 24. D. serv. praed. urb. L. 12. §. 1. 3. C. de aedif. privat.
Da nun die conſtitutio Legis 12. C. de aedificiis privatis general iſt,
per. L. f. C. eod. tit.
ſo wollen zwar nichts deſtoweniger verſchiedene Rechtslehrer ſolche bey uns in Teutſchland um
deswegen nicht gelten laſſen, weil die leges romanae circa aedificia privata bey uns, wo man
wegen des Bauweſens beſondere Verordnungen habe, entweder nicht recipiret oder doch abgeſchaft
wären.
      BRVNNEM. *in Comm. ad. L. f. D. fin. reg. et ad tit. C. de aedif. privat. n. 17.*
      GROENEWEGEN *de Leg. abrog. ad. L. 9. 11. 12. et f. C. eod. tit.*

Wo aber keine beſondere ſtatuta vorhanden ſind, da iſt keine Urſache abzuſehen, warum man
nicht auf das ius romanum, auch in dieſem Stück ſollte recurriren können, da ſolches eines Theils
mit verſchiedenen legibus germanicis übereinkommt;
      vid. *Lex. Burgundionum in additamento 1. Tit. 1. cap. 7. in corp. iur. germ. ex*
      edit. PETR. GEORGISCH *pag. m. 397.*
      HEINECC. *El. iur. germ. Tit. 1. Lib. 2. §. 136.*
andern Theils aber billig und löblich iſt, legem, etſi forte hactenus minus obſervatam, quoties
contraria obſervantia non obſtat, in uſum revocare;
      SCHILTER *prax. iur. rom. Ex. 1. §. 11.*
      TABOR. *ad* MEYER. *Coll. iur. Argent. L. 1. tit. 3. th. 20.*
und endlich dieſe principia auch ſchon mehrmahlen bey dieſem Tribunal angenommen worden, als
in causa von Ende contra Reinück* item in causa Reimann contra Roſenblatt **
So iſt nach dieſen Grundſätzen Appellat anzuweiſen, ſeinen vorhabenden Bau weiter und höher,
als der vorige geweſen, nicht zu erſtrecken.

Hiernächſt ergiebt ſich aus denen commiſſariſchen Relationen, daß ſowohl des appellati, als
noch weit mehr des Mitappellantis Sch. Backofen gefährlich angelegt ſind, daß wann einer von
beyden Ofen gebraucht, die Wand durch und durch ganz heiß wird, welches den gemeinen Rechten nach, ein Nachbar vom andern zu leiden nicht ſchuldig iſt;
      L. 13. D. de S. P. urb.
daß ferner Appellat ſeinen Backofen erſt vor 11. Jahren dicht an des appellantis Sch. Behauſung,
wider deſſen Wand ſetzen laſſen, und auf dem Boden über dem Backofen Fourage liegen gehabt;
daß der Beckermeiſter Sch. ſeine Fourage in einer Cammer auf eine eben ſo gefährliche Art in
Verwahrung habe; daß endlich die ganze Gegend höchſt gefährlich und recht fürchterlich anzuſehen,
indem die Wände von dem vielen Rauch ganz dürre, und das Revier von allen Seiten ganz zuge-
bauet ſey; wannenhero höchſtnöthig ſeyn dürfte, von Polizey wegen hierunter für das allgemeine
Beſte, und das Wohl der ganzen Stadt zu ſorgen. Es iſt daher ꝛc.

* vid. Deciſ. 146. ** vid. Deciſ. 27.

DECISIO CXCIII.
ARGUMENTUM GENERALE:
I. De interdicto uti poſſidetis utili.
II. De operis ruſticorum.

SUMMARIA.

Interdictum uti poſſidetis utile cui detur? n. 1.
Requirere illud videtur, ut actor tempore litis conteſtatae poſſederit. v. 2.
Quod praeſumitur ex poſſeſſione antiquiori. n. 3.
A tempore enim praeterito praeſumitur, in praeſens. n. 4.
Senſus Cap. 9. X. de probat. n. 5.
Iunior poſſeſſor ergo praeferendus eſt. n. 6.
Si ſcilicet de interdicto uti poſſidetis ſummariſſimo ſermo fit. n. 7.
In ordinario enim ad poſſeſſionem qualificatam reſpicitur; n. 8.
Et probata poſſeſſione antiquiori iunior vitioſa praeſumitur. n. 9.
Si probationes aequales ſunt, utraque pars in poſſeſſione manuteneri debet. n. 10.
Ruſtici in dubio non liberi ſed operis obnoxii praeſumuntur. n. 11.
Operae autem ſtrictiſſime interpretandae ſunt n. 12.
Huius regulae limitationes. n. 13. 14. 15.
Obiectum litis praeſentis diiudicatur. n. 16.

SENTENTIA.

In Sachen der Gebrüdere vom Baumbach zu Kirchheim und Neutershauſen, für ſich und reſpective curatorio nomine ihres verſtorbenen Bruders des Rittmeiſters von Baumbach nachgelaſſener Kinder, wie auch Conrad Grebe modo Joſt Wagner und übrige Dienſtpflichtige zu Kirchheim in actis benahmt, poſſeſſionem vel quaſi der ungemeſſenen Burgbaudienſte betreffend: Wird auf das verhandelte und erfolgten Schluß zu Recht erkannt:

> daß appellati dasjenige, was ihnen zu erweiſen auferlegt worden und ſie übernommen, nothdürftig erwieſen, dannenhero dieſelbe von angeſtellter Klage zu abſolviren, und mit den ungemeſſenen geforderten Burgbaudienſten ſolange bis appellantes wider dieſelbe insgeſamt oder diejenige von ihnen, welche ſie von wegen der unterhabenden Erbleyhegüter vermöge der in dieſer Inſtanz producirten Leyhebriefe in etwaigen beſondern Anſpruch zu nehmen vermeynen, ein anderes in petitorio rechtlich ein-und ausgeführet haben werden, zu verſchonen, mithin die von hieſiger Regierung am 4ten Oct. 1752. erkannte remiſſoriales a quibus ſolchergeſtalt zu reformiren ſeyen. Als Fürſtl. Oberappellationsgericht zu

Recht erkennet, absolviret, und reformiret, die Unkosten aber gegen einander compensiret. V. R. W.
Publicata d. 4. Mart. 1767.

FACTUM.

Die Gebrüder von Baumbach haben sich bey hiesiger Regierung beschwehret, daß die Dienstpflichtige zu Goßmannsrode und Kirchheim sich weigerten, die schuldige Burgdienste zu leisten, und darauf eine Commißion zu Untersuchung der Sache erhalten.

Bey dieser Commißion haben die Goßmannsröder gestanden, daß sie bisher die Burgdienste verrichtet, die Kirchheimer aber vorgestellt, daß sie zwar ehedem zu des Generals von B. Burgbau mitgeholfen, solches aber Theils gegen Bezahlung, Theils bittweise, Theils aus Zwang geschehen.

Der Commissarius hat hierauf durch Bescheid den Kirchheimer Unterthanen den Beweis auferlegt, daß sie weder die von dem General von B., noch den vorigen Sommer von dem Hauptmann von B. geforderte Burgbaudienste geleistet, in Ansehung der Goßmannsröder aber die Kläger in der possessione vel quasi iuris percipiendi operas geschützt.

Von diesem Bescheid haben die von B. soviel die Kirchheimer Dienstpflichtige betrifft, an die Regierung appelliret, und als daselbst die Sache mit Aufhebung des Bescheides a quo dergestalt remittiret worden:

daß Appellanten zuvorderst die zum Grund ihrer Klage gesetzte Possession vel quasi der quaestionirten ungemessenen Burgdienste darthun sollen,

ferner an dieses Tribunal provocirt, auch processus und unterm 13ten December 1758. den Vorbescheid erhalten:

daß Appellaten, welchergestalt sie die in vorigen Zeiten geleistete Dienste für Geld oder bittweise gethan, oder auch daß sie ungebührlicher Weise dazu gezwungen worden, zu erweisen schuldig,

worauf dann peracta probatione utrinque zu Bescheid submittiret worden.

VOTUM.

Ehe Referens zu Beurtheilung des geführten Beweises übergehet, wird nöthig seyn, in thesi ein und anderes festzustellen.

1 Zuvorderst ist aus der vorigen Relation zu erinnern, daß man im interdicto utili uti possidetis versire, quod datur quasi possessori turbato.

LAVTERBACH in Coll. th. pr. L. 43. Tit. 17. §. 2. in fin.

2 Bey diesem interdicto scheinet es zwar nothwendig zu seyn, ut actor tempore litis contestatae possidere debeat,

§. 4. I. de interd.
LAVTERB. ibid. §. 11.

3 quod praesumitur ex possessione antiquiore;

C.

C. 9. X. de probat.
MASCARD *de probat. Vol. 3. concluf, 1202. (al. 1195.)*
cum generaliter, ut tempore praeterito praefumatur in praefens;
    v. L. 5. §. 6. D. de re milit.
    L. 6. §. f. D. de edendo.
    C. 10. X. de transact.
ita quidem ut tempus litis conteftatae nihilominus infpiciatur; nam in d. Cap. 9. vincere
dicitur antiquiorem habens poffeffionem, non propter antiquitatem, qua talem, fed ut ea
propter etiam tempore litis conteftatae poffediffe credatur.
    LAVTERB. *d. l. §. 11.*
Hinc fi contendentes non aequaliter probant poffeffionem de praefenti, fed unus de
poffeffione antiquiore alter de praefenti, iunior poffeffio, ceu praefentanea erit praeferenda,
    LAVTERB. *ibid.*
quia vitium poffeffionis hic non attenditur,
    a WERNHER *T. 1. P. 2. Obf. 434.*
Gleichwie aber das interdictum uti poffidetis fowohl das poffefforium fummariiffimum
als ordinarium unter fich begreift,
    BOEHMER *de act. S. 2. cap. 4. §. 13. 15.*
und obiges alles nur vom poffefforio fummario five momentaneo et fummariiffimo zu ver-
ftehen ift;
    LAVTERB. *d. L. 43. tit. 17. §. 11. iunct. tit. 1. §. 10. feqq.*
    Ordinat. Camer. P. 2. tit. 15.
utut is, qui vi clam aut precario poffidet, nec in fummariiffimo vincat, fi de vitio poffeffionis aperte conftat:
    a LEYSER *Spec. 508. med. 4.*
alfo wird im Gegentheil in poffefforio ordinario auf poffeffionem magis qualificatam gefehen,
neque enim interdictum uti poffidetis amplius tuetur eum poffefforem, de cuius vitiofa
poffeffione poftmodum apparet;
    d. C. 9. X. de probat.
    BOEHMER. *I. Ecclef. Proteft. T. 1. L. 2. tit. 12. §. 7.*
qui nimirum ab adverfario vi clam vel precario poffidet;
    L. 1. §. 5. et f. D. uti poffid.
    LAVTERB. *C. th. pr. L. 43. tit. 17. §. 5.*
wobey es dann auf poffeffionem antiquiorem um fomehr und fürnehmlich ankommt, quia vitium
poffeffionis, probata antiquiore poffeffione, praefumitur, nifi alter poffit elidere iftam praefumtionem, oftendendo iuftam fuae poffeffionis caufam.
    STRVV. *S. I. Civ. Ex. 45. th. 120.*
    MASCARD *de prob. Concl. 1200.*

Anlangend die Dienſte, de quarum quaſi poſſeſſione quaeritur, ſo prätendiren appellantes uns gemeſſene Burgbaudienſte, und dieſe negiren appellati, weil ihnen vorhin ſothane Burgbaudienſte zugemuthet, ſondern ſolche bitweiſe oder für Geld verrichtet, bis ſie mit Gewalt gezwungen worden.

Es kann aber wohl zuſammen beſtehen, daß jemand Burgdienſte und doch keine Burgbaudienſte ſchuldig iſt, folglich beyde Theile in gewiſſer Maaſſe Recht haben, und daher jeder in ſua
10 poſſeſſione manutenirt werden kann, wie man ſonſt auch beyde Theile, ſi probationes omnino ſint aequales, in poſſeſſione zu manutenieren pfleget;

        LAVTERB. *lib. 43. tit. 17. §. 11. in fin.*

weil bis zu ausgemachtem petitorio kein ander Mittel iſt, als ſich an die Poſſeſſion, wie ſie erwieſen iſt, und ſoweit ſie per iuris praeſumtionem unterſtützet wird, ſchlechterdings zu halten. Zu
11 dieſen praeſumtionibus gehöret die Regel: ruſtici in dubio non liberi ſed ad operas praedio nobili praeſtandas obligati praeſumuntur.

        a LEYSER *Spec. 416. Med. 1. et Spec. 665. Med. 14.*

12 Von den operis ſelbſt hingegen heiſſet es: operae ruſticorum tanquam odioſae ſtrictiſſime intelligi debent;

        a WERNHER *T. 2. Supplem. ad P. 8. Obſ. 333.*
        a LEYSER. *Spec. 417. med. 1. et Spec. 665. med. 15.*

13 welches aber eigentlich nur von denen operis zu verſtehen iſt, quas ſubditi non qua tales, et iure dominii, ſed ex conventione vel praeſcriptione debent;

        a LUDOLFF *Obſ. 105. §. 2. vol. 7.*

14 folglich ein Unterſchied gemacht werden muß, ob die Dienſte von der Perſon und deren Zugvieh, oder von den bäuerlichen Grundſtücken zu leiſten ſind;

        Eſtor Rechtsgel. der Teutſchen. §. 4556.
        von Cramer Wetzl. Nebenſt. 5. Theil p. 66. ſeq.
        STRVBEN *de iure villic C. 5. §. 16.*

15 wiewohl auch die Gattungen der Dienſte ſelbſt und inſonderheit die Burgbaudienſte von einigen mehr eingeſchränkt,

        CARPZ. *P. 2. Conſt. 52. Def. 3. et 4. et Lib. 1. Reſp. 51.*

von andern mehr ausgedehnt werden.

        Eſtor Rechtsgel. der Teutſchen §. 412.
        a LEYSER *Spec. 665. med. 17.*

16 Um nun his praemiſſis der Sache ſelbſt näher zu tretten, ſo conſtiret ex actis nicht, daß die appellati etwa Leibeigne, und aus dieſem Grund iure dominii Dienſte zu leiſten ſchuldig wären; vielmehr aber iſt actenkundig und wird beyderſeits nicht beſtritten, daß die zwey Jahrbauern zu R. auf das Meyergut gewiſſe gemeſſene Dienſte zu verrichten ſchuldig ſind, (II. cit.) ferner 15. Hinterſiedler in Anſehung des Miſtbereitens und anderer Feldarbeit ungemeſſene, hingegen bey dem Heu und Grummetmähen gemeſſene, desgleichen 3 Hinderſiedler von ihren Häuſern ebenfalls gemeſſene Dienſte zu verrichten haben. Gleichwie ſich aber hieraus auf die Burgdienſte nicht
                                                          ſchlieſſen

schließen lasset, ob sie wohl bey sogestalten übrigen Diensten in dubio eher für gemessen als ungemessen zu achten, und als ein odiosum quid mehr zu restringiren als zu extendiren seyn mochten; inzwischen jedoch die Fahrbauren vermöge dreyer producirten Erbleyhe Reverßbriefe de 1738. 1722. und 1749. auffer denen gemessenen Vorwerksdiensten und Holzfahrten, sich auch zu gewöhnlichen ungemessenen als zur Burg und Jagd gehörigen Diensten (l. cit.) zu ungemessenen Burgfahrten und Jagddiensten (l. cit.) und zu ungemessenen Burg= Hand= und Jagddiensten (l. cit.) schuldig bekennen, worauf sie sich aber in hoc possessorio nicht einlassen wollen, andry darwider einwenden, daß solche Clauseln eigenmächtig zugesetzt, und der Inhalt ihnen als ein fältigen des Schreibens unerfahrnen Leuten niemalen bekannt gemacht worden, daher auch dieser Leyhebriefe ohngeachtet durch den Vorbescheid auf den darin enthaltenen Beweiß erkannt worden ist: So wird es auf sothanen wegen der Burgdienste geführten Beweiß und Gegenbeweiß hauptsächlich ankommen.

Unter den Probatorialzeugen sind testis 2. ein Außzüger und testis 6. ein Wagner aus K. nicht omni exceptione maiores. Gegen die übrigen brey Zeugen aber ist nichts einzuwenden, und deren Aussage wird auch zum Theil durch die Reprobatorialzeugen unterstützt.

Beydes die Pro= und Reprobation zusammen genommen, legt sich demnach für die appellatische Dienstpflichtige nachfolgendes zu Tage.

Als der General Ernst Henrich von B. die grose Scheuer vor 42. oder 43. Jahren erbauen lassen, hat er dazu keine Dienste verlangt, sondern selbst zwey, manchmal brey Geschirre gehalten, desgleichen Leute zu Bitte und um Lohn gekriegt, ihnen Essen und Trinken gegeben, und diese bezahlet, (ll. citt.) daher die Gemeinde keinen Dienst verrichtet, (ll. citt.) sondern alle Arbeit um Lohn oder zu Bitte verrichtet worden, (ll. citt.) nehmlich Steinfahren, Holz bauen und fahren, Handlangung bey den Maurern und dergleichen; (ll. citt.) besagter General ihnen auch sonst keine Burgdienste zugemuthet, (ll. citt.) und Zeugen sich keiner Dienste besinnen, als derer, so vor ohngefehr 6. Jahren (ware ohngefehr 1753) zu dem letzten Gebäu oder dem letzten Haus unten am Thor mit Gewalt erzwungen worden, (ll. citt.) Eben dieser Ernst Henrich von B. hat, als er vor ohngefehr 20. Jahren (vor dem ao. 1759. gehaltenem Zeugenverhör) die sieben Morgen anbauen lassen, alle erforderliche Fuhren, Theils mit seinem Geschirr Theils die dazu nöthige Handdienste, als Kalkpocher machen, Handlangen bey den Maurern, Kleiben, Heben, Leimen graben, fahren ic. von Handwerksleuten sowohl als Bauren, um Lohn verrichten lassen, (ll. citt.) und hat jeder täglich sieben Alb. bekommen. (ll. citt.) Derselbe General Ernst Henrich von B. hat auch nie einen Burgdienst von der Gemeinde verlangt, sondern die vor dem Burgsitz unter dem Geländer liegende Steine, am Ringberg holen und für Geld anfahren lassen. (ll. citt.) Ferner als der letzt verstorbene General Rudolph von B. ein noch vorhandenes Vieh= und Taubhaus in der adlichen Burg erbauen lassen, ist alle Arbeit um Lohn verrichtet, (ll. citt.) und die Gemeinde nie zu Dienst geheisen worden, hat daher auch keinen Burgdienst verrichtet, (ll. citt.) sondern die, welche hülfreiche Hand geleistet, haben ihren Lohn bekommen. (ll. citt.) Auch noch bey dem neuen Bau, ohngefehr vor 10. Jahren, oder wie Zeuge meynet ao. 1747. ist das Holz für Geld gehauen und beschlagen, (ll. citt.) und mit des Ge-

nerals

nerals eigenen Pferden angefahren, (ll. citt.) vor dem Heben des Gebäudes aber sind keine Dienste verrichtet worden, (ll. citt.) und der General hat expresse zwey Lastwagen machen und das Holz zugleich mit seinen Pferden und für Geld nach Haus fahren lassen, (ll. citt.) mithin sind zu solcher Zeit keine Burgdienste zu diesem Bau von der Gemeinde verlangt worden, und hat selbige auch keine geleistet; (ll. citt.) obzwar mit der Gemeinde Goßmannsrode seit 1730. ein Proceß vorgewaltet, welcher zur Zeit dieses Baues noch nicht geendigt gewesen. (ll. citt.) Die Burgdienste haben daher ihren ersten Anfang, soviel Zeuge weiß, mit dem neuen Gebäu, worin der Meyer wohnet, genommen, da solches vorher bey Erbauung der steinernen Scheuer auch andern Bauen nicht geschehen, solange sich Zeuge besinnet; (ll. citt.) daher Zeuge schwehrlich glaubt, daß der Baudienst freywillig geschehen, weil solcher den Bauren zuwider gewesen; (ll. citt.) wie dann auch etliche ins Gefängniß gesetzt worden, (ll. citt.) und die Dienstpflichtige, nachdem der Bau schon gestanden, die Dienste durch Zwang des Beamten zu Niedernaule gethan zu haben, gleich Anfangs eingestanden, (ll. citt.) worauf aber nach Absterben des General Rudolph von B. die Burgdienste gleich in Dispüte gekommen. (ll. citt.) Dahingegen haben die von B. aus der Pro- und Reprobation folgendes für sich:

Die Dienstleute müssen dem Meyer alles, was er nur nöthig hat, thun. (ll. citt.) Sie haben ferner dem letztverstorbenen General von B. ungemessene Burgdienste gethan, (ll. citt.) nachdem sie den Proceß bey dem Oberappellationsgericht ao. 1744. oder 1745. verlohren, und zu ungemessenen Diensten schuldig erkannt worden, worauf sie sowohl bey dem neuen Bau, als solcher errichtet worden, als auch in der Burg mit Stubenreiben, Fensterwaschen, Hopfenpflücken, allerley Arbeit im Garten, graben, jäten, im Felde Cartoffeln austhun, Knoten klengen ꝛc. und in summa wie es nur Nahmen haben möchte, was zum Burgdienst erforderlich, unweigerlich gethan, auch nicht geweigert, nach des Generals Tod bey dem Grabmachen die Dienste zu leisten. (ll. citt.) Und zwar begreift die eine Zeugin unter dem Burgdienst, daß die Dienstleute alles thun müssen, was an Arbeit etwa vorfiele und nicht zum Vorwerksdienst gehörte. (ll. citt.) Die Dienstleute haben auch nach des Generals Tode dessen Wittb die Dienste gethan. (ll. citt.) Sie haben auch insonderheit was die Baudienste betrifft, den alten Bau abgebrochen, den neuen gehoben, Holz und Leimen dazu gefahren und summa alles gethan. (ll. citt.) Da nehmlich die bespannte Bauern Holz, Steine, Leimen, Kalck, Ziegeln und alles anfahren, die Köttner aber mit der Hand gedienet, (ll. citt.) solange am Bau gearbeitet worden. (ll. citt.) Wie sie dann auch Haus und Hof gereiniget, (ll. citt.) zu welchen Diensten sie geheißen worden; (ll. citt.) worauf sie sich freywillig eingestellet und die Dienste verrichtet, (ll. citt.) ohne daß man, wie die verwittibte Generalin sagt, die Dienstpflichtige bey Verrichtung der Dienste weinen sehen; (ll. citt.) auch ohne daß sie gezwungen worden, ausser einem oder dem andern widerspenstigen, wie sich dann gemeiniglich unter einem solchen Haufen wohl fänden. (ll. citt.) Endlich auch nicht über die Dienste selbst, sondern über das Bier Dispüte entstanden, daß ihnen solches nicht recht seyn wollen. (ll. citt.)

Aus

~~Aus diesem utrinque geführten Beweis und Gegenbeweis~~ erhellet nun soviel, daß das Bauen ehedem für Geld geschehen, folglich die Burgbaudienste erst neuerlich aufgekommen, da die Dienstpflichtige mit Gefängniß gezwungen worden, und ob solches gleich nur an einigen geschehen ist, doch die übrigen, wann sie nicht gleiches Tractament erwarten wollen, sich wohl bequemen müssen, und ihnen also eben daher exceptio ris et metus zu statten kommt.

In Ansehung der übrigen Burgdienste aber scheinet die Sache zweifelhaft, und die bisherige Verrichtung solcherley Dienste plene erwiesen zu seyn, zumalen die oben allegirte drey Lehnbriefe hinzutretten, und reprobando ein anderes gar nicht dargethan worden ist.
Nachdem aber

1) in confesso beruhet, daß nicht alle Dienste, von allen und jeden Bauern aus der Gemeinde Kirchheim ungemessen sind;

2) die Zeugen nicht positive sagen, ob die Dienstleute, welche die angegebene Dienste verrichtet, aus Kirchheim oder Goßmannsrode gewesen; wohl aber

3) in der Zeugensage sich auf den Proceß von 1745. berufen wird, nach dessen Entscheidung die Bauern alle diese Dienste verrichtet haben sollen, welcher Proceß jedoch, nach denen ex officio von Referente eingesehenen Acten die Gemeinde Kirchheim gar nicht, sondern die Goßmannsröder angegangen; folglich auch wann die nachgehends vorgefallene Arbeit auf dem Hof zu Dienst und nicht für Geld verrichtet worden, allerdings zu vermuthen ist, daß solche die Goßmannsröder vielmehr als die Kirchheimer verrichtet haben werden; allenfalls aber

4) was zuletzt die Kirchheimer, als man sie zu den Baudiensten gezwungen, auch an andern Diensten verrichten müssen, in hoc processu ordinario keine Attention verdienet, eben so wie auf der andern Seite

5) die auf ungemessene Burgdienste und Burgfahrten sprechende Lehnbriefe de ao. 1738. 1722. und 1749. als ad petitorium gehörig, in hoc possessorio um soweniger eine Auskunft geben können, da solche nur gegen die Lehnleute, denen sie ertheilt werden, nicht aber gegen die übrigen Gemeinden zu allegiren stehen: So concludiret Referens compensatis expensis auf nachfolgende Sentenz rc.

DE-

DECISIO CXCIV.
ARGUMENTUM GENERALE:
DE OBLIGATIONE REFICIENDI TEMPLA, QVATENVS PATRONO ECCLESIAE INCVMBAT.

SUMMARIA.

Non potest opponi exceptio desertae probationis, si in sententia probationem iniungente terminus peremtorius non fuerit praefixus. n. 1.
Quatenus patronis ecclesiae onus reficiendi templum incumbat? n. 2. 6. 12.
De collisione plurium transactionum n. 3.
Rotulus testium a Notario extraiudicialiter confectus non plene probat. n. 4. vid. tamen n. 8. et 10.
Ab obligatione curandi refectiones minores non potest concludi ad onus sumtuosae reparationis (Hauptreparaturen) vel reaedificationis totalis. n. 5.
Reus actori documenta edere tenetur, si favor piae causae huic assistat. n. 7.
Copia copiae aliquando concurrentibus aliis adminiculis probat. n. 9. 11.
Quomodo iuramentum suppletorium ab universitate praestetur? n. 13.

SENTENTIA.

Jn Sachen der Gemeinde Helbra, wider die in actis benannte Waltherische und Schuchardische Erben, als Besitzer des Erfalschen Gutes, stritige Reparation und Unterhaltung der dortigen Kirche betreffend: ist hiermit zu Recht erkannt,

daß sämtliche Appellaten die zu dieser Sache gehörige Urkunden und Briefschaften zu ehren, oder daß sie deren keine haben, noch gefährlicher Weise abhanden kommen lassen, auch nicht wissen, wo dergleichen zu finden seyen, in dem des Endes auf den 29ten Januar a. f. angesetzten Termin, eidlich zu erhärten schuldig, der appellatischen Gemeinde dabey binnen gleicher peremtorischen Frist ihren zu Begründung der Klage ferner etwa habenden Beweis einzubringen unbenommen sondern vorbehalten sey V. R. W.

Publicata d. 14. Decembr. 1754.

FACTVM.

Es prätendiret die appellantische Gemeinde Helbra, daß die Waltherische in actis benannte Erben, als dermalige Besitzer des ehemaligen Erfalschen Gutes daselbst, und qua patroni, auch weil sie gewisse Kirchengüter im Besitz hätten, die in sehr baufälligen Umständen sich befindende dasige Kirche auf ihre Kösten repariren zu lassen schuldig seyen.

Weil

Weil aber letztere sich dazu nicht verstehen wollen, und darüber besagtes Kirchengebäude immer mehr verfallen: so ist dieserwegen schon, wie man aus gegenwärtigen Acten relative ersiehet, im vorigen saeculo verschiedentlich Streit entstanden, endlich aber die Sache in a⁰. 1728. und 1729. bey hiesigem Consistorio zur gerichtlichen Contradiction gekommen; wie dann des Endes von der Gemeinde zu Begründung ihrer Intention verschiedene Documente produciret worden, mit fernerer Bitte, die Beklagten zur eidlichen Production und Edition derer noch weiters von diesem obiecto in Händen habenden Documenten anzuweisen.

Beklagte negirten den Besitz einiger Kirchengüter; den producirten documentis aber opponirten sie exceptionem irrelevantiae; weilen solche nur von kleinen Reparationen, deren sie sich niemals geweigert, redeten, auf grosse Baukosten hingegen sich daraus keinesweges argumentiren liesse.

Das Consistorium erkannte hierauf unterm 14ten October 1729. folgendergestalt:

Die von Mitbeklagten Professore Walther zu Rinteln opponirte exceptio fori declinatoria würde als unstatthaft verworfen; hingegen klagende Gemeinde angewiesen, woferne sie auf Edition einiger ihnen vorgeblich zustehenden Urkunden zu bestehen vermeynte, ihr hierunter beschehenes Angeben vorgängig der Gebühr zu bescheinigen, allenfalls aber den Grund ihrer Klage besser als noch geschehen darzuthun, und zu erweisen, wobey ihnen jedoch der producirten Documenten, insoweit solche reseviren, wie nicht weniger der Eidesdelation sich mit zu bedienen unbenommen bleibt; erginge darauf in termino praeiudiciali weiter W. R.

Seit dieser Zeit aber ist die Sache bis in anno 1738. auf sich ersitzen geblieben, da endlich der Pfarrer zu Heldra wieder anzeigte, daß die Kirche nothwendig reparirt werden müsse, worauf in a⁰. 1739. eine Untersuchungscommißion auf den Reservatencommissarium Meisterlin zu Wanfried erkannt wurde.

Nachdem nun dieser die Untersuchung wirklich angestellt, und des Endes den Waltherischen Güterpächter vernommen: so wurde dessen protocollarische Aussage den Waltherischen Erben ad declarandum communiciret, auch von der Gemeinde eine Gegenerklärung erstattet.

Hierauf ist die Sache abermals bis in annum 1741. auf sich beruhet, da endlich vom Consistorio terminus zum mündlichen Verhör angesetzet worden, die Partheyen gegen einander verfuhren, und unterm 10ten Novembr. 1741. der Consistorialbescheid ergangen ist:

Werden die Originalcuratoria anforderst retradiret, sodann die Schucharbische curatores, mit Vorbehalt der übrigen Mitbeklagten allenthalbigen Befugniß, wegen des Guths Heldra ad causam admittiret, bey der Sache selbst aber Kläger angewiesen, dieselbe nach Maas der in anno 1728. angestellten Klage zu prosequiren, und dem rechtskräftigen Bescheid vom 14ten November 1729. in dem sub praeiudicio anderweit angesetzten termino ein behöriges Gnüge zu leisten; worauf alsdann weiter ergehe W. R.

Hiervon hat klagende Gemeinde an dieses Tribunal appelliret, und ihr gravamen vornehmlich darin gesetzt, daß sie mit ihrer in prima instantia instituirten Possessorialklage nicht gehöret, sondern zum Beweis in petitorio angewiesen werden wollen, da sie doch auch diesen durch die producirte Documente sovielmehr beygebracht, weilen Appellaten nicht in Abrede stellen können, daß sie wenigstens ehedem ein und andere reparationes bestritten.

VOTUM.

Die so eben bemerkte Verhältniß dieser schon lange gedauerten überaus intrikaten Sache giebt sogleich zu erkennen, daß so sehr auch zu wünschen gewesen wäre, daß man derselben gegenwärtig völlig auf den Grund sehen, und ihre endliche Entscheidung hätte geben können, dennoch wegen Abgang derer bis dahin nirgends ausfindig zu machenden ex actis relative sich ergebenden Ältern authentischen Urkunden, solches noch zur Zeit unmöglich sey.

Es zeigen auch ausserdem die bisherige Verhandlungen, daß objwar Appellanten besonders in dieser Instanz sich hauptsächlich in possessorio ratione der denen Appellaten angeblich incumbirenden Reparation der Kirche fundiren: gleichwohl eines Theils das angebliche possessorium nicht dergestalt klar sey, daß sich darunter mit Grund etwas statuiren lasset; dahingegen andern Theils Appellanten, weilen sie die von denen Appellaten prätendirende Schuldigkeit in pactis und in dem appellatischen angeblichen Besitz gewisser Kirchengüter fundiren, sich dergestalt in das petitorium eingelassen, daß die Sache nach ihrer gegenwärtigen Lage füglich nicht anderst als quoad argumenta petitorii beurtheilet werden kann, hierbey es aber auf die Frage ankomme:

Ob nehmlich die Appellanten die vorgebliche Verbindlichkeit derer Appellaten, die Kirche zu Heldra zu repariren, auch bey mittler Zeit sich ereignetem gänzlichen Verfall aufbauen zu lassen, hinlänglich erwiesen; und ob nicht, wann auch dieses nicht ist, die Umstände so gethan seyen, daß wegen der umumgänglich nöthigen Reparation, salva causa principali, et salvo utriusque partis iure, pendente lite, provisionaliter etwas verordnet werden könne?

RATIONES DVBITANDI.

Nun haben zwar Appellaten

1) den in actis huius instantiae
    pag. 198.

in vidimirter Abschrift producirten Receß de 20. 15.3. für sich, Inhalts dessen der Appellaten Vorfahren, die von Erfa sich mit der Gemeinde verglichen:

daß sie zu Erbauung der Kirche das Pfenniggeld Zimmerleuten, Maurern, Deckern, und wozu das vonnöthen, auslegen, die Einwohner zu Heldra aber dazu den Frohnden- und Handdienst zu thun und zu leisten gegen andere denen von Erfa verwilligte Prästationen schuldig seyn sollen.

Es will auch

2) an der Richtigkeit dieses Vergleichs sovielweniger zu zweifeln seyn, da in dem von Seiten der Gemeinde in actis consistorialibus de anno 1728. originaliter producirten, appellatischer Seits an sich nicht widersprochenen fernerweiten Receß de anno 1630. sich ausdrücklich auf jenen

de

de anno 1578. bezogen, und dabey noch §. 2. stipuliret ist, daß die von Erfa die Fenster in der Kirche quaestionis machen zu lassen, übernommen.

vide acta consistorialia, ll. cc.

Ausserdem haben

3) Appellanten in actis primae instantiae

pag. 105.

einen Consistorialbefehl de anno 1667. beygebracht, vermöge dessen die Erfalschen Guthsbesitzer und derer Meyer schon damals angewiesen worden, sich mit der Gemeinde wegen der zum Kirchenbau erforderlichen Kosten abzufinden. Nicht weniger hat

4) die appellantische Gemeinde die es für sich, daß vermöge eines in copia vidimata producirten Rechnungsextractes de anno 1652. bis 1654. dem Hansteinischen Güterpachter Steube von denen von Hanstein, welche ehemals das Erfalsche Guth Heldra im Besitz gehabt, die Kirchenreparationskosten in Rechnung passiret worden;

vid. p. 153. act. prior.

ja es hat

5) der Appellaten eigener Pachter, wie er anno 1739. ad protocollum vernommen worden, gestehen müssen,

daß der Rath Walther alles Flickwerk, und was am Dachwerk, Treppen, Glockenseiler, Riemen, worin die Glocken hangen, und was sonst schadhaft und brüchig worden, nicht allein machen lassen;

vid. pag. 36. actor prior.

sondern auch in dem Pachtcontract dem Meyer aufgegeben:

auf die Kirchengebäude nebst denen Gemeindsvorstehern und Nachbarn fleißig zu sehen, daß daran kein Muthwillen, oder leicht zu vermeidende Vernachläßigung geschehe;

vid. pag. 41. ibid.

als welches nicht hätte geschehen können, wann die appellatische Waltherische Erben die Kirchengebäude nichts anglengen; und über dieses ist von Seiten der Appellanten

6) durch eine

p. 126. 148. assor. prior.

beygebrachte, coram Notario verführte eidliche Zeugensage die Schuldigkeit der Appellaten unanimiter bekundschaftet. Obschon auch

7) Appellaten denen Appellanten insonderheit exceptionem desertae probationis, von deswegen opponiren, weil sie nicht sogleich auf den Consistorialbescheid vom 14ten October 1729. den ihnen auferlegten Beweis damals beygebracht, sondern nach der Hand die Sache ganzer zehen Jahre beruhen lassen: so fället doch auch dieses hinweg, da denen Appellaten derozeit nach Inhalt des gedachten Bescheids kein präclusivischer Beweistermin angesetzt gewesen, und in eben diesem vermuthlichen Betracht das Consistorium in dem von denen Appellaten nicht impugnirten Bescheid a quo die weitere Probation zugelassen, so daß also

8) der von mehr besagten Appellanten übernommene Beweis überall soviel ehender für hinlänglich erachtet nunmehr zu halten seyn möchte, weil ohnehin die Appellaten gestehen, daß sie patroni

2 roni von der Kirche zu Heldra seyn; denen patronis aber, zumal wann sie, wie hier von denen Appellanten behauptet, auch durch die in denen Consistorialactis in anno 1728. producirte Specification bescheiniget worden, Kirchengüter besitzen, das onus refectionis incumbiret,

  vid. *Clem. 1. de iure patron.*
  PETR. PECKIVS *de ecclef. aedif. et reparand. Cap. 14. seq.*
  SLEVOGT. *de union. ecclef. diff. 3. Cap. 1. §. 12.*

RATIONES DECIDENDI.

Nachdem aber

1) der Vergleich de anno 1578. worauf Appellanten sich in hac instantia hauptsächlich gründen, bloß ein solches transsumtum ist, welches von einer in der Trefurtischen Kirchenrepositur befindlichen alten Copie genommen worden;

  vid. pag. 200. act. huius inst.

auf dessen Inhalt also

2) deficiente hactenus originali soviel weniger mit Zuverläßigkeit die Decision gebauet werden kann, weilen sowohl der von Appellanten in actis consistorialibus de ao. 1728. selbsten producirte Bericht des Superintendenten Hütterobs de ao. 1667. als der eben daselbst befindliche Originalvergleich de ao. 1630 und das auf diesen sich beziehende Schreiben de ao. 1631.

  vid. p. 201. act. hui. inst.

3 buchstäblich zu erkennen geben, daß wann auch dieser erste Vergleich de anno 1578. seine glaubliche Richtigkeit haben sollte, doch nach dieser Zeit wiederum neue Streitigkeiten zwischen denen von Erfa, und der Gemeinde Heldra wegen des quästionirten Kirchenbaues entstan˜en; worüber sich nachmals von neuem verglichen, und dabey in anno 1630. besonders nur des Fenstermachens und einiger andern besondern Prästationen gedacht worden, so daß daraus auf das dermalen eigentlich zur Frage kommende onus universale refectionis imo reaedificationis so schlechterdings nicht geschlossen werden mag. Gleichergestalt

3) der extraiudicialiter und a Notario verfertigte Zeugenrotulus nach hiesiger Gerichtsobservanz sowohl als nach den gemeinen Rechten,

  doc. PVFENDORFF *introd. in proc. P. 1. cap. 4. §. 36.*

vornehmlich in hac causa maximi praeiudicii eben sowenig für einen hinlänglichen Beweis angenommen werden kann, als wenig

4) die von Appellanten

  pag. 36. 105. et 153. act. 1. inst.

producirte Bescheinigungen ein mehreres bestärken, denn daß der Appellaten Vorfahren sich zu Bestreitung ein und anderer der nöthigsten Reparationen verstanden, woraus also abermals auf das 5 von ersteren, und da pendente hac lite die Kirche fast gänzlich verfallen, vor jetzo behauptete onus einer nach dem baumeisterlichen Ueberschlag nunmehro auf 940. Rthlr. an steigenden suntuosae admodum refectionis vel reaedificationis totalis keine ratio ad condemnandum sufficiens herzunehmen stehet; inmassen dann auch

5) die geständige qualitas patroni die Appellaten an und für sich noch lange nicht zu diesem onere verbindlich macht, sondern es in diesem Stücke auf den Beweis einer besondern Observanz, oder eines besondern pacti, oder einer sonstigen Obligation ankommt;

doc. BOEHMER *in iur. paroch. Sect. 7. C. 3. §. 3. seq.*

als in Entstehung dessen regulariter die parochiani des onus refectionis zu übernehmen haben; zumalen Appellanten bis hierher noch nicht erwiesen, daß die besagte Appellaten die in actis consistorialibus angegebene Kirchengüter, wie diese schlechterdings negiren, besitzen sollten; inzwischen aber doch

6) alle die in rationibus dubitandi angeführte, für den appellantischen Theil militirende, bis dahin in actis vorgekommene Umstände soviel Vermuthung machen, daß die Appellaten selbst den Vergleich de ao. 1578. oder andere Documente annoch in Händen haben dürften, woraus die eigentliche Bewandniß der Sache mit hinlänglicher Gewißheit zu ersehen seyn möchte, als weshalben auch erstere von denen letzteren allschon in an. 1728. und 1729. ja selbst die Appellaten in hac instantia untereinander

vid. pag. 240. et 250. act. hui. inst.

die eidliche Edition begehret; sodann

7) obschon sonsten reus regulariter dem actori zur Edition nicht verbunden ist, dieses doch in substrato propter favorem piae causae seinen Abfall leidet;

doc. MEV. *P. 5. Dec. 317.*

solchergestalt aber

8) vor der per editionem documentorum zu bewerkstelligenden bessern Instruirung der Sache deren endliche Entscheidung ausgesetzt bleiben muß, und doch die unumgängliche Nothwendigkeit eine einstweilige Reparation der den gänzlichen Einfall drohenden Kirche erfordern will; dieses hingegen

9) denen Appellaten, soviel das allernothwendigste betrifft, pendente lite aufzulegen, von deswegen nicht unbillig seyn dürfte, weil selbige ausser dem in hac causa moram non ferente nicht gänzlich ausser Acht zu lassendem Zeugenrotulo,

doc. PUFENDORFF. *supr. cit. loc.*

LEYSER ad Pand. Spec. 283. Med. 36.

schon in actis de anno 1728. die Schuldigkeit der Reparation in gewisser Maaße, gleich ihrem Vorfahren, dem Rath Walther, nicht allein anerkannt, sondern auch allhiesiges Consistorium ihnen solche, wie in anno 1667. ebenfalls geschehen,

vid. pag. 105. act. prior.

per rescriptum vom 9ten Januar 1739. provisionaliter bereits

vid. pag. 5. actor. prior.

injungiret hat; dabey jedoch die appellantische Gemeinde, vermöge des von ihr selbst allegirten Vergleichs de ao. 1578. sich nicht beschwehren mag, wann ihr zugleich die darinnen stipulirte ohnentgeltliche Verrichtung der zu dieser Kirchenreparation nöthigen Hand- und Fahrdienste ebenfalls anbefohlen wird: so concludiret Referens rc. rc.

DECISIONUM SVPREMI TRIBVN. APPELL.

° Aliter placuit maioribus in consilio propter reparationis difficultatem.

SENTENTIA DEFINITIVA.

In Sachen ꝛc. ꝛc. ist auf das ferner verhandelte und die edirten documenta nunmehr zu Recht erkannt:

daß Appellaten als zeitige Besitzer des Erfaischen Gutes zu H. die quästionirte Kirche in baulichem Stande und Wesen herzustellen und zu erhalten, appellantische Gemeinde anbey die dazu nöthige Spann-und Handdienste ohnentgeldlich zu verrichten schuldig und gehalten sey. Als F. O. A. Gericht zu Recht und schuldig erkennet mit Vergleichung der Kosten. V. R. W.

Publicata d. 8. Ianuar, 1757.

VOTVM.

Nachdem vermöge bey diesem Tribunal publicirten Vorbescheides sämtliche Appellaten den Editionseid wirklich abgeschwohren, von appellantischer Gemeinde auch, wie ihr gleichfalls durch besagten Bescheid auferlegt gewesen, die etwa noch gehabte Beweisstücke produciret worden: so kommt es nach nunmehr fernerweit geschehener Submißion darauf an:

Ob dermalen ein solcher Beweis vorhanden sey, daß danach auf eine oder die andere Art sive absolutorie sive condemnatorie erkannt werden möge?

RATIONES DVBITANDI.

Nun hat zwar

1) die appellantische Gemeinde ein mehreres nicht beyzubringen vermocht, als daß sie das Original von demjenigen Manual, davon vorhin bereits extractus produciret gewesen, annoch ad acta gegeben, woraus erhellet, daß der ehemalige Hansteinische Pachter des Erfaischen Gutes Ludwig Steube in ais. 1652. seq. verschiedene zur Heldraischen Kirche verwandte Baukosten in Rechnung gebracht, auch wirklich vergütet erhalten. Da aber dieses ein bloses, zumalen nicht einmal unterschriebenes Privatverzeichniß ist, so dörfte darauf so viel weniger zu reflectiren seyn, weil solches bereits vorhin produciret gewesen, und nicht zum Beweis anreichend gehalten worden. Gleiche Bewandniß scheinet es auch

2) mit dem ferner von Appellanten producirten Extract des Allendörfer General-Kirchen-inventarii zu haben, da solches ebenfalls eine blose von dem ehemaligen Superintendenten Schirmer vidimirte Copey ist. Was aber die von Appellaten auf den abgelegten Editionseid producirten Documente betrifft; so bestehen solche

3) allein in zweyen Pachtbriefen de annis 1724. und 1683. Inhalts deren §i respective 4. et 5.

dem jetzigen Pachter aufgetragen worden, auf die Kirchengebäude nebst denen Gemeinds-vorstehern und Nachbarn fleißig zu sehen, daß daran kein Muthwille und leicht zu vermeidende Verwahrlosung geschehe, auch die darauf befindliche und von dieses freyen Ritterguts

Eigen-

Eigenthumsherrn, oder durch deren Conceſſion von dem zeitigen Pachtmeyer jederzeit gebrauchte und zu brauchen allein berechtigte Boden keinen Schaden nehmen; als woraus ein mehreres nicht erhellet, als daß denen von Erfa vermuthlich quâ patronis die Aufficht über die Helbraiſche Kirchengebäude und der Gebrauch der Bbben zugeſtanden, desgleichen beſaget

4) der in copia producirte Receß de anno 1630. wovon das Original ebenwohl allſchon vorhin in actis de 20. 1728. et 1729. beygebracht iſt,

vid. p. 427. act. huius inſt.

nur ſo viel, daß die von E. einen Stuhl in der Helbraiſchen Kirche, und dabey vi §. 2. die Fenſter zu machen haben. Die weiters und

5) von Appellaten edirte documenta

p. 433. et 439. ſeq. act. huius inſt.

dürften ebenwenig bey dem dermaligen Streit etwas erheben, weilen das eine nichts anders als ein Memorial der Gemeinde Helbra iſt, wodurch ſie die von E. als patronos in ao. 1665. erſuchet, ihre damals zerſprungene Glocken wieder herſtellen zu laſſen. Das andere aber in einem bloſſen nicht unterſchriebenen Concept eines in ao. 1668. von denen von E. vermuthlich an hieſige Regierung über verſchiedene damals gehabte Beſchwehrden erſtatteten Bericht beſtehet. Gleichwie auch über dieſes alles

6) in rationibus decidendi voriger Relation des mehreren bereits ausgeführet worden, daß der Vergleich de ao. 1678. als ein bloſes, allem Anſehen nach durch neuere Vergleiche in ao. 1630. und 1631. abgeänderters transſumtum ſo wenig, als das coram Notario et teſtibus, ommiſſis interrogatoriis, mithin ordnungswidrig abgehaltene Zeugenverhör, oder die

pag. 36. 105. et 153. act. primae inſt.

erhöhrte, von ein und andern kleinen Reparationen ſprechende Beſcheinigung, zum völligen Beweis der dermalen bey dem faſt gänzlichen Verfall der Kirche zur Quäſtion kommenden Schuldigkeit zu einer koſtbaren Hauptreparation anreichend ſeyen; alſo möchte

7) dieſes onus nunmehro der appellantiſchen Gemeinde qua parochianis ſo vielmehr allein zur Laſt fallen, da von eben vorgedachtem Hauptreceß de 1518. durch den abgelegten Editionseid kein Original zum Vorſchein kommen wollen, und man von Seiten der Gemeinde auf gewiſſe Maaſſe in Anſehung der bey dem Bau nöthigen Handdienſte ſelbſt dieſe Obliegenheit nicht allein eingeſtehet, ſondern auch das O. A. Gericht in theſi die parochianos noch ohnlängſt in cauſa des Teutſchen Ordens c. den Pfarrer Gleim und Gemeinde Reichenbach in dubio ad huiusmodi reparationem eccleſiae ſchuldig erkannt, die patronos aber davon abſolviret hat; welches um ſo mehr in gegenwärtigem Fall ſtatt finden möchte, da

8) Appellaten negiren, daß ſie diejenige Kirchengüter, woher dieſes onus refectionis denen von E. incumbiren ſolle, und worauf appellantiſche Gemeinde ſich unter andern gegründet, beſitzen, oder auch diejenige reciproce utilia bis dahin genoſſen, wogegen nach Inhalt des receſſus de ao. 1578. die Familie von E. ſich hierzu verbunden.

RATIO-

RATIONES DECIDENDI.

Dennoch aber und dieweil

1) der vorhin allschon ad acta gekommene Receß de 20. 1578. unter andern besaget:

daß die von E. sich mit der Gemeinde verglichen, daß sie zu Erbauung der Kirche das Pfenniggeld, Zimmerleuten, Maurern, Deckern und wozu das vonnöthen, auslegen, die Einwohner zu Heldra aber dazu den Frohnden- und Handdienst zu thun und zu leisten ꝛc. schuldig seyn sollen.

Und obschon dieses productum blos in einer aus der Kirchenrepositur zu Treffurt genommenen alten copia copiae bestehet, doch an dessen Richtigkeit

2) so viel weniger ganz zu zweifeln ist, da Appellaten den in ao. 1638. errichteten, ehedem in ao. 1728. allschon originaliter ad acta gekommenen Vergleich nunmehro selbst herbeygegeben, aus dessen Inhalt aber nicht allein die dem E. ischen Gut anklebende Schuldigkeit zu Haltung der Kirchenfenster, sondern auch dieses insonderheit zu ersehen ist, daß sich darin auf jenen ersteren Vergleich bezogen und zugleich angeführet werde, daß die Gemeinde dessen Original schon damalen nicht mehr gehabt; mithin nichts anders zu schließen, als daß besagter älterer Receß casu extraordinario abhanden gekommen seyn müsse; dieses auch noch mehr

3) dadurch bestärket wird, weil a) das producirte Originalmanual des ehemaligen Haussteinischen Pachters Steubens zu erkennen giebt, daß die Kirchenbaukosten schon in annis 1652. und 1654. dem von Haustein, als damaligen Besitzer des Erfaischen Gutes in Rechnung gebracht und passiret; desgleichen b) daß die Besitzer des Erfaischen Gutes schon in ao. 1669. von dem hiesigen Consistorio per rescriptum angewiesen worden, sich wegen der zum Kirchenbau erforderten Kosten mit der Gemeinde abzufinden;

vid. p. 105. act. prior.

nicht weniger c) daß nach denen vorhin p. 41. act. prior. vorgekommenen, und neuerlich von denen Appellaten selbst producirten ältern und neueren Meyerbriefen den jedesmaligen Pächtern des E. ischen Guts die Aufsicht über die Kirchengebäude aufgetragen worden; ferner daß d) in dem producirten von dem ehemaligen Superintendenten Schirmer vidimirten Extract Allendörfer Generalkircheninventarii expresse enthalten:

wann etwas an der Kirche zu Heldra zu bauen, so muß solches der Junker von Efra (welcher vom löblichen Haus Sachsen Coburg theils damit ist belehnt worden) verfertigen lassen, dabey die Gemeinde die Haubdienste verrichten;

ingleichen e) daß die ehemalige Erfaische Gutbesitzer in tem in ao. 1668. an hiesige Regierung erstatteten, von Appellaten auf den geleisteten Editionseid im Originalconcept exhibirten Bericht nicht allein selbst gestehen, daß onus bey dem Gute zu haben, daß sie laut gewisser Verträge die Kirche zu Heldra in baulichem Wesen auf gewisse Maasse erhalten müssen;

vid. p. 440. act. huius inst.

sondern f) auch Appellaten sowohl als ihre Vorfahren, laut beygebrachter Bescheinigung,

p. 36. 105. 153. act. 1. inst.

nicht gänzlich in Abrede stellen können, daß sie, wie besonders ihre eigene Pachter noch in ao. 1739. ausgesagt, das Flickwerk und was am Dachwerk, Treppen, Glockenseilern, Riemen, Fenstern und sonst schabhaft und brüchig worden, repariren lassen, ob sie schon zu den Hauptreparationen sich nicht verstehen wollen; dabey auch g) die von der appellantischen Gemeinde schon in actis consistorialibus de ao. 1728. und 1729. producirte Specification vermuthen macht, daß bey dem Erfalschen Gute gewisse Stücke befindlich seyen, in Ansehung deren demselben das onus reficiendi ecclesiam obliege, und endlich h) die in anno 1738. coram Notario eidlich abgehörte Zeugen diese dem quästionirten Erfalschen Gut anklebende Schuldigkeit unanimiter affirmirt haben.
vid. p. 131. seq. act. prior.

Obschon auch

4) diese Zeugen nicht legaliter und ad interrogatoria abgehöret sind, anbenebst die übrige von beyden Theilen ad acta gebrachte oben bemerkte documenta guten Theils in lauter alten Copeyen bestehen, welche Appellaten zum hinlänglichen Beweis nicht annehmen wollen: doch bekannt ist, daß in solchen alten Sachen, wie die gegenwärtige ist, die Zeugenaussage coram Notario
Doc. PUFENDORFF *in introd. ad process. civ. P, 1. C. 4. §. 36.*
LEYSER. *ad Pand. Sp. 283. Med. 36.*
sowohl, als die zumahlen aus beglaubten Amts- und Kirchenreposituren, wie in praesenti hergenommene Abschriften, caeteris paribus gänzlich ausser acht zu lassen, sehr bedenklich seyn will; vielmehr wann selbige gleich

5) keinen völligen Beweis ad effectum plenariae decisionis ausmachen, ihnen doch wenigstens nach allen Umständen zusammen genommen, die Gültigkeit eines mehr als halben Beweises pro substrata materia soviel weniger abzusprechen seyn will, da

6) Appellaten dadurch nicht eine geringe Vermuthung der quästionirten Schuldigkeit gegen sich gemacht, weil sie den Pfandbrief, vermöge dessen sie das Erfalsche Gut zu Helbra besitzen, und worin sonder Zweifel auch von diesem onere etwas enthalten seyn muß, nicht mit edirt haben; dabenebst aber

7) der appellantischen Gemeinde auch die iura communia in sofern zu statten kommen, daß wann eine Kirche, wie in substrato, keinen hinlänglichen Fond ex dotatione zu ihrer Unterhaltung hat, alsdann die patroni mit denen parochianis das onus sustentationis et refectionis, und zwar wie es an den meisten Orten geschiehet, jene in Ansehung der Kosten, diese aber in Ansehung der dazu erforderlichen Dienste übernehmen müssen.
doc. BOEHMER *in I. C. P, Tom. 3. Lib. 3. Tit. 48. §. 70. et 75. seq.*

Dem auch

8) das neuerliche praeiudicium in causa des Teutschen Ordens c. den Pfarrer Gleim nicht obstiren mag; weilen bey diesem Fall nicht der geringste Beweis gegen den Teutschen Orden, sondern vielmehr alle Präsumtion quoad possessionem für denselben gewesen; im übrigen

9) der Umstand, daß Appellaten einige zur Helbraischen Kirche gehörige Güter zu besitzen, oder auch die in dem Receß de ao. 1578. bedungene rectprole praestationes zu geniessen gänzlich negiren, die Entscheidung des gegenwärtig schon so lange und fast bis zum gänzlichen Einfall der

Kirche gebauerten proceſſus nicht aufhalten mag; weilen beſagte Appellaten ihre deßfallſige vermeynt=
liche Befugnis allenfalls in ſeparato gegen die Gemeinde ausführen müſſen; ſolchergeſtalt hingegen
10) denen Rechten nach nichts übrig iſt, als die appellantiſche Gemeinde zu Erfüllung des
annoch abgehenden Beweiſes in der gewöhnlichen Ordnung, daß 3. oder 4. der Aelteſten aus derſelben,
welche die Appellaten zu wählen haben, ihr aſſertum mittelſt leiblichen Eides beſtärken, zuzulaſſen:
PVFENDORFF *introd. ad proceſſ. P. 3. C. 5. §. 12.*
MEV. *P. 1. Dec. 239. n. 2.*
ſo concludirt Referens aus dieſem allen:

daß appellantiſche Gemeinde durch vier der Aelteſten, von der Sache die beſte Wiſſenſchaft
habende, auch von Appellaten allenfalls zu wählende ihres Mittels eidlich in ſupplementum zu erhärten ſchuldig, was maſſen ſie nicht anderſt wüßten noch glaubten, als daß die
jedesmalige Beſitzere des Erfalſchen Gutes die Kirche zu Helbra in baulichem Stande und
Weſen herzuſtellen und zu erhalten; ſie a^{ber} appellantiſche Gemeinde dazu allein die Handdienſte zu thun verbunden,

und könnte demnach vorerſt folgender Vorbeſcheid ertheilt werden:

In Sachen ꝛc. iſt auf das weiter verhandelte hiermit fernerer Vorbeſcheid: kann und wird
appellantiſche Gemeinde, wie ſie hiermit zugelaſſen iſt, durch vier der Aelteſten, von der
Sache die beſte Wiſſenſchaft habende, von Seiten der Appellaten, ſo ſie wollen, zu wählende Bevollmächtigte ihres Mitels in ſupplementum eidlich erhärten, was maſſen ſie
nicht anders wiſſen oder glauben, auch von ihren Vorfahren nie anderſt gehöret, als daß
die jedesmalige Beſitzere des Erfalſchen Gutes die Kirche zu Helbra in baulichem Stande
und Weſen herzuſtellen und zu erhalten, die Gemeinde hingegen allein die Handdienſte dabey zu verrichten ſchuldig, als wozu terminus auf den · · bey dieſem Oberappellations=
gericht angeſetzt iſt: ſo ergehet alsdann in der Sache weiter W. R.

(Maiora vota non opus eſſe hoc iuramento, ſed cauſam definitive ſtatim decidendam in
conſilio ſtatuerunt.)

Wann darauf dieſer Eid, wie nach dem von Appellanten beſchehenen Erbieten
p. 341. actor huius inſt.
nicht zu zweifel ſtehet, abgeſchwohren iſt: ſo will dann folgende ſentencia definitiva et condem-
natoria, ob praeſtationem iuramenti tamen cum compenſatione expenſarum ſich von ſelbſt
ergeben ꝛc.

VOTVM DNI. CORREFERENTIS.

Ich bin wegen des vorhero abzuſchwöhrenden iuramenti ſuppletorii, weilen anderſt nicht aus
der Sache zu kommen ſtehet, ſodann auch, hoc praeſtito, mit der Erkenntniß in der Hauptſache
verſtanden. Weilen aber doch

1) aus dem Receß de anno 1578, wonach die Sache vornehmlich beurtheilet werden muß,
ſoviel nicht undeutlich erſcheinet, daß die Einwohner zu Helbra, auſſer denen Handdienſten, auch
noch

nach die Frohnden oder Spanndienste, wofür es hier genommen werden muß, zu leisten schuldig seyn sollen; dieses auch

2) denen gemeinen Rechten und der hiesigen Landesobservanz gemäß ist, und Appellanten außerdem

3) nach Gestalt des quästionirten Gutes wohl schwehrlich im Stande seyn dürften, dem iudicato ein Gnüge zu thun: so stelle ohnmaßgeblich anheim, ob nicht in der Sentenz, mit denen Handdiensten die Spanndienste zu verbinden seyn möchten.

DECISIO CXCV.
ARGUMENTUM GENERALE:
OPERAE INDETERMINATAE CASTRENSES (Burgbaudienste) NON QVIDEM AD EXTENDENDA ET MVLTIPLICANDA AEDIFICIA DOMINI, BENE TAMEN AD EXSTRVENDAS AEDES IN VSVM DOMESTICORVM NECESSARIAS EXIGI POSSVNT.

DECRETVM.

In Sachen der Gemeinde Elben, wider des Obervorstehers von Buttlar zu Elberberg nachgelassene Wittib, in Vormundschaft ihrer Kinder, Burgbaudienste zu Fällung des Bauholzes betreffend: werden die von Dr. F. gebetene processus appellationis hiermit abgeschlagen. Datum d. 2. Maii 1750.

FACTVM.

Die appellirende Gemeinde ist an das Buttlarische Gut Elberberg ungemessene Burgdienste schuldig. Als aber die Appellatin jetzige B. lsche Wittib zu Elberberg ao. 1748. ein Verwalterhaus bauen lassen wollte, und die Gemeinde zu Fällung des nöthigen Bauholzes in Dienst gefordert: so hat dieselbe sich dessen geweigert, aus dem Grunde, weil dieses Haus ein neues Gebäude sey, und die B. lsche Wittib hat deswegen Klage erhoben. Nachdem nun die Regierung durch Vorbescheid die Klägerin angewiesen, ihr zugeben:

daß Beklagte zu den Gebäuden auf dem Burghofe zu Elberberg unter andern Diensten auch das nöthige Bauholz jederzeit ohnweigerlich gefället, und sie Klägerin dieserwegen in possessione vel quasi constituiret sey,

zu erweisen, Klägerin diesen Beweis auch durch Zeugen zu führen übernommen: so erging am 29ten Novemb. 1749. der Definitivbescheid:

daß Beklagte das quästionirte Bauholz solange, biß sie in petitorio ein anderes gegen Klägerin durch den Weg Rechtens ausgeführet, zu Dienst zu fällen schuldig und gehalten seyen,
von welcher Erkänntniß die Beklagte anhero appellirten.

VOTUM.

Es beruhet bey dieser Sache cardo controversiae darin:
Ob die von Appellanten formirte Distinction zwischen alten wieder aufzubauenden und neuen Gebäuden *in hoc iudicio possessorio* zu attendiren, und solchem zu Folge die Appellatin zuförderst *in specie* auch die Possession der quästionirten Dienste zu neuen Gebäuden, wo vorhem keine gestanden, hätte erweisen sollen.

RATIONES DVBITANDI.

Nun hat zwar die Meynung der Appellanten von daher einigen Schein weilen die Frage von der Possession lediglich in facto bestehet, folglich die Possession auch nothwendig in terminis des bisherigen Possessionsstandes bleiben muß, die Extension aber der Dienste nicht sowohl ad possessorium als vielmehr ad petitorium gehöre, worauf hier um desto mehr zu reflectiren seyn möchte, als bekannt ist, daß man ohnlängst bey diesem Tribunal per iudicatum
in caussa der Anspänner zu Breizbach und Renda *contra* die von Buttlar zu Markershausen
bereits in petitorio festgesetzt, daß die Extension der Burgdienste auf multiplicirte neue Gebäude vor mehrere Familien derer Dienstherrn, wenn gleich solche in den Ringmauern der Burg angelegt würden, ganz unzuläßig sey, und da die Appellatin nicht erwiesen, daß die Appellanten, zu neuen Gebäuden, sondern nur in anno 1737. zu einer Scheuer auf dem Platz und an die Stelle, wo vorhem eine alte unbrauchbar gewordene Scheune gestanden, gedient haben: so möchte es auch das Ansehen gewinnen, daß der beygebrachte Beweiß in Ansehung der neuen Gebäude nicht hinlänglich, und auf die Extension der Dienste in possessorio nicht zu sprechen gewesen.

RATIONES DECIDENDI.

Nachdem aber
1) die Appellanten nicht in Abrede stellen können, daß sie bisher das Holz zu allen auf dem Burghof E. befindlichen Gebäuden gehauen, und in soweit allerdings ungemessene Dienste präsirt haben; die Restriction aber derselben
2) auf die alten Gebäude, und daß sie solche respectu der neuen Gebäude nunmehro vor gemessen angeben wollen, gegen die Natur dieser Dienste, und gegen alle Vermuthung angehet; folglich
3) die Appellatin auch wegen der neuen Gebäude, so bey dem Burgsitz E. nöthig sind, in possessorio so lange fundatam intentionem vor sich hat, als die Appellanten in petitorio nicht ein anderes ausgemacht haben; mehrerwogen

4) baß quästionirte neue Gebäude eine Verwalterswohnung seyn soll, welche bey einem Burgsitz allerdings nöthig, und vor ein accessorium desselben zu halten ist; und obgleich

5) nach dem obangezogenen praeiudicio dieses Tribunals in causa B. er Dienstleute contra von B. die Multiplication der Wohnungen und Burgsitze vor mehrere sich darauf etablirende Familien zu Beschwehrde der Dienstleute nicht gereichen mag, solches doch in Ansehung der Gebäude, welche vor die Domestiken des Dienstherren gehören, cessiret, und darauf nicht applicirt werden kann, und so lange die Appellatin die Burgsitze selbsten nicht multipliciret, sondern nur die Dienste zu dem alten Burgsitz und dessen Zubehörungen prätendiret, die Appellanten sich nicht zu beschwehren haben, und die Distinction unter alten und neuen Gebäuden wenigstens in possessorio wegfällt, allermassen auch die Appellanten zufrieden gewesen, daß der Beweis in voriger Justanz ohne solche Distinction reguliret und geführet worden, ohngeachtet sie gleich anfangs dieses Streits mit sothaner Distinction hervorgetretten: So kan Referens ic.

DECISIO CXCVI.
ARGUMENTA GENERALIA:

I. Privilegium, quod fisco ratione editionis documentorum competit, ad ecclesiam non potest extendi.

II. Parochus pro conservandis et reducendis bonis parochialibus, officio parochiali destinatis, vices actoris vel rei absque alia legitimatione sustinere potest.

SUMMARIA.

Quoad thema I. nonnulli Doctores dissentiunt. n. 1.
Hinc fisco, editionem documentorum ad probandam actionem ab ecclesia petenti, privilegium denegant. n. 2.
Sed thema decisionis firmioribus argumentis nititur. n. 3.
Parocho in bonis parochialibus competit dominium utile n. 4.
Ab usufructu ordinario aliquo modo diversum. n. 6.
Hinc thema II, decisionis deduci potest. n. 5. 7.

SENTENTIA.

In Sachen Procuratoris fisci zu Marburg, assistendo dem Obristen von Freywald daselbst, wider den Pfarrer Häuser zu Gemünden, wird auf das verhandelte und erfolgten Schluß zu Recht erkannt: daß

daß Appellat alle über den Zehenden quaeſtionis in Händen habende Nachrichten praevio iuramento editionis dem Appellanten zu communiciren ſchuldig, und in dieſem Punct der Marburger Regierungsbeſcheid a quo zu reformiren, übrigens aber zu confirmiren ſey. Als F. D. U. Gericht erkennet, reformiret und confirmiret W. R. W.

Publicata ad maiora d. 13. Sept. 1752.

FACTVM.

Das Geſchlecht derer von Schleyern hat in den alten Zeiten den Burghof zu Gemünden an der Wohra als ein hieſiges Lehen beſeſſen und recognoſciret, als aber ſelbiges ausgeſtorben, iſt der Darmſtädtiſche Canzler Fabricius aufs neue damit belehnt worden. Von deſſen Poſteritát iſt gedachter Burghof mit lehnherrlichem Conſens an die von Hornum, von dieſen an die Schäfer und zuletzt an den Obriſten von Freywald titulo emtionis gekommen.

Zu obgedachtem Burgſitze ſoll ein gewiſſer Zehnden gehören, welchen anjetzt der evangeliſch-lutheriſche Prediger zu Gemünden in Beſitz haben ſoll.

Procurator fisci nimmt daher ſolchen in Anſpruch, deferirt dem Pfarrer über deſſen Beſitz den Eid und verlangt editionem aller darüber ſprechenden Documente. Als nun die Regierung zu Marburg am 25ten Febr. 1751. den Beſcheid ertheilte:

daß Kläger mit ſeiner angeſtellten Klage, und zu deren Begründung von dem Beklagten verlangten Eide noch zur Zeit und ſolange ab- und zur Ruhe zu verweiſen, bis derſelbe, daß der zehende quaeſtionis der zu des Obriſten von F. Burglehn zu Gemünden gehörige Zehende ſey, beſſer als noch zur Zeit geſchehen, erwieſen haben wird:

So provocirte der Procurator fisci appellando an dieſes Gericht.

VOTUM.

Bey der Sache ſelbſt ergeben praemiſſa, daß Procurator fisci nur darüber gravaminirt, daß

1) Appellat ſowohl von Edition der über den Zehenden quaeſtionis ſprechenden Documenten und desfalls abzuſchwöhrenden iuramenti editionis, als

2) von dem, ihm in replicis deferirten Eid, abſolviret worden.

1 Bey dem erſten gravamine ſind zwar einige Juriſten der Meynung, daß die Kirchen und alle pia corpora des privilegii fisci in puncto editionis documentorum ſich ebenfalls zu erfreuen hätten; extendunt enim ICti hoc privilegium fisci ad ecclesias aliaque pia corpora,

RVLAND *de Comm.* P. 2. *l.* 5. *cap.* 14. *n.* 4. *seqq.*
MINDANVS *Lib.* 2. *de mand. c.* 48. *n.* 10.

2 welcher Meynung auch der Referent bey der Marburger Regierung geweſen, und den Schluß dahin gemacht hat, quod privilegiatus contra aeque privilegiatum non utatur privilegio ſed iure communi.

3 Es hat aber der Geheimerath Böhmer in dem iure ecclesiastico protestantium ganz solide deducirt, daß die Kirchen und andere pia corpora ſich dieſes privilegii fisci nicht zu erfreuen hätten, noch

noch selbiges auf dieselben zu erstrecken sepe; in Ansehung daß dieses privilegium fisci etwas besonders.sepe, privilegia enim fisci sunt stricti iuris, continent exceptiones a regula, quae in dubio praeferenda;

DOEHMER *I. E. P. L. 2. T. 22. §. 14.*

welcher Meynung denn, als welche in den Rechten und der gesunden Vernunft gegründet, Referens ebenfalls beypflichtet, dannenhero auf reformatoriam dahin votiret, daß Appellat alle über den Zehenden, hinter der Burg sprechende und in Händen habende documenta praevio editionis iuramento zu communiciren schuldig.

Die Regierung hat des Procurat. fisci ganzes Klagwerk für ungegründet und durch des appellati exceptiones elidirt gehalten, welches Referens ebenfalls glaubet, und der Meynung ist, daß zuletzt wenigstens doch nichts anders heraus kommen dürfte.

Nachdem aber die Regierung gleichwohl dem Appellanten identitatem obiecti zu erweisen auferlegt, welcher Beweis schwebr, und Procurator fisci eben diesen Beweis durch des appellati etwan in Händen habende documenta beyzubringen will, so kann man auch nicht anders, als man muß demselben damit an Hand gehen.

Das zweyte gravamen hält Referens für ganz ohnbegründet.

Procurator fisci giebt hierbey vor, der Appellat hätte mense Nov. 1748. zu der Zeit als der Obrist von F. beym fürseyenden Handel und Besichtigung des Guts zu G. die Lehnbriefe und andere documenta eingesehen, sich ganz offenherzig verlauten lassen:

daß zwar der Zehnde an der Burg zu G. in dem Lehnbrief enthalten, derselbe aber von Langen Jahren her bey der Pfarre zu G. und diese dpfalls in der Possession seye, und weil der Prediger weiter nichts eingestehet, als daß er dem Obristen von F. gesagt, daß sein antecessor der Candidat S. anno 1746. als er von der casselschen Lehensempfängnis retourniret, sich in G. verlauten lassen, daß er einen Zehnden, den der Pfarrer hätte, wieder zur Burg bringen wolle, so beferirt der Appellant dem Appellaten darüber den Eid.

Gleichwie aber Referens den Eid von deswegen ganz irrelevant hält, weil der Prediger, wenn er dasjenige gesagt hätte, worüber er schwören soll, der Kirchen nichts vergeben kann: so schließet er auch in diesem Stück auf pure confirmatoriam.

Ob indessen nun zwar, Referentis Dafürhaltens, bey dem ersten gravamine eine reformatoria erfolgen muß: so hindert doch solches nicht, die Sache ad forum primae instantiae zu remittiren, weil es noch zur Zeit nicht die Hauptsache, sondern die actionem praeparatoriam ad exhibendum betrifft.

VOTVM DNI. CORREFERENTIS. L

Weilen ein zeitiger Pfarrer nur usufructuarius vom quästionirten Zehnden ist, folglich dieser den Proceß absque nullitate nicht allein führen kann, sondern die Kirchenvorsteher eigentlich die iura der Pfarre und Kirche zu defendiren haben: so hielte unmaßgeblich dafür: daß zuforderst ex officio auf die Adcitation der Kirchenvorsteher zu erkennen wäre.

VO-

VOTVM DNI. CORREFERENTIS II.

Nach genauerer Ueberlegung der Sache finde meines wenigen Orts keinen Anstand, daß nicht der allein bisher in lite gewesene Pfarrer auch ferner den Proceß vor sich ohne weitere Ubcitation der Kirchenvorsteher profequiren könne.

4   Denn ob zwar seine Richtigkeit hat, daß ein Prediger qua talis kein dominium plenum, sondern bloß utile an den Kirchengütern und Gefällen besitze, und in sofern als ein ufufructuarius zu confiderire ist: so hindert doch

5   1) überhaupt die qualitas ufufructuarii nicht absolute, daß ein solcher nicht ratione dominii sui utilis vices actoris vel rei contra tertium vindicantem übernehmen könne; überdem aber und

6   2) differirt der ufufructus, welchen ein Pfarrer in vim falarii von den Kirchengütern hat, doch auch in vielen Stücken von einem sonstigen ufufructu, ita ut in quibusdam parochus partim deterioris partim melioris conditionis fit, quam alius ufufructuarius, wie diese Differenzien BOEHMER *in iure parochiali Sect. 5. Cap. 2. §. 15. 16. usque 27.* mit mehrerem bemerket, und darbenebst noch

7   3) per praeiudicium facultatis iuridicae bestättiget hat, daß ein parochus pro conservandis et reducendis bonis parochialibus, officio parochiali destinatis, vices actoris vel rei absque ulla alia legitimatione, übernehmen könne, wenn, wie er setzet, maioris commoditatis und also nicht necessitatis gratia kein besonderer Advocatus plarum caufarum, ober der Advocatus fisci, ober auch sonsten ein ordentlicher praefectus aerarii ecclesiastici zu Wahrung dieser Nothburft bestellet ist.
doc. eod. BOEHMER. *cit. loc. Sect. 6. Cap. 2. §. 8. seq.*

Da es nun bishero in dergleichen Fällen noch immer bey hiesigen iudiciis eben so gehalten, und den zeitigen Pfarrern die jetzo in Frage kommende Legitimation nicht in Zweifel gezogen worden: so sehe auch nicht wie in casu subitrato daraus eine Nullität zu besorgen seyn möchte.

Was den in Anregung gekommenen defectum legitimationis ex parte des vom Obristen von F. zum actore sich angegebenen Procuratoris fisci anlanget: so ergeben die acta, daß dieser eigentlich, weil der Zehnde quaestionis Lehn seyn soll, litem übernommen, auch, wie angeführet wird, erstgedachter von F. assistentiam fiscalis ad effectum redintegrationis feudi erhalten, und da dieses dem bekannten hiesigen Lehnsedict gemäß ist, so finde ebenwenig Anstand, daß man, um nicht den Proceß zu verlängern, und ab ovo wieder anzufangen, es bewandten Umständen nach auch hierbey bewenden lassen könne. Meo voto humillimo conformire mich also ex adductis rationibus pure mit dem Herrn Referenten

VOTVM DIRECTORII

Director wollte die maiora zwar nicht hindern, könnte aber um der Consequenz willen, damit nicht übereinstimmen. Denn

1) gehörte dem Pfarrer H. der Zehnde nicht, sondern der Kirche, folglich müste er sich Rahmens der letzteren zufoderst legitimiren.

Nec obstat, daß bishhero nicht hierauf gesehen; sondern in einigen Sachen darüber hinaus gegangen worden, indem es nicht darauf ankäme, was geschehen, sondern was geschehen müste; gestalten sich dann noch niemand deswegen geregt hätte; widrigenfalls und wenn solch ein Urtheil ex hoc capite impugnirt würde, so dürfte alsdann erst die Frage entstehen wie weit es gültig sey oder nicht.

2) Gienge diese Sache nicht principaliter Procuratorem fisci sondern den Christen von J. an. Und da, wann der Zehnde verlohren gienge, dieser Schaden der Kirche a summo Episcopo ersetzt werden müste, wofern selbige nicht indotata, und der Prediger ohne Besoldung bleiben, oder gar eingehen sollte: so würden in gegenwärtigem Fall die iura fisci in der That und hauptsächlich gegen den Landesherrn allegirt, welches intentio legislatoris nie gewesen; dahero er an den Folgen, welche nicht vorher zu sehen stünden, keinen Theil nehmen, noch sich deren theilhaftig machen könnte.

DECISIO CXCVII.

ARGUMENTA GENERALIA:

I. Testamentum nuncupativum a Notario in scripturam redactum testatori, imperito literarum, praelegendum est.

II. Hanc praelectionem autem factam esse, ex assertione Notarii testamento insertae sufficienter non probatur.

SVMMARIA.

Praelectionum in testamento imperiti literarum nonnulla Interpretes necessariam non iudicant. n. 1.
Et factam esse praesumunt. n. 3.
Pro instrumento quolibet praesumtio veritatis militat. n. 2.
Thema I. decisionis probatur. n. 4.
Et thema II. n. 5.

SENTENTIA.

In Sachen Marien Elisabeth des Waldhornisten Eheliche Ehefrau allhier, wider Johannes Naumann und dessen Tochter Anne Elisabeth, Christoph Cramers Ehefrau zu Gurhagen, appellationis reciprocae, die Gültigkeit des in actis angezogenen Testaments, modo den besshalben auferlegten Beweis betreffend, wird auf das verhandelte und der Sachen Schluß zu Recht erkannt:

    daß es zwar bey dem den Appellaten und respective Appellanten von der hiesigen Regierung unterm 30ten Nov. 1752. auferlegten alternativen Beweis, des hinc inde beschehenen Einwendens ungehindert, zu lassen, und in so weit die deßhalber ergangene remissoriales zu confirmiren seyen, jedoch mit dem Anhang, daß nach klarer Vorschrift der neuen Proceßordnung §. 13. die Sache nach ihrer Art und Beschaffenheit an Richter erster Instanz zur weiteren Ausführung nicht zu remittiren, sondern von dem iudicio a quo selber auf den ein oder andern Fall salva reprobatione zu führenden Beweis zu erkennen ist. Inmassen J. O. A. Gericht so wie vorstehet, erkennet und mit diesem Anhang confirmiret, die Unkosten aber dieser Instanz compensiret V. R. W.

Publicata d. 29. Maii. 1754.

FACTVM.

Der jetzige Mitappellat. Johannes Naumann hat ao. 1724. mit seinem damaligen zweyten Eheweibe, einer vollbürtigen Schwester der jetzigen Appellantin vor dem Notario H. und sieben Zeugen, welche nunmehr alle verstorben sind, ein testamentum nuncupativum errichtet, welches der Notarius alsdann zu Papier gebracht hat. In diesem schriftlichen Aufsatze ist die Mitappellatin, des Naumanns Tochter erster Ehe zur Universalerbin beyder Ehegatten eingesetzt. Weil aber die mittestirende Ehefrau des Schreibens unerfahren gewesen: so hat der Notarius H. als testis octavus die Disposition im Nahmen der Testatricin auf allen Blättern unterschrieben, und hinzugesetzt:

    daß testatores diese ihre Willensmennung zum öftern mit Bedacht über- und vorgelesen, solche auch ihrer Meynung allerdings gemäß befunden hätten.

Als nun ao. 1752. die mittestirende Ehefrau verstorben, und deren Schwester die jetzige Appellantin hereditatis petitionem ab intestato anstellte; so gab nach verhandelter Sache das Amt zu Milsungen den Bescheid:

    daß das in actis angezogene Testament für ungültig zu erkennen; vielmehr Klägerin zu der quästionirten Verlassenschaft des Beklagten Ehefrauen als Erbin ab intestato zu admittiren, diesem dem gedachten Beklagten aber, was er in dotem inferirt bekommen sowohl, als auch die Hälfte vom Erwerb zu lassen, folglich derselbe ein förmliches inventarium sub iurata manifestatione über seiner Frauen Vermögen und betragenden Antheil des Erwerbs aufzustellen, und darauf der Klägerin vorgedachter massen die Erbschaft cum fructibus perceptis et percipiendis abzutretten schuldig sey.

Auf erhobene Appellation des Beklagten hat die Regierung diesen Bescheid per remissoriales vom 30ten Novemb. 1752. dahin reformiret:

    daß dem Appellanten der Beweis, daß der defunctae das quästionirte Testament behörig vorgelesen worden, oder auch selbige nachhero diese ihre wahrhaftige hierin enthaltene Willenssentenmeynung durch Uebergabe des Ihrigen und sonsten hinlänglich zu erkennen gegeben habe, aufgelegt werde.

Dadurch haben sich beyde Theile gravirt erachtet, und observatis formalibus an dieses Tribunal appelliret.

Der Beilagten gravamina bestehen darin, daß ihnen der Beweis der geschehenen Prälection auferlegt worden, da doch theils die praelectio in testamento imperiti literarum kein nothwendiges requisitum, theils aus der in dem Testament enthaltenen Declaration die geschehene Vorlesung zu präsumiren sey.

Die Klägerin hingegen gravaminiret darüber, daß in der sententia a qua ein alternativer Beweis admittirt worden, da sie das interdictum quorum bonorum angestellet, mithin in petitorio noch nicht zu erkennen gewesen.

VOTVM.

Wann man diese Sache nach der erhobenen Klage beurtheilet: so ist zwar aus der jetzigen Appellantin E. petito erster Instanz klar genug zu ersehen, es wird auch von den Beilagten nunmehrigen Appellaten nicht widersprochen, daß jene blos in possessorio und zwar ex interdicto quorum bonorum ad adipiscendam hereditatem geklagt hat, und da ihr das ins hereditarium ab intestato nicht widersprochen wird, die Proceßordnung §. 49. auch klar genug disponiret:

> daß in dem Fall, wann der letzte Wille verwerflich, die Erbschaft den heredibus ab intestato gegen Caution in Besitz gegeben, den contradictoribus aber ihre Befugniß reservirt werden soll:

so will es das Ansehen haben, daß noch zur Zeit in petitorio nicht zu erkennen, sondern der Klägerin nunc Appellatin gravamen, daß über das insituirte remedium possessorium hinausgegangen worden, hinlänglich gegründet sey.

Nachdem aber oben dasjenige, was Appellantin so weit quoad possessionem adipiscendam vor sich hat, dieselbe auch aus eben dem Grunde gegen sich gelten lassen muß, nehmlich daß den Bellagten nunc Appellaten, qua praetensis heredibus ex testamento ebenwohl ein dergleichen remedium possessorium ex l. ult. C. de edict. D. Hadr. toll. ex testamento vitio visibili carente competiret, massen auch hierunter vorangezogene Proceßordnung §. 48. klare Maaß und Ziel giebt; bey dem allen aber beyde Theile sich nunmehro nicht allein in das petitorium über die Gültigkeit der quästionirten Disposition völlig eingelassen, sondern auch, quod maxime notandum est, iudex primae instantiae einmal schon wirklich in petitorio gesprochen hat, und diese Erkänntniß wenigstens in Ansehung der Appellantin E. rechtskräftig geworden ist: so wird man es auch nunmehro wohl bey der ad petitorium gehörigen hereditatis petitione um so mehr zu lassen haben, als ohnehin nicht abzusehen stehet, warum man partes noch in gröfere Weitläuftigkeit kommen lassen soll.

Dieses aber vorausgesetzt, so kommt es vernehmlich auf die von der Appellantin dem testamento entgegengestellte Exception an, und weilen diese darin bestehet:

daß das quästionirte Testament wegen ermangelnder Prälection für gültig nicht zu achten,

die Appellaten aber theils sich auf die pro facta praelectione zu formirende Präsumtion berufen, theils die Willensmeynung der Testatricin per alia facta aequipollentia erweisen wollen, welchen letzteren Beweis die Appellantin als irrelevant verwirft: so kann und muß der status causae auf folgende Frage ausgesetzt werden:

Ob und wie weit der den jetzigen Appellaten als Testamentserben auferlegte alternative Beweis in ein oder dem andern Punct theils überhaupt relevant, theils auch so ferne beygebracht seye, daß nicht jenen den Appellaten, sondern vielmehr der Appellantin L. als Erbin ab intestato die probatio in contrarium obliege?

RATIONES DUBITANDI.

Nun ist zwar was die Prälection betrifft,

1) eine bekannte Sache, daß verschiedene Rechtslehrer, in specie der von den Appellaten selber citirte Leyser, dafür halten, quod praelectio in testamento imperiti litterarum non sit necessaria;

cit. ipsius Med. 4. Sp. 353.

womit auch iuxta

L. 21. C. de testam.

in welchem bey einem solchen Testament mehr nicht als die adhibitio testis octavi erfordert wird, die dispositio iuris civilis in so weit übereinkommt. Ferner scheint auch

2) das in actis angezogene praeiudicium

in caussa Wilkin contra Dammin

diesen Satz wenigstens in tantum zu bestärken; gestalten aus beyliegender bey diesem Tribunal abgehaltenen Relation zu ersehen ist, daß ein Unterschied inter testamentum caeci, et testamentum litterarum imperiti gemacht werden wollen; und falls auch eine solche Prälection für nöthig geachtet werden möchte, so will es dennoch

3) das Ansehen haben, daß in substrato casu ein solcher Beweis, wo nicht von deswegen gantz überflüßig seye, weilen im Testament klar enthalten ist:

daß beyde testirende Eheleute solches zum öftern mit bedachtsamen Fleiß über- und vorgelesen, auch ihrer Gemüthsneigung gemäß befunden haben

doch wenigstens

4) nicht den Appellaten, qua Testamentserben, sondern vielmehr der Appellantin als Erbin ab intestato der Beweis des contrarii, gestalten sothane Prälection unterblieben sey, obliegen müsse; indem ein jedes Instrument nicht allein praesumtionem veritatis vor sich hat,

vi L. 18. C. de probat.

sondern auch eine solche Prälection so gar vermuthet wird, etsi eius nulla mentio facta sit.

LEYSER cit. loco Med. 5.

Auch möchte dieses

5) noch weiters von daher um so mehr für billig gehalten werden, weilen den Appellaten der Beweis, nach erfolgtem Ableben sämtlicher Zeugen, wo nicht fast ohnmöglich, doch sehr schwehr fallen wird, und was endlich

6) das andere alternative probandum, weßhalben sich die Appellantin ihrer Seits gravirt hält, betrifft, da möchte es eben wohl das Ansehen haben, daß solches gar nichts relevire; sintemalen von daher, wenn gleich defuncta testatrix von der Mitappellatin ihren Haushalt versehen lassen, doch keine Uebergabe der Güter, geschweige eine wirkliche Ratihabition des Testaments zu folgern stehet.

RATIONES DECIDENDI.

Nachdem aber

1) in der quästionirten Disposition klar enthalten ist, daß solche von dem Notario H. zu Papier gebracht, auch

2) sowohl daraus constiret, als sonst testantibus actis in confesso ab utraque parte beruhet, daß die Mittestatricin de cuius hereditate iam quaeritur, weder selber schreiben, noch geschriebenes lesen können; einfolglich

3) fides et certitudo voluntatis einmal, wie allezeit, bloß auf der Prälection beruhet, daher aber

4) wider des citirten Leysers und anderer Meynung viele andere Rechtslehrer aus ganz solliden Gründen der conträren Meynung sind, daß auch bey einem solchen testamento nuncupativo a Notario in scripturam redacto die Prälection allerdings de essentia et validitate seye, wie dieses

BOEHMER in *differt. de testamento non praelecto* cum multis aliis ibi citatis D. D. et cum solida refutatione aller gegentheiligen Sätze, aus dem Grunde zeigt, weil certitudo voluntatis ad essentialia testamenti gehöret, und davon in eiusmodi casu anders nicht als per praelectionem constiren kann, auch von daher den ganz vernünftigen Schluß macht, quod edam ius civile propter rationem generalitatis, identitatis et causae finalis hanc necessitatem requirat, cum semper dubitari possit, an etiam testator sciverit, quid alter, cuius fidem in scribendo elegit, scripserit, anque cum tertio non colluserit;

cit. BOEHMER d. *Differt. per totum.*

und dann

5) aus dem über das Testament vom Notario H. gemachten Instrument mit keiner Sylbe erscheinet, daß diese Prälection wirklich geschehen ist; hingegen

6) dasjenige, was dieserhalben im Testament selber enthalten, allezeit petitio principii ist, und bleibet, da man nicht weiß, ob die Testatricin, wie überhaupt von der ganzen Disposition, also auch von dieser in so weit mit eingeflossenen gewöhnlichen Formel etwas gewußt hat und erfahren können oder nicht. Nicht zu gedenken, daß

7) die Worte selber in verbis:

daß testatores solches mit Fleiß überlesen,

nach Gestalt der Sache, da wenigstens die Mitteftatricin, eingestandnermaßen auch das geschriebene nicht einmal lesen können, eben so verdächtig heraus kommen, als aus andern Exempeln überhaupt nicht unbekannt ist, wie wenig des Notarii H. fidei zu trauen gewesen; übrigens auch

8) das angezogene praeiudicium dieses Gerichts theils ad casum praesentem von deswegen nicht applicabel ist, weilen damals nicht sowohl von einem testamento imperiti literarum, als vielmehr von einer difpositione a caeca facta die Frage gewesen, folglich gegenwärtiger casus in terminis nicht entschieden worden, und wenn auch schon damals dafür gehalten werden wollen, daß praelectio in casu praesenti nicht nöthig wäre, dennoch die beyliegende conträre vota die Decifion in contrarium hinlänglich erläutern; ferner auch und wenn gleich

9) gar kein Testamentszeuge mehr vorhanden wäre, einfolglich den Appellaten das probandum quoad membrum primum wo nicht unmöglich, doch schwehr fallen dürfte, dieses gleichwohlen der Appellantin ihrem per supra deducta vor sich habenden Recht nichts benimmt, geschweige dem Richter den geringsten Anlaß geben kann, ein ganz necessario zu erweisendes factum für erwiesen zu halten, noch auch darauf

10) eine in Rechten gegründete Präsumtion auszuziehen ist; hingegen aber auch

11) der Appellantin bey dem andern membro alternativi probandi noch gar nichts abgesprochen ist, sondern alles demnächst auf dem probando selber beruhet, dieses letztere auch in tantum ganz relevant ist, als in den Regierungsremissorialien expresse enthalten ist, daß Appellaten der Testatricin NB. wahrhaftige Willensmeynung hinlänglich erweisen sollen, als weßhalben es auf facta, welche dieses klar an den Tag legen, ankommt, weßhalben aber in antecessum nichts zu avanciren stehet:

So ist Referens diesem allem nach zwar der unzielsetzlichen Meynung: es seyen die Regierungs remissoriales a quibus pure zu confirmiren; weilen es aber doch für die Partheyen ein gar beschwehrliches Ding ist, dergleichen Sachen, wo iudex superior reformiret, wieder in der ersten Instanz auszuführen, und eben von daher, um dieselbe durch nochmalige appellationes nicht in größere Kosten und Zeitverlust zu setzen, in der Proceßordnung §. 13. ganz heilsam und ganz expreßlic versehen, auch sonst per notoria, cum iudex semel gravans etc. iuris communilis ist, daß wenn sich wirklich ein gravamen bey dem Bescheid a quo findet, dergleichen Sachen nicht wieder an Richter voriger Instanz verwiesen, sondern in appellatorio entschieden werden sollen; in casu praesenti aber die in eodem hoc §. enthaltene exceptio a regula gar nicht vorhanden ist: so überläßet Referens zugleich des iudicii Ermessen, ob nicht der in folgender Sentenz begriffene Inhang tanquam iuris praescripti ex officio benzufügen seye, jedoch compensatis expensis in caussa principali, ob appellationem reciprocam et controversiam iuris dubiam, und weilen ohnedem schon in der ersten Instanz wenigstens für die Appellaten gesprochen ist.

DECISIO CXCVIII.
ARGUMENTUM GENERALE:
QVATENVS HERES SVVS AD PROBATIONEM ABSTENTIONIS AB HEREDITATE PATERNA OBLIGETVR?

SUMMARIA.

Heredem suum a probatione abstentionis in regula liberatum volunt nonnulli interpretes iuris n. 1. 3.
Alii ad eius probationem eundem adstringunt. n. 2.
Priores tamen in variis casibus exceptiones concedunt. n. 4.
Posteriorum sententia legibus convenientior videtur. n. 5. 6.
Minoribus dubiis res obnoxia est, si heres suus paternam hereditatem per plures annos detinuerit. n. 7. 8.
Creditores probationi immixtionis merito subiiciuntur, si in factis specialibus et positivis desuper se fundaverint. n. 9.
Themat decisionis ulterius examinatur. n. 10. 11. 12. 15.
Non opus est ut heres verbis sollemnibus. n. 13.
Aut iudicialiter declaret, se beneficio abstinentiae usurum. n. 14.
Argumenta abstentium ponderantur. n. 16.
Singulares circumstantiae in facto heredem suum nonnunquam a probatione abstentionis liberant n. 17. 18.

DECRETVM.

In Sachen des Verwalters Johann Ernst B. wider den B. schen curatorem bonorum et ad lites, Advocat B. iun. zu R., die von ersterem in concursu eingeklagte materna und sonstige Forderungen betreffend:

werden die von Procurator B. iun. gebetene Appellationsprocessus mit der Verordnung abgeschlagen, daß Appellant mit dem ihm wegen angetretener väterlichen Erbschaft und dabey zur Hand genommenen beneficii legis et inventarii aufgeregten Beweis nicht zu beschweren, sondern der appellatische curator bonorum allenfalls den Beweis des Gegentheils und daß Appellant die väterliche Erbschaft simpliciter angetreten habe, zu übernehmen schuldig sey.

Datum d. 2. Nov. 1768.

F A C

F A C T V M.

Aus der B. ischen Verlassenschaft, über welche der Concurs erkannt ist, haben sowohl des obaerati Enkel, die T. ischen Kinder, 2000. Rthlr. rückständige Dotalgelder nebst ihren maternis gefordert, als auch des communis debitoris Sohn, der jetzige Appellant B. ebenfalls seine materna verlangt und eingeklagt.

Nach verhandelter Sache erkannte die Regierung am 5ten März a. c. wird in Ansehung des von der T. ischen Vormundschaft geforderten rückständigen Brautschatzes der Verwalter B. annoch zu dem offerirten Beweis, daß nehmlich der Oberamtsvogt B. zur Zeit des verschriebenen Brautschatzes nicht soviel im Vermögen gehabt, daß er die 2000. Rthlr. pro dote seiner Tochter mitgeben können, sondern besagter Brautschatz ex bonis maternis verschrieben sey, zu lassen — welcher Beweis dann auch allen übrigen Creditoren hiermit verstattet ist. Soviel aber die von der T. ischen Vormundschaft sowohl, als dem Johann Ernst B. geforderte materna betrifft; so werden beyderseits Imploranten angewiesen, zuforderst der Gebühr Rechtens zu erweisen, daß sie nach dem 20. 1745. erfolgten Ableben des communis debitoris dessen Erbschaft cum beneficio inventarii angetretten, und sich desfalls gerichtlich intra tempus legale erklärt haben; dem curatori aber sowohl als denen sämtlichen creditoribus wird der Gegenbeweis allenthalben vorbehalten.

Hiervon haben beyde Liquibanten anher appelliret. Die Appellation der T. ischen Kinder ist bereits per decretum vom 5ten huius abgethan. Die gravamina des Appellanten B. aber sollen darinen bestehen:

1) daß ihm der Beweis auferlegt worden, was maßen sein Vater zur Zeit des verschriebenen Brautschatzes nicht mehr soviel im Vermögen gehabt, daß er die 2000. Rthlr. pro dote seiner Tochter mitgeben können, sondern solche ex bonis maternis verschrieben seyn; da doch in den iudicatis anterioribus dieser Beweis tacite verworfen worden;

2) glaubt Appellant durch den Beweis de non facta immixtione in hereditatem paternam graviret zu seyn; indem die übrigen creditores vielmehr die probationem factae immixtionis zu übernehmen schuldig seyen.

V O T V M.

Es ist aber quoad

1) dieses gravamen, welches auch von der T. ischen Vormundschaft angebracht worden, in dem bey solchen actis befindlichen voto hinlänglich widerlegt worden, und die darin angeführte rationes finden nicht nur gegen den jetzigen Appellanten ihre völlige Application, sondern es kommt noch hinzu, daß Appellant dasjenige, was ihm jetzo dieses Puncts halben zu beweisen auferlegt worden, in retroactis selbst behauptet, und sich zu dessen Beweis erbotten hat;

pag. 176. act. hui. inst. Vol. 3.

und obgleich damals auf solchen Beweis zu erkennen nicht nöthig war: so haben sich doch nachgehends die Umstände geändert, und es ist zum wirklichen concursu creditorum gediehen, wobey der erwähnte Beweis, daß der communis debitor tempore promissae dotis nicht soviel im Ver-

mögen

mögen gehabt, allerdings nothwendig ist, und vom appellante, seinem ehemaligen Erbieten gemäß, billig beygebracht werden muß.

Appellant würde auch gewiß kein gravamen daraus gemacht haben, wann er nicht selbst eben soviel Dotalgelder als seinem Schwager T. versprochen worden, im Concurs zu fordern sich einfallen lassen, mithin der oberwähnte Beweis ihm allenfalls selbst zum Schaden gereichen würde.

Allein diese appellantische Forderung ist ganz und gar ungegründet, und das iudicium a quo hätte wohlgethan, denselben sofort damit abzuweisen; wonach sich derselbe des auferlegten Beweises wohl nicht entschlagen haben würde. Noch zur Zeit ist gemeldte seine Forderung nicht für liquid erkannt, und man kann also nicht wissen, ob das iudicium a quo den Appellanten annoch künftig damit abweisen werde; sonsten würde es nöthig seyn, solche Forderung durch das zu ertheilende Decret oder allenfalls praeviis processibus per sententiam zu verwerfen. Was quoad 2) den andern Beweis, daß Appellant die väterliche Erbschaft cum beneficio legis et inventarii angetretten habe, betrifft: so zeigen die vorhin in restitutorio verhandelte acta, daß Appellant gegen seinen Schwager T., welcher denselben für den Erben seines Vaters angeben wollen, solches ausdrücklich negiret, und behauptet, daß er sich in diese Erbschaft nicht immisciret habe.

pag. 168. seqq. act. hui. instant. Vol. 3.

Ob nun gleich derselbe auch damals vom beneficio inventarii etwas gedacht: so scheinet er doch nur darum davon Erwähnung gethan zu haben, weil er nicht wußte, was etwa von seiner Vormundschaft, unter welcher er post mortem patris gestanden, geschehen seyn möchte; mithin hat er das beneficium inventarii, wie der Zusammenhang zeiget, nur eventualiter, wann ihm die Immission erwiesen würde, opponiret, und kann also mit dem auferlegten Beweis nicht beschweret werden; sondern es fällt vielmehr das onus probandi auf die creditores, welche erweisen müssen, daß Appellant seines Vaters Erbe geworden, und sich in dessen Verlassenschaft immisciret habe.

STRUV. *Exerc.* 34. *th.* 22.
WERNHER *Part.* 4. *Obs.* 229.
BOEHMER *introduct. in ius digest. Lib.* 29. *Tit.* 2. §. 5.

In der andern Appellation der T. ischen Vormünder sind diese per decretum vom 5ten huius von solchem, im Bescheid a quo ihnen auferlegten Beweis freygesprochen, und dabey auch nicht für nöthig gehalten worden, denen creditoribus probationem contrarii zu verstatten. Allein es ist dieses letzte aus der Ursache geschehen, weil schon ex actis mit Gewißheit constiret, daß der Advocat T. Nahmens seiner Kinder die großväterliche Erbschaft repudiret, und deswegen nur auf den promissam dotem und die materna geklagt hatte. Mit dem jetzigen Appellanten aber hat es eine ganz andere Bewandniß, und es wird daher den creditoribus der Beweis nicht zu benehmen, mithin nachstehendes Decret zu ertheilen seyn.

VOTVM DNI. CORREFERENTIS. I.

Meines Orts würde schlechterdings auf die Abschlagung der processuum antragen, weil es

bey dem zweyten gravamine auf die bestrittene Rechtsfrage ankommt, ob heres suus abstinen-
2 tiam, oder creditores aditionem puram hereditatis paternae beweisen müssen? Mir scheinet
nicht allein ersteres vi

   L. 5?. *Dig. de adqu. vel omitt. hered.*
   vid. PVFENDORFF *in Obs. Tom. 3. Obs. 8.*

in thesi, sondern auch in hypothesi von deswegen gegründeter, weil ex actis ersichtlich, daß
Appellant noch wirklich in den väterlichen Gütern sitzet, auch die Fürstl. Kriegs= und Domainencammer wegen des väterlichen recessus befriediget habe, mithin die Präsumtion gegen ihn
militiret.

3. Es hat zwar in thesi Herr Hofrath und Professor Koch zu Gießen die schon vorhin von
Herrn Hofrath Böhmer zu Göttingen in anno 1756. in diss. de herede suo ab hereditate
abstinente et se immiscente behauptete Meynung, daß denen creditoribus der Beweis der Immittion gegen den heredem suum obliege, gegen Herrn Pufendorffen in einer gleichmäßigen
ao. 1766. wohlgeschriebenen Dispute: de liberis heredibus suis ad probationem abstentionis
non obligatis mit judiciösen Distinctionen noch ferner zu bestärken gesucht.

4. Allein auch dieser giebt §. 7. dieser Dissertation zu, daß der heres suus in verschiedenen Fällen die Abstention beweisen müsse. Nur allein in dem Fall, si nemo urserit declarationem heredis sui, neque is spatium deliberandi impetraverit, will er die creditores etiam post 30.
annorum spatium zum Beweis der geschehenen Immittion vi §. 8. dict. diss. schuldig erkennen.

 Meines Orts kann aber auch dieser Meynung nicht ohne Unterschied beypflichten. Dann
5. 1) ist expressa
   L. 1. Cod. de repud. vel abstinend. hered.
ganz klar, daß die Abstention ex parte heredis sui so gut, als die Immittion ex parte creditorum facti probandi, und zwar, wie es heisset, liquida probatio darzu erforderlich sey.
   conf. MEV. *P. 2. Dec. 142.*

Wenigstens beweiset dieses
6. 2) soviel, wie es auch analogia iuris mit sich bringet, daß das beneficium praetorium iuris
abstinendi den heredem suum an und für sich nicht vom onere probandi liberire; indem doch
allezeit gezeiget werden muß, daß ein solcher heres sich dieses beneficii bedienet habe; da alle
Doctores gleichwohl darin übereinstimmen, daß heres suus in Ansehung der qualitatis hereditariae
die Präsumtion gegen sich habe, und übrigens es in des Erben Willen beruhet ob er sich dieses
iuris bedienen wolle oder nicht.
   FABER *in cod. L. 6. Tit. 12. def. 2. et 3.*

Am allermeisten aber will
7. 3) meines Ermessens dieses in dem Fall statt finden, wann der heres die elterliche Erbschaft
entweder zum Theil oder ganz hinter sich hat, und sich nach vielen Jahren, ohne zu zeigen, wo die
Erbschaft quaestionis hingekommen, entweder in beneficio confecti inventarii, oder auch in dem
iure abstinendi fundiret. Dann daß man in einem oder andern dieser Fälle, wohin der casus
substratus sich qualificiret, den creditoribus den Beweis der Immittion auflegen, und der heres

sich blos mit der Exception abstineo adhuc, vel abstinui, auch nach 30. Jahren Vorbehalten könnte, dahin kann ich meines Orts selbst des Hrn. Hofraths Koch §. 7. cit. differat. geäusserte Meynung der Billigkeit nach niemalen verstehen, wie dann auch der vom Hrn. Referenten allegirte BOEHMER *introd. in ius dig. Lib. 29. Tit. 2. §. 5.* 8

bey dem seiner Seits gleichfalls behauptenden Satz immixtionem a creditoribus esse probandam, die Ausnahme machet, nisi bonis parentum incumbat liberi. Im übrigen scheinet mir ohne Zweifel

4) die Probation denen creditoribus jedesmal alsdann zu incumbiren, wann sie sich in factis spe- 9 cialibus et positivis immixtionis et sic in asserto, heredem suum ab hereditate paterna abstinuisse vel abstinere *non potuisse* gründen, und dieses der Fall zu seyn, wovon der §. 10. saepius allegatae dissertationis deswegen einer Contradiction beschuldigte, von Hrn. Pufendorffen allegirte AVERANIVS *in interpret. iur. Tom. 1. Lib. 1. Cap. 9. n. 81.*

handelt; der aber meines Ermessens gar wohl mit dem Satz des sub aliis circumstantiis regulariter dem heredi suo obliegenden Beweises der Abstention ohne wirklichen Widerspruch bestehen kann.

Doch überlasse den maioribus, welche Meynung man in thesi et hypothesi annehmen wolle, da es mit dieser, wie mit denen mehresten andern unter den Doctoribus in thesi bestritten werdenden Materien die Bewandniß hat, daß selbige bey der applicatione ad factum nicht allgemein, sondern mehrentheils mit Unterschied beurtheilet werden müssen.

VOTVM DNI. CORREFERENTIS II.

Wann man die leges nachschläget, worauf sich die vom Hrn. Referenten allegirte Doctores gründen: so findet man deren Meynung, daß nehmlich nicht der heres suus die abstentionem ab 10 hereditate paterna, sondern vielmehr die creditores die immixtionem beweisen müßten, keinesweges darin bestätiget.

Dahingegen ist ex iure bekannt, daß ein heres suus *ipso iure*, imo ignorans heres wird, 11
§. 3. *Inst. de heredit. quae ab intest.*
L. 14. D. *de suis et legit. hered.*

das beneficium abstentionis aber erst iure noviori introduciret, und ein beneficium iuris singulare ist, welches nur volentibus gegeben wird; 12
§. 2. *Inst. de hered qualit.*

mithin an Seiten des heredis sui, wann er solches ergreifen will, eine declaratio voluntatis, weil sie in facto bestehet, niemals präsumiret werden kann, sondern erwiesen werden muß ; ob- 13 gleich nicht nöthig ist, daß der heres per verba sollennia dieses beneficium ergriffen haben müße, sondern ein jeder anderer modus probandi, quo de veritate certo constat, hierbey hinlänglich ist ;
L. 5. D. *de acquir. vel omitt. hered.*

auch keine gerichtliche Declaration von Seiten des heredis sui nöthig ist;
L. 12. Dig. *de acquir. vel omitt. hered.* 14

folglich dieser Beweis auch per circumstantias facti geführt werden kann.

Hierzu kommt noch, daß nach dem 15

L. ult. C. de iur. delib.
eine apertissima renunciatio erfordert wird, wann der heres suus nicht für den Erben gehalten seyn will.

        P VFENDORFF *T. 3. Obs. 8. ibique alleg.* DD.

16 Die Gründe, womit insonderheit der von dem Hrn. Referenten allegirte
STRVV. *Ex. 34. th. 22.*
die gegentheilige Meynung unterſtützet, ſcheinen mir auch nicht erheblich zu ſeyn.
Dann wann gleich die creditores actores ſind, und der actor regulariter den Beweis führen muß; ſo gilt doch ſolches nur in denen Fällen, wo er keine praeſumtionem iuris für ſich hat. Wann auch gleich die creditores contra heredem extraneum beweiſen müſſen, daß er die Erbſchaft angetretten habe: ſo folgt doch nicht, daß contra ſuum heredem ein gleiches Recht ſtatt habe. Und wann endlich ſchon die abſtentio eine negatio immixtionis iſt: ſo iſt es doch eine negatio praegnans, weil nehmlich eine declaratio voluntatis darzu erforderlich iſt, und dieſe gar wohl erwieſen werden kann. Die Diſtinction inter heredem actu primo et actu ſecundo ſtehet nicht in iure, und iſt auch an ſich hier nicht richtig angebracht, weil der heres ſuus gleich post obitum patris actu ſecundo heres wird, imo ignorans et invitus, und ſich nur durch die Ergreifung des erſt iure noviori verſtatteten beneficii abſtentionis davon wieder losmachen kann. Daher auch
        MÜLLER *in not. ad* STRVV *d. l.*
die gloſſam und mehr andere Doctores allegiret, welche die Präſumtion gegen die heredes ſuos ſtatuiren. Ich accedire alſo dem voto des Hrn. Correferentis.

VOTVM DNI. CORREFERENTIS II.

17 Mit vorſtehenden voto bin zwar verſtanden. Da ich mich aber ex actis erinnere, daß der Appellant, ſobald er majorenn worden, mithin contra aditam hereditatem, (poſito caſu, daß die Vormünder ſich immiſciret gehabt,) reſtitutionem in integrum ſuchen können, poſitive declariret, daß er ſeines Vaters Erbe nicht ſeyn wolle; auch die väterliche Güter nicht iure hereditario ſondern alſo in Beſitz genommen, daß er die Kriegs- und Domainencammer bezahlt hat, und ſich ex iure ceſſo an die Güter hält: ſo wird derſelbe ſich hierauf beziehen, folglich dürfte am Ende der Beweis doch auf die creditores fallen.

CONCLVSVM CONSILII.

18 Nachdem ex actis ſolche Umſtände erſchienen, welche ſehr glaublich machen, daß ſich Appellant der väterlichen Erbſchaft nicht immiſciret habe: ſo iſt in conſilio beliebt, daß es bey dem vom Hrn. Referenten abgefaßten Decret zu laſſen ſey.

DECISIO CXCIX.
ARGUMENTUM GENERALE:
IN QVAESTIONE DIRIMENDA: QVISNAM SVMTVS AD REPARANDVM COEMETERIVM NECESSARIOS FERRE DEBEAT, PRIMARIO AD CONSVETVDINEM LOCI RESPICIENDVM EST.

SUMMARIA.

Licet in dubio aerarium ecclesiasticum ad sumtus, quos reparatio et aedificatio coemeterii requirit, obligatum sit, n. 1.
Caput rei tamen in consuetudine et observantia positum est. n. 2.
Decisiones in visitationibus, ut dicuntur, ecclesiasticis latae vim rei iudicatae non habent. n. 3.

SENTENTIA.

In Sachen Burgermeister und Raths zu Hofgeismar, wider das Ministerium daselbst: Ist die Sache ex officio vor beschlossen angenommen, und darauf hiermit zu Recht erkannt:

daß sententia a qua vom ersten Dec. 1741. jedoch mit Vergleichung der Kosten zu confirmiren sey. Immassen J. D. A. Gericht erkennet und confirmiret V. R. W.

FACTVM.

Als Burgermeister und Rath zu Hofgeismar in ao. 1741. bey hiesigen consistorio beschwerend vorgestellet, daß das dortige Ministerium, der Observanz zuwider, die Reparationen des Kirchhofs nicht mehr übernehmen wollte: so hat das Consistorium nach verhandelter Sache unterm 1ten Dec. 1741. den Bescheid ertheilet:

Würden Kläger die angegebene Observanz besser als geschehen erweisen: so erginge darauf salva reprobatione was Rechtens.

Von diesem aber hat der Stadtrath an dieses Tribunal appelliret, und sich darauf berufen, daß ihme der Beweis der angeblichen Observanz gegen das Rescript von 1739. vermöge dessen der Kirche ein anderes zu dociren schon injungiret gewesen, mit Unrecht auferlegt worden.

VOTVM.

Das angeführte factum zeigt, daß es vorjetzt darauf ankomme:
ob dem Appellanten der Beweis der angeblichen Observanz, daß nehmlich der

Kirchenkasten jederzeit den Arbeitslohn zu den quæstionirten Reparationen, die Stadt hingegen allein die Baumaterialien dazu hergegeben, mit Recht auferlegt worden.

RATIONES DVBITANDI.

Nun haben zwar

1) Appellanten überhaupt die Regel: quod sumtus ad reparationem et aedificationem coemeteriorum, tanquam rei ecclesiasticae, ex aerario ecclesiastico sint suppeditandi, siquidem onus reparationis accessorium sequitur principale intuitu aedificationis ecclesiarum;

    doc. CARPZOV *in iurispr. consistor. Lib. 2. Tit. 24. def. 387. §. 4.*

weniger nicht

2) aus dem bemeldten Rescript vom 19ten Jun. 1739. ein praeiudicium wegen des bezahlten Pflasterlohns für sich; massen darinen, wie solches

    act. 1. instant. p. 19.

beyliegt, buchstäblich enthalten ist:

Alldieweilen es aber Inhalts Extracts Kastenrechnung de ao. 1732. das Ansehen hat, daß dergleichen Kosten vorhin aus dem Kasten bezahlet worden: so wurde auch vor dießmal bewilliget, daß das quantum derer 13¼. Rthlr. aus dem Kasten bezahlt werde, jedoch mit Vorbehalt des Kastens Befugniß, wann derselbe hiernächst, welches bey künftiger Visitation zu untersuchen, ein anderes decreti könnte;

und dürfte dieses

3) sovielmehr vor dieselben militiren, weil darin nach vorher von dem consistorio eingezogenem Bericht, adeoque praevia causae cognitione den Appellaten der Beweis und ein anderes zu dociren auferlegt worden; wobey aber

4) nicht constiret, daß das Ministerium diesem Vorbehalt zu seiner Zeit ein Gnüge gethan hat; folglich

5) wenigstens in iudicato zu beruhen scheinet, daß Appellaten nicht aber Appellanten die angebliche Observanz beweisen sollen.

RATIONES DECIDENDI.

Demnach aber

1) die ad 1. angeführte Regel nicht ohne Ausnahme ist; sondern vielmehr nach gleichmäßigem Anführen des

    CARPZOVII *loc. alleg. num. 5. seq.*

    et BOEHMER. *de iure erigendi cœmeter Cap. 2. §. 28.*

vor allen Dingen bey dergleichen Kosten auf die Gewohnheit eines jeden Orts zu sehen ist, quia in aedificatione coemeterii universorum parochianorum interest, ut cadavera puro ac tuto loco reponantur, und dann

2) Appellanten dadurch, daß sie nachgeben, wie die Stadt zur Reparation des Kirchhofs die Baumaterialia bisher suppeditiret, selbst soviel gestehen, daß dieses onus reparationis wenigstens

nicht

nicht allein der Kirche obliege, folglich die erst allegirte Regel secundum consuetudinem illius loci ex propriis concessis schon einen Abfall leidet;

3) was insonderheit das zum Fundament der appellantischen Intention allegirte rescriptum de ao. 1739. wegen des vor dem Kirchhof bezahlten Pflasterlohns betrifft, daraus ebenfalls seinem Inhalt nach erhellet, wie sothane Verordnung nur interimistice und restrictive, folglich citra consequentiam auf den damahligen Fall gemacht, und dabey

4) der Kirche die Ausführung ihrer vermeyntlichen Befugniß ausdrücklich in contrarium vorbehalten worden; dagegen auch

5) das annexum, wann die Kirche hiernächst bey künftiger Visitation ein anderes dociren könnte, für kein ordentliches Iudicatum, welches den Beweis in partem adversam devolvirt hätte, Referentis unmaßgeblicher Meynung nach um deswillen angesehen werden mag, weil eines Theils noch nicht constiret, daß von ao. 1739. bis 1741. da die jetzige Klage entstanden, eine Visitation in diesem Ort gehalten worden, und also die Gelegenheit existiret, daß Appellaten ihr Recht deciren können; andern Theils aber bekanntlich bey Kirchenvisitationen, wo doch dieser Beweis vermeyntlich geführt werden sollen, keine ordentliche Cognition vorgenommen wird, auch nicht statt finden kann, weil die daselbst dirigirende Superintendenten oder Metropolitans keine Jurisdiction haben; vielmehr also

6) aus eben diesem annexo erhellet, wie diese Verordnung vor kein ordentlich Iudicatum, sondern nur vor eine bloße salvo iure alterius partis gemachte Interimsverfügung angesehen werden möge; über dieses

7) der appellatische Theil in priori instantia durch die producta
p. 47. et 51. act. 1. inst.
nicht undeutlich beschleunen, daß wann jethero die Kirche dergleichen Kosten auf erpresten Befehl des consistorii in einem oder dem andern besondern Fall hergegeben, solches ohne Consequenz geschehen, auch daß nach Bericht des ehemaligen alten Predigers, dieselbe nur die Reparationskosten in der Kirche zu tragen habe; mithin

8) denen Appellanten als actoribus und allegantibus der Regel nach der Beweis der suproutirenden Observanz, daß die Stadt die Baumaterialien nur zu geben, die Kirche aber den Macherlohn in dergleichen Fällen zu entrichten schuldig sey, allerdings vorzüglich incumbiret: So ꝛc.

DECISIO CC.
ARGUMENTUM GENERALE:
PARENTIBVS PRO VALIDITATE SPONSALIORVM TESTIMONIVM DICERE PERMISSVM EST.

DECRETVM.

In Sachen Johann Ludwig K. und dessen Ehefrau zu Schmalenborf, contra Justinen Sophien H. zu Marburg, verlangte Zeugnißablegung betreffend, werden die von Procurat. J. inn. gebetene Appellationsprocessus abgeschlagen.

FACTUM.

Die Appellatin H. hat der jetzigen Appellanten Sohn den Amtsvogt K. zu B. von deswegen belangt, weil er ihr angeblich die Ehe versprochen, auch sie und ihre Schwester ihm in dieser Hoffnung zu seinen Studien vieles hergeschossen. Ohnerachtet nun Beklagter während Zeit wirklich die Sache solange aufgehalten, daß er eine andere geheyrathet: so wurde doch die Klage ad restitutionem acceptorum und ad interesse et satisfactionem von Seiten der Klägerin fortgesetzt, und als derselben durch Bescheid vom 17ten Dec. 1762. der Beweis rechtsbeständiger sponsaliorum auferlegt worden, und sie des Beklagten Eltern und Bruder zu Zeugen angegeben, diese aber sich des Zeugnisses geweigert und an hiesiges Consistorium provociret, wo ihr Suchen per decretum vom 5ten Sept. 1763. schlechterdings abgeschlagen worden: so haben sie ferner an dieses Tribunal appelliret.

RATIONES DECIDENDI.

Nachdem nun

1) die gemeineste Meynung der DDrum dahin gehet, daß in caussis matrimonialibus Eltern allerdings pro validitate huiusmodi negotii zu Zeugen angegeben werden können;

    arg. C. 3. in f. X. qui matrim. accus. poss.
    CARPZOV Lib. 2. iurispr. consistor. def. 66. n. 11.
    MEV. P. 4. Dec. 258.
    HEIGIVS P. 2. Qu. 16. n. 33.
    LEYSER ad D. Sp. 283. M. 17. et 18. cum aliis pluribus.

dieses auch

2) in casu substrato soviel mehr statt finden will, weil der Appellanten Sohn, als Beklagter

ter anfänglich nichts gegen diese Zeugen Angabe eingewendet, sondern seine Eltern selbst coram commissione sistiret hat; überdem aber

3) aus denen Acten erscheinet, daß es mit diesem Eheverspruch wohl seine gute Richtigkeit haben dürfte, weil der Appellanten Sohn der Appellatin wirklich 500. Rthlr. zum Vergleich angebotten; mithin es sehr hart seyn würde, wann man derselben, den nicht wohl anderst, als mit denen Appellanten zu führenden Beweis, wo es zumalen nicht mehr auf die Vollziehung der Ehe ankommt, erschwehren wollte: so concludiret Referens rc.

DECISIO CCI.
ARGUMENTUM GENERALE:
POSSESSIO FEVDI AB ONERIBVS LIBERI, IMMVNITATEM PERSONALEM NON TRIBVIT.

SUMMARIA.

Qualitas feudalis immunitatem fundi haud infert. n. 1.
Constitutio Hassiaca, exstructionem aedium absque concessione superioris interdicens, de aedibus, plane de novo exstruendis, non de restituendis intelligenda est. n. 2.
Praedium, in quo per immemoriale tempus aedificatio prohibita fuit, liberum censetur. n. 3.
Possessor fundi liberi, in eodem habitans, immunitate gaudet, sola possessio autem non liberat. n. 4.

SENTENTIA.

In Sachen des Fürstlich Hessen Philippsthalischen Mandatarii Grau, wider den Amtsvogt Gobbe zu Friedewald modo Procuratorem fisci, appellationis, Contributionsfreyheit in actis angezogen betreffend: wird auf alles An= und Vorbringen zu Recht erkannt: daß der Bescheid a quo hiesiger Regierung vom 17ten Sept. 1740. zu confirmiren und zu bestättigen sey. Als F. O. A. Gericht hierdurch confirmiret und bestättiget B. R. W. Dann ist sowohl dem Appellanten wegen der prätendirten Wiederbebauung der quästionirten Hofstätte, als dem Appellaten wegen der von ihm widersprochenen Realimmunität der so genannten T. lischen Lehnstücke, wann ein oder anderer Theil deßfalls zu ruhen nicht gemeynet, die Nothdurft gehörigen Orts in separato auszuführen unbenommen, sondern allenthalben vorbehalten.

Publicata d. 9. Febr. 1752.

FACTVM.

Das Fürstlich Philippsthalische Haus hat eine in dem Dorfe H. gelegene Hofstätte das D. tsche Gut genannt, in qualitate feudi an sich gebracht, und solche hernach an einen Einwohner in H. Rahmens G. zu Afterlehn verliehen, welcher bisher die Contributionsfreyheit davon genossen. Da aber diesen Besitzer ao. 1738. der Amtsvogt S. wegen seiner Person auf die monatliche Contribution pfänden lassen: so erhob der Ph. lsche Mandatarius G. bey hiesiger Regierung deswegen Klage. Die Fürstliche Regierung aber wies durch Bescheid vom 17ten Sept. 1740. den Kläger mit der Beschwerde über den geforderten Contributions beytrag ab, worauf selbiger sich per appellationem an dieses Gericht wandte.

VOTVM.

Es stehen in dieser Sache die Partheyen über drey Puncte mit einander in Contradiction, nehmlich

1) wegen der Realimmunität der D. ischen Lehngüter;
2) wegen Wiederbebauung der dazu gehörigen Hofstätte;
3) wegen der Personalimmunität des jetzigen Afterlehenmanns G.

Allein es sind nicht nur die beyden erstern Puncte in voriger Instanz eigentlich nicht in lite gewesen; es ist darüber vom iudicio a quo nicht erkannt, und haben also diese Puncte anhero nicht devolvirt werden können; sondern es sind auch dieselbe nicht so beschaffen und instruirt, daß man vor jetzo etwas gewisses darinn wird definiren können.

Dann obgleich in Ansehung des ersten Puncts, der Realimmunität es allerdings an dem ist, daß in dem producirten Lehnbrief de 1664. von keiner Immunität der W. oder D. ischen Güter gedacht wird, und da die Lehnsqualität an sich selbst nicht allezeit und unfehlbar eine Immunität von denen Landesoneribus nach sich ziehet, zuförderst von Appellanten titulus oder possessio immemorialis desfalls beygebracht werden müßte.

Sodann ratione des zweiten Puncts, der Wiederbebauung der Hofstätte, wohl soviel ohne Bedenken vor gewiß anzunehmen ist, daß die herrschafftliche Verordnung de 1734. wegen verbotetenen Anbaues der Wohnhäuser im Lande ohne landesherrliche Erlaubniß, nicht auf diejenige Plätze zu appliciren sey, wo vordem schon Wohnhäuser gestanden; in dem Lehnbrief aber von einer Hofstätte Meldung geschiehet, und die rudera des alten Hauses noch vorhanden seyn sollen.

So ist jedoch quoad *primum* dem Appellanten in voriger Instanz von dem Amtsvogt S. die Possession vel quasi der Realimmunität der quästionirten Güter deutlich zugestanden, mit dem notablen Anhang, daß man vor undenklicher Zeit wegen der Freyheit dieses Guts nicht gestattet, daselbe mit Wohnhäusern zu besetzen, wodurch zugleich virtualiter eine Immemorialpossession der Freyheit eingeräumet wird: folglich noch zur Zeit nicht abzusehen, wie Procurator fisc: dagegen aufkommen, und das Gut selbsten contribuabel machen könne.

Quoad *punctum secundum* aber, die Wiederbebauung der Hofstätte hat Appellant nicht in Abrede stellen können, daß diese nehmliche Frage bereits vorhin mit dem Amt Friedewald in Contradiction gewesen, der G. aber von dem vorhabenden Bau wieder abstehen müssen, und seit der Zeit dabey acquiesciret habe. Weil man nun wegen Mangel des Verfolgs und genugsamer Erläuterung ferner biefes Vorfalls, die eigentliche Bewandniß davon vor jetzo nicht gründlich einsehen kann: so hat weiter nichts geschehen können, als daß man in beyden Puncten jedem Theil seine Nothdurft in separato vorbehalte.

Was aber den dritten Punct, die Personalfreyheit des G. betrifft: so hat zwar der Appellant deßfalls in voriger Instanz eine Turbationsklage angestellet, und sich dabey in der Possession der Reallimmunität von den quästionirten Lehngütern gegründet; es würde auch wohl kein Zweifel seyn, daß dem G. als Besitzer sothaner Güter ebenfalls die Immunität angedeyhen müßte, wann er auf dem freyen Grund und Boden seine Wohnung hätte.

Gleichwie aber auf den quästionirten Gütern bis dato keine Wohnung vorhanden, auch per supra dicta noch dahinstehet, ob solche alda angelegt werden könne, indessen der G. geständiger maßen in einem Bauerwhause wohnet, und bisher in der Mannschaft vor einen halben Mann die onera bereits wirklich getragen: so mag ihm auch im übrigen der Besitz einiger freyen Lehngüter zu H. keine Personalimmunität beylegen, noch der Besitz der Reallimmunität auf die Personalimmunität gezogen werden, sondern es ist ꝛc.

DECISIO CCII.
ARGUMENTUM GENERALE:
DE SVCCESSIONE IN BONA COLONARIA SCHAVM-BVRGENSIA.

SUMMARIA.

Constitutiones Schaumburgenses permittunt certo modo viduae bonum colonarium in secundam maritum transferre n. 1.
Requisita huiusmodi translationis n. 2.
Portio filialis, die Abfindung, *secutis demum nuptiis debetur. n. 3.*
Quod camera domini villicalis quemdam cum villa investiverit, aliis ius suum quaesitum non aufert. n. 4.

SENTENTIA.

In Sachen Hans Henrich Dehmen zu Fühlen, und dessen übriger in actis benannten Geschwister, wider Christinen Präsuhnin daselbst, erbliche Succession in den in actis bemeldten Köthershof betreffend: ist auf alles An- und Vorbringen auch erfolgten Schluß hiermit zu Recht erkannt:

Daß denen Appellanten als nächsten Erben der letztern Besitzerin die streitige Colonie nebst allen meyerstättischen Pertinenzien, und denen von Zeit des Absterbens dieser ihrer Schwester ihnen erschienenen dazu gehörigen Nutzungen, jedoch gegen fernerweite Verabreichung der, der Appellatin geständiger maffen gebührenden Verpflegung, auch allenfalsigen ordnungsmäßigen Abfindung, zu zuerkennen, mithin der Schaumburgische Amtsbescheid vom 13. Aug. 1753. samt dem darauf unterm 27. Octob. dict. anni ergangenen Rintelnischen Canzleypreseript solchergestalt zu reformiren, im übrigen aber die gutsherrliche Befugniß wegen erbnungsmäßiger Qualification und Bemeyerung eines oder des andern derer Appellanten überall vorzubehalten seye. Als J. O. A. Gericht erkennet, reformiret, und reserviret, die Unkosten aber vergleichet, V. R. W.

Publicata d. 20. Aug. 1755.

FACTVM.

Henrich Prasuhn hat mit seiner Frauen, Annen Marien Schultzen, drey Kinder, Anna Catharina, Christina und Hans Prasuhn erzeuget. Nach Absterben dieses Prasuhns heyrathet dessen Ehefrau den zweyten Mann, Nahmens Cord Dohme, der schon aus einer vorhergehenden Ehe zwey Töchter hatte, und nimmt denselben in ihr mit ihrem ersten Mann besessenes Köthergut auf, doch so daß wann eines von ihren Kindern erster Ehe die Güter annehmen könnte, ihn nur eine Leibzucht gegeben werden solle; erzeuget auch mit diesem drey Söhne Hans Henrich, Jost Hermann und Johann Tönjes Dohne. Im Jahr 1728. verheyrathet sich Hans Prasuhn mit einer seiner Stiefschwestern, Ilse Marie genannt, und der Stiefvater tritt ihm den mit der Prasuhnischen Wittwe, des Bräutigams leiblichen Mutter, erhaltenen Kötherhof dergestalt ab, daß er sich die Leibzucht vorbehält, und dabey in denen 20. 1728. errichteten Ehep cten ausgemacht wird:

daß beyde Eheleute einander nach beschrittenem Ehebette unter Jahr und Tag erben sollten.

Die eine von den Prasuhnischen Töchtern, des Bräutigams leiblichen Schwestern, ist bey ihrer Verheyrathung abgefunden worden, die andere aber, Christina genannt, jetzige Appellatin, ist ledig geblieben, und hat ihren Unterhalt, aus dem Kötherhof empfangen.

Nach dem Tode des Hans Prasuhn hat seine Wittwe, sich wieder an Johannes Triebold verehlichet, ihn in den Kötherhof aufgenommen und verabredet:

daß sofort nach beschrittenem Ehebette eins das andere erben solle.

Als nun zuerst dieser Triebold und bald nach ihm seine Frau mit Tode abgehet: so entstehet Streit, wer den vom Henrich Prasuhn herrührenden Kötherhof erben solle; als den sowohl dessen noch übrige ledige Tochter, Christina, als die von dem Cord Dohme mit der Prasuhnischen Wittib erzeugten Söhne, und Brüder der obbenannten Ilse Marie Dohmin verlangten.

Der Beamte zu Schaumburg hat auch, wie es in dergleichen das colonarische Recht betreffenden Verfällen die Ordnung erfordert, nach beschehener Sequestration und Designation der ganzen Verlassenschaft an die Canzley zu Rinteln berichtet, und darauf per rescriptum die Resolution erhalten:

daß

daß, wofern die Christine Prasuhnin der Stätte vorzustehen nicht im Stande seyn sollte, selbige davon behörig abzufinden, und demnächst der Hof einem tüchtigen colono aus den nächsten Verwandten unterzugeben, und die Bemeyerung ordnungsmäßig vorzunehmen, in Ansehung der Allodialeffecten aber, und deren Vertheilung ebenfalls der Ordnung nach zu Werk zu gehen, und die Sache solchergestalt nach den Landesedicten zu reguliren sey.

Nachdem aber das Amt die Sache untersuchte, und per decretum vom 13ten August 1753. der Christinen Prasuhnin die erledigte Colonie zusprach; die Regierung auch, auf erhobene Appellation der Dohmischen Geschwister, am 27ten Octob. den Amtsbescheid confirmirte: so appellirten diese ferner anhero.

VOTUM.

Nach vorausgesetzter Verhältniß der Sache erscheinet dann gleich anfangs, daß beyde Theile ihr prätendirtes Successionsrecht ex iure statutario auf die quästionirte Meyerstätte herleiten, und daß also es dabey lediglich auf die Frage ankomme:

Welcher von beyden Theilen nach Maaß derer Schaumburgischen Landesgesetze zu der vermeyntlichen erblichen Succession in den Kötherhof quaestionis am mehresten berechtiget, und wie weit dabey auf die angebliche pendente lite von Fürstl. Renthcammer allhier nomine der Guthsherrschaft erfolgte Confirmation der von der Appellatin an den Vogt B. und dessen Kinder beschehenen Cession zu reflectiren seye?

RATIONES DVBITANDI.

Nun erscheinet zwar

1) aus denen von der Appellatin Mutter ao. 1717. mit ihrem zweyten Mann errichteten Ehepacten

pag. 133. actor. priorum.

nur so viel, daß dieselbe diesen in ihr mit ihrem ersten Mann Henrich Prasuhn, der Appellatin Vatter, besessenes Köthergut aufgenommen, doch daß wann eines von ihren Kindern erster Ehe die Güter annehmen könnte, dieser zweyte Mann, der Appellanten Vatter, alsdann nur eine proportionirte und dem Köthergut convenable Leibzucht haben sollen; und es folget hieraus

2) daß durch diese Ehepacten das denen Kindern erster Ehe, und also auch der Appellatin, an dem elterlichen Gut quaestionis zustehende Vorrecht für fest gesetzet worden; ausserdem disponiret

3) die pro informatione abschriftlich hierbey gelegte Verordnung de ao. 1723. worauf sich beyderseits und auch von dem iudicio a quo hauptsächlich bezogen wird, daß wann bey Ableben eines coloni ein oder mehrere Kinder, so das 18te Jahr erreichet, vorhanden und am Leben seyen, alsdann die hinterlassene Wittib und Mutter dieser Kinder einem andern den Meyerhof zu zu heyrathen nicht berechtiget seyn solle;

und würde also

4) wann gezeigt werden könnte; daß eines dieser Kinder bey der Verheyrathung der Mutter an den zweyten Mann schon 18. Jahr alt gewesen, noch der Zweifel entstehen, ob dieselbe einmal dem Mann so viel, als geschehen, aus dem Köthershof zuwenden können? ob auch gleich

5) nachmals, als der Appellantin Bruder Hans Prasuhn der Appellantin Schwester in ao. 1728. geheyrathet, vermöge derer damals errichteten Ehepacten diesem die Köthersstätte von dem Stief- und respective Schwiegervatter abgetretten, dabey auch unter Bewilligung der Appellatin und ihrer Schwester Vormünder verabredet worden, daß die beyde damalige Eheleute einander nach beschrittenem Ehebette unter Jahr und Tag erben sollten,

    v. pag. 85. et 93. actor. prior.

so vermeynet doch besagte Appellatin an diese pacta von deswegen nicht gebunden zu seyn, weil darüber kein ausdrücklicher gutsherrlicher Consens ausgebracht, auch ihres Rechtens so wenig, als der gleichwohl nöthigen, bis jetzo noch nicht erhaltenen Abfindung im geringsten darin gedacht worden, mithin ihr das von ihrem Vatter her an die Köthersstätte quaestionis habende Vorrecht in alle Wege vorbehalten geblieben, und also auch ihres Bruders Frau zu ihrem Präjudiz kein Recht an dem Hof quaestionis acquiriren, noch auf ihren zweyten Mann oder die appellantische Geschwister transferiren können; es ist auch

6) nicht zu leugnen, daß die von denen Appellanten der Appellatin schuld gegebene persouelle Inhabilität, die quästionirte Colonie zu verwalten, nach Inhalt des vom Pastore loci abgegebenem Attestats

    pag. 126. actor. prior.

ganz ungegründet sey, und dürfte daher

7) derselben um so mehr das nähere Erbrecht zuerkannt werden müssen, da ihrem Angeben nach Fürstl. Rentkammer allhier Nahmens der Gutsherrschaft ihre an des Vogt B. Kinder geschehene Cession bereits confirmiret; besagter Gutsherrschaft aber, da ex actis nicht constiret, daß selbige in alle die per pacta dotalia geschehene Verschreibungen ausdrücklich consentiret, die Disposition an und vor sich ohnbenommen seyn und bleiben müssen.

RATIONES DECIDENDI.

Nachdem aber

1) die bey der gegenwärtigen Sache hauptsächlich pro fundamento decisionis dienende gnädigste Verordnung vom 1. Dec. 1723., wie solche nachmals von der Canzley zu Rinteln per rescriptum vom 11. Jan. 1724. ins Land ausgeschrieben worden, ausdrücklich vorschreibt:

daß, wann ein Colonus mit Hinterlassung ein oder mehrerer Kinder, so das 18te Jahr noch nicht erreichet, verstirbet, dessen hinterlassene Wittib und Mutter dieser Kinder, Fug und Macht haben sollte, praevia causae cognitione der Beamten, in deren anvertrautem Amte der Meyerhof ge'egen, und unter deren gerichtlichen Confirmation, als welche darauf, daß der zweyte Ehemann eine zur Verwaltung des Haus- und Feldwesens tüchtige Person sey, und den Kindern erster Ehe nach dem Vermögen und Gelegenheit des Hofes

deren

deren Abstand und Steuer der Behör determiniret und ausgefolget werde, zu sehen haben, nach Anleitung der Policeyordnung und Observanz, auch selbst weyland Graf Philippsen zu Schaumburg hiebevor ausgelassener Verordnung einem secundo marito zu heyrathen; folglich

2) nach dieser in der ältern landesherrlichen Verordnung und Observanz sich gründenden dispositione legis kein Zweifel ist, daß nicht allein der Appellatin Mutter die Köthersätte quaestionis zumalen auf die Weise, wie geschehen, daß nehmlich den Kindern erster Ehe, wann eines von ihnen die Güter annehmen könnte, ihr Recht vorbehalten worden, ihrem zweiten Mann zubringen, und dieser hinwiederum solche ao. 1728. der Appellatin Bruder bey der Verheyrathung mit seiner Tochter abtretten können; zudem

3) die in ao. 1728. errichtete brüderliche Ehe pacta so wohl, als die übrige Umstände, da Appellatin tempore litis motae erst 50. Jahr alt gewesen,

v. pag. 9. actor. prior.

deutlich ergeben, daß sie bey der zweyten Verheyrathung ihrer Mutter ao. 1717. das 18te Jahr noch nicht erreichet gehabt, sondern annoch minderjährig, und zu Uebernehmung des Köthergutes ordnungsmäßig nicht qualificiret gewesen; solchergestalt

4) die Ursachen sich von selbst ergeben, warum der Appellatin und ihrer Schwester bey der vor dem Amt geschehenen Errichtung dieser brüderlichen Ehepacten zugegen gewesene Vormünder das, was darinnen ordnungsmäßig disponiret ist, genehmiget, und warum besagte Appellatin aus diesen facto so weit verbunden sey, daß sie fernerhin kein Erbrecht auf die quästionirte Colonie behaupten könne; immassen dann

5) der angebliche Abgang des gutsherrlichen consensus diesen Contract von deswegen nicht aufhebet, weil zu der Gültigkeit dieser Disposition nach Maaß der obangezogenen Verordnung de ao. 1723. weiter nichts, als die wirkliche vi protocolli

v. pag. 85. et 93. act. prior.

geschehenen Cognition und Confirmation des Beamten erforderlich gewesen; hiernächst

6) die nunmehro das 50ste Jahr ihres Alters überstiegene Appellatin dieses pactum ipso facto dadurch rathabiret hat, da sie, wie nicht in Abrede gestellet wird, die ganze Zeit hindurch, als der Appellanten Schwester diesen Köthershof in der ersten und auch so gar in der zweyten Ehe besessen,

v. pag. 217. act. prior.

mit ihrer daraus ordnungsmäßig erhaltenen Verpflegung zufrieden gewesen, ohne sich einmal zu melden, als von eben besagter Appellanten Schwester noch in ao. 1739. dem zweyten Ehemann das Erbrecht an dieser Köthersätte in pactis dotalibus bewilliget worden; eben so wenig sich auch

7) behaupten lässet, daß der Appellatin ihr prätendirtes Erbrecht auf die quästionirte Colonie von daher in salvo geblieben seyn sollte, weil sie bis diese Stunde keine ihr gleichwohl gebührende Abfindung daraus erhalten, noch solche bey ihres Bruders errichteten Ehepacten ausgeworfen worden; gestalten sowohl die Schaumburgische Policeyordnung,

Cap.

Cap. 28. §. Wer auf den Höfen bleibt ꝛc.

als auch die darauf unterm 8. Merz 1736. ergangene landesherrliche Erläuterung mit sich bringet, daß denen Kindern allererst bey ihrer Verheyrathung die auf respective höchstens 100. oder 50. Rthl. bestimmte Abfindung verabreichet werden sollen, die Appellatin aber sich noch wirklich in ohnverheyrathetem Stande befindet, und deswegen mit der geständig genossenen Verpflegung sich bis zum Absterben ihrer Schwiegerin begnügen lassen; dahingegen

8) Appellanten nach, wie vor, erbötig sind, ihr so wohl fernerhin diese statutenmäßige Verpflegung, als auch ereignenden falls die legale Abfindung zu verabreichen;

v. p. 41. act. hui. inst.

überhaupt aber und

9) wann man die Sache recht ansiehet, es nicht anders scheinen will, als daß nicht so wohl die Appellatin, als vielmehr der Vogt B. dessen Kindern sie ihr vermeyntliches Recht cediret, diesen Proceß veranlasset, und bisher getrieben habe;

v. p. 141, 153. 161. et 165. act. pr.

gleichwohl aber

10) wann auch dieser pendente lite die Confirmation und Beleihung mit der Colonie quaestionis von Fürstlicher Rentkammer, wie angegeben wird, erhalten haben sollte, dieses doch nicht anders, als salvo iure tertii, und ohne den Appellanten ihr allenfalls habendes Erbrecht zu benehmen, geschehen können; maßen dann der Gutsherrschaft zwar ihr Recht in so weit allerdings ohnbenommen bleibt, daß, wann die Appellanten oder keine unter ihnen zu Uebernehmung der Colonie mit Bestand oder der Ordnung nach qualificiret wäre, sie die Stätte einem andern übertragen kann, keinesweges aber nach der vorhin bekannten Landesverfassung dieses sich so weit erstrecket, daß denen nächsten Erben ihr Recht absque legali causa benommen, und simpliciter ein anderer colonus bestellet werden könne, wie dann im Gegentheil

11) da ex actis nicht erscheinet, auch nicht einmal sich darauf bezogen wird, daß Fürstl. Rentkammer die in ao. 1728. et 1739. per pacta dotalia wegen dieser Colonie beschehene Veränderungen impugniret haben sollte, nicht anders dafür zu halten ist, als daß selbige die von dem Beamten, vermöge der confirmirten Ehepacten, ordnungsmäßig angenommene colonos ipso facto recipiret habe: so ꝛc.

DECISIO CCIII.
ARGUMENTA GENERALIA:

I. An ratione legis 6. Cod. de fecund. nupt. quae parenti binubo plus relinquere vetat fecundo coniugi quam uni ex liberis prioris matrimonii, plures nepotes filii praemortui filiaeve praemortuae pro una perfona habeantur?
II. Quid in determinanda filiali portione computetur?

SUMMARIA.

Poenas fecundarum nuptiarum in Haffia noftra receptas effe, n. 1.
Et teftamentum reciprocum intuitu illarum ex iure romano diiudicandum, nec non easdem ad portionem ftatutariam extendendas effe, praeiudicio ftabilitum eft. n. 2. vid. tamen n. 10. et 11.
Iudiciis noftris fe probavit fententia eorum, qui poenis iftis, licet liberi in fecundas nuptias confenferint, tamen locum relinquunt. n. 3.
Sunt Doctores, qui ftatuunt coniugi fecundae plus relinqui non poffe quam fingulis nepotibus ex praedefuncto filio filiave prioris matrimonii. n. 4.
Donationes quoque inter binubos a legibus ad portionem filialem reftringuntur. n. 5.
Donationis remuneratoriae requifita. n. 6. 21. 22.
Exceptiones regulae, quae heredem ad factum defuncti praeftandum adftringit. n. 7. 8.
In Haffia noftra uxoribus rufticorum et burgenfium dimidia adquaeftus competit. n. 9.
Et eatenus poenis fecundarum nuptiarum locus non eft. n. 10.
Dispofitio L. 6. Cod. de fec. nupt. ceffat in legato annuo et ufusfructus n. 12. vid. tamen n. 19.
Privilegia et fingularia donationis remuneratoriae. n. 13. 14. 15. 16. 17. 21.
Thema decifionis I. excutitur. n. 18. 20. 23.

SENTENTIA.

Jn Sachen des Landbereuter Hahn nachgelaffener Wittib Ahler, wider den Beckermeifter Ghd. curatorio nomine des Pebellen Gerlachs minorennen Kinder, gleichfalls biefelbft, Teftaments. ftreitigkeiten, und befonders die Statthaftigkeit der poenarum fecundarum nuptiarum betreffend: Ift auf alles An = und Vorbringen zu Recht erkannt:

daß der Appellantin nach Maaß des quäftionirten Teftaments ein mehreres nicht, als der vierte Theil von ihres Mannes Nachlaß als Erben gebühre, im übrigen auch es in Anfehung des ihr vor fich zuftehenden halben Erwerbs fo wohl, als wegen des §. 3. ihr legitten

(*Decif. Tom. VII.*) T Ein-

Einsitzes im Hause, und wegen derer §. 4. et 6. derselben weiters vermachten Legaten bey dem Inhalt des besagten Testaments billig zu lassen; weniger nicht gedachter Appellantin, in so fern appellatischet Theil binnen einer ihm vom iudicio a quo zu bestimmenden peremtorischen Frist sein Angeben, daß selbige ihrem verstorbenen Ehemann ein mehreres nicht, als ihre Kleidungsstücke, zugebracht, zu erweisen nicht vermag, zur eidlichen Bestärkung ihrer illatorum zu admittiren, und solchergestalt das rescriptum a quo vom 15ten Dec. 1767. zu confirmiren und zu reformiren sey. Als F. D. A. Gericht zu Recht erkennet, respective confirmiret und reformiret mit Vergleichung der Kosten. B. R. W.

Publicata d. 26. Octobr. 1768.

FACTVM.

Der hiesige Laudberenter Hahn errichtet mit seiner vor ihm verstorbenen zwoten Ehefrau ein testamentum reciprocum, in welchem er seine drey von seiner nunmehr verstorbenen, und an den Pedell Gerlach verheyrathet gewesenen Tochter erster Ehe nachgelassene Enkelinnen nebst dieser seiner zwoten Frau zu gleichen Theilen zu Erben dergestalt eingesetzt:

daß diese beyderseits zu gleichen Theilen erben, die Frau auch aus der zweyten Ehe, wovon ihr ohnehin der Erwerb zur Hälfte gebühret, die ihm daran zustehende Hälfte mit seinen Enkeln aufs gleicheste theilen;

auch solle vi §. 3.

die Frau den freyen Einsitz im Hause zeitlebens behalten, und dieses nicht ohne ihr Vorwissen und Willen verkauft werden, und da (vi §. 4.) in dieser Ehe 160. Rthlr. auf dem Hause gehaftete alte Schulden abgetragen worden, wovon der Ehefrauen die Hälfte mit 80. Rthlr. ohnstreitig gebühre: so wolle er, daß dieselbe ausser diesen annoch 40. Rthlr. mithin überhaupt 120. Rthl. vom Hause zum voraus haben, und solche sowohl als den vierten Antheil an denen demnächstigen Hauskaufgeldern nach eigenem Gefallen zu ihrem Unterhalt von seinen Enkeln und Miterben einzufordern befugt seyn solle;

wobenebst er der Frauen noch weiter vi §. 6. verschiedene legata vor den Enkeln zum voraus vermacht.

Nach des testatoris Absterben bringt der nunmehrige Appellat als bestellter Vormund der Gerlachischen Kinder bey hiesigem Stadtgericht klagend vor, daß der testator nicht berechtiget gewesen sey, seiner zwoten Frau ein mehreres als seinen Enkeln zu vermachen, und appellirte, als das Stadtgericht sprach:

daß es bey der unterm 2ten May 1759. errichteten ad acta gegebenen Disposition lediglich zu lassen, und die Beklagtin also von angestellter Klage zu absolviren sey,

an Fürstliche Regierung. Diese erkannte auch per remissoriales:

daß nicht nur die in dem großväterlichen Testament der appellatischen Wittib und respective Großmutter besonders vermachte Sachen denen appellantischen Enkeln erster Ehe privative zu überlassen, und die übrige großväterliche Verlassenschaft zwischen denenselben und der

Appel-

Appellatin in vier gleiche Theile zu vertheilen, sondern auch appellatische Wittib ihre illata rechtlich zu erweisen schuldig sey.

Hierdurch hielte sich die beklagte Ehefrau graviret, und wandte sich appellando an dieses Gericht.

RATIONES DUBITANDI.

Nun ist zwar

1) bey diesem Tribunal in thesi die Statthaftigkeit der poenarum secundarum nuptiarum, sovoiel insonderheit die Frau angehet, in hiesigen Landen, ob zwar der Canzler Herr in seinen responsis

Resp. 188. n. 7.

referiret, daß dergleichen, denen eingezogenen Berichten nach, in Hessen nicht statt finde, überhaupt per praeiudicium allschon, so wie bey hiesiger Regierung bestätiget.

vid. *Decis. nostr. 110.*

Es ist auch

2) durch eben dieses praeiudicium der Zweifel, ob ein testamentum reciprocum intuitu poenarum secundarum nuptiarum nach den römischen Rechten zu beurtheilen, auch ob besonders diese Strafe auch auf portionem statutariam zu extendiren stehe, nach der Meynung des Leysers

Spec. 300. Med. 5. et 6.

in affirmativam, wie es scheinet, entschieden worden; maßen damaliger Herr Referent *cit. Dec. 110. n. 3.*

supponiret hat, daß hier in Hessen keine portio statutaria bekannt, und also auch auf deren besondere Rechte nicht zu reflectiren sey; und da man in diesem Stück blos denen römischen Rechten nachgehet, so dürfte auch ferner

3) folgen, daß, obgleich verschiedene Doctores mit dem von dem appellantischen Theil p. 11. actor. hui. inst.

allegirten Brunnemann statuiren, daß die Kinder, wann sie in die zweyte Ehe der Eltern consentiren, nicht auf die poenas secundarum nuptiarum sich berufen können, doch bey hiesigen Gerichten die übrigens in dieser Materie angenommene contraire Meynung des Leysers

Spec. 300. Med. 12. et

PUFENDORFF *Tom. 1. Obs. 24.*

den meisten Beyfall finde; mithin die Appellantin mit dem Beweis ihres desfallsigen asserti so viel weniger zu hören sey, da allerdings aus dem bloßen, mehrentheils nicht von der Kinder freyen Willen dependirenden Consens in die anderweite Verheyrathung der Eltern, nicht auf die Begebung ihrer Rechte geschlossen werden mag. Obwohl auch weiter

4) verschiedene Doctores mit dem von dem vorigen Hrn. Referenten bey Erkennung derer processuum allegirten

SANDE in *Dec. Lib. 2. Tit. 3. Def. 5.*

der von der Appellantin behaupteten Meynung in thesi beypflichten, quod coniugi secundae plus relinqui non possit, quam singulis nepotibus ex praemortuo filio filiave prioris matrimonii; quoniam si plures sint nepotes ex filio praemortuo, illi in defuncti parentis locum succedant, eumque repraesentent, ita ut omnes nepotes ex uno eodemque filio vel filia pro uno tantum censeantur; mithin nach diesen Sätzen der Appellantin nach ihrer Behauptung die Hälfte des ganzen Vermögens zukommen würde: diese doch von andern widersprochene Meynung in hypothesi nichts zur Entscheidung beytragen kann, weil nach Referentis Ermessen aus dem testamento quaestionis erhellet, daß der testator die Appellantin weiter nicht, als zum vierten Theil; mithin so weit denen gemeinen Rechten gemäß zur Erbin eingesetzet; da er nicht nur §. 2. disponiret, daß sie mit seinen dreyen Enkeln zu gleichen Theilen erben solle, sondern auch dieses durch den Innhalt des §. 4. noch deutlicher wird, woselbst gesaget ist, daß sie an denen demnächstigen Hausskaufgeldern, ausser der ihr vi adquaestus gebührenden Hälfte, und ferners verordneten 40. Rthlr. noch den vierten Theil an dem übrigen haben solle; manifesto iudicio, daß er ihr überhaupt nur den vierten Theil zugedacht; folglich auch in substrato auf jene in thesi bestrittene Frage es nicht ankommt. Was ferner

5) die §. 3. et 6. testamenti nebst dem freyen Einsitz ad dies vitae in Hause verordnete legata betrifft, so scheinen zwar selbige nach Inhalt des Testaments eine inter virum et uxorem an sich irrevocable donationem remuneratoriam zu involviren; mithin auch in Ansehung dieses favoris die Beurtheilung nach dem rigore poenarum secundarum nuptiarum daben nicht statt zu finden. Da aber der L. 6. Cod. de secundis nuptiis generaliter auch die donationes inter binubos ad portionem filialem restringiret, und überdem dafür zu halten ist, daß die appellantische Ehefrau durch die angeführnte Verpflegung ihres alten Ehemannes ein mehreres nicht gethan, als wozu sie naturaliter et de iure verbunden, in solchem Fall aber die Vorrechte der donationis remuneratoriae cessiren:

LEYSER *ad Pand. Spec. 436. med. 2. et 3.*

so dürfte es auch in diesem Stück, so wie

6) in Ansehung des adquaestus und der illatorum bey der Erkänntniß des iudicii a quo zu lassen seyn; da eines Theils die appellatischen Kinder, wann sie gleich Erben ihres Grossvaters seyn wollen, doch in diesem Stück dessen factum und Assertion von deswegen nicht zu agnosciren schuldig, weil die Regel, heres factum defuncti praestat, theils in facto ipso iure nullo et legibus contrario überhaupt,

doc. FABER *in Cod. Lib. 4. Tit. 2.*

theils quoad dispositionem contra L. 6. C. de secundis nuptiis insbesondere ihren Abfall leidet;

STRYCK *de facto defuncti ab hered. non praestand. C. 2. n. 57. seq.*

BOEHMER *in Resp. Tom. 3. P. 2. Dec. 39. n. 4. seq.*

und überdem

7) Appellaten in hac instantia sich zu erweisen offerirt haben, daß die Appellantin dem restirenden Ehemann weiter nichts, als ihre Kleidungsstücke zugebracht;

v. pag. 61. act. hui. inst.

mit welchem Beweis jene wenigstens ehender zu hören, als diese ratione illatorum ad iuramentum suppletorium zu admittiren seyn möchte.

R A.

RATIONES DECIDENDI.

Nachdem aber

1) vermöge deſſen, was ſo eben in ratione dubitandi quarta angeführet worden, die Haupt-erbeneinſetzung von Seiten des teſtirenden Ehemannes in Anſehung der appellantiſchen Ehefrau mit ſeinen dreyen Enkeln nur zu gleichen und zwar zum vierten Theil Inhalts §. 2. et 4. teſtamenti geſchehen, und dieſe alſo an und für ſich, da der Appellantin nicht mehr, als ein Kindes- oder vierter Theil zukommt, der diſpoſitioni L. 6. C. de ſecund. nuptiis nicht zuwider iſt; folglich auch in ſo ferne von der Gültigkeit des Teſtaments contra hanc legem keine Frage ſeyn kann; ſondern die Appellantin darinnen zu weit gehet, daß ſie den Inhalt des Teſtaments auf der Erbeinſetzung zur Hälfte in die Verlaſſenſchaft ihres Mannes extendiren will; dahingegen

2) was den adquaeſtum angehet, die Regierung in reſcripto a quo eigentlich nichts erkannt, ſondern dieſen Umſtand mit Stillſchweigen übergangen hat; gleichwohl aber nach Referentis Daſürhalten es in dieſem Stück bey des Mannes Diſpoſition, daß dieſer der Frauen zur Hälfte gebühre, um ſo billiger ſein Bewenden haben muß, da

3) teſtator in dieſem Stück vi teſtamenti der Frauen nichts voraus vermacht, ſondern nur §. 2. et 4. als ſich von ſelbſt verſtehend angeführet und vorausgeſetzet hat, daß ihr die Hälfte des Erwerbs ohnehin gebühre;

v. fol. 34. et 35. act. prior.

ſolchemnach aber dem Rechte der appellatiſchen Enkeln dadurch nichts entzogen, und alſo auch nicht zu ihrem Präjudiz diſponiret worden; darbenebſt

4) daß denen Ehefrauen unter Bürgern und Bauern der halbe Erwerb allhier in Heſſen regulariter zuſtehe, nicht allein in der Proceßordnung de anno 1745. §. 38. et 39. und durch die neuere Verordnung von Verbeſſerung der Juſtiz §. 27. implicite mit zur Regel angenommen, ſondern auch

5) bey dieſem Tribunal

vi *Dec. noſtr.* 152. n. 4. et 7. et n. 14. et 15.

per praeiudicium feſtgeſtellet iſt, daß der halbe adquaeſtus dergleichen Frauen gebühre, und in ſofern die poenae ſecundarum nuptiarum nicht einſchlagen; überdem

6) nicht wenige Rechtsgelehrter der Meynung ſind, daß quoad portionem ſtatutariam, wohin der adquaeſtus obangeführten Umſtänden nach hier in Heſſen zu gehören ſcheinet, die poenae ſecundarum nuptiarum nicht Platz greifen;

STRYCK *de ſucceſſ. ab inteſt. Diſſ. 1. cap. 2. §. 8. cum aliis*

dabenebſt

7) in caſu praeſenti die Deciſion nach der unterm 5. Sept. 1745. ergangenen oballegirten Proceßordnung um ſo mehr zu nehmen ſeyn will, da dem appellantiſchen Anführen nach, die Ehe zwiſchen der Appellantin und deren teſtirenden Ehemann um gleiche Zeit vollzogen worden.

vid. pag. 12. act. hui. inſt.

Ferner

8) was den §. 3. teſtamenti vermachten Einſitz betrifft, dahin die Application des mehrmahls allegirten L. 6. weil dieſes nur ein legatum annuum et uſusfructus involviret, und darum ter quoad ſubſtantiam denen appellatiſchen Enkeln an und für ſich nichts abgehet,

vi *Nov. 22. cap. 32.*
nicht zu extendiren seyn will; wie der sonst diese poenas sehr defendirende Leyser

Spec. 300. med. 21.

selbst nachgiebt; gleichergestalt

9) was das §. 4. testamenti quaestionis enthaltene Vermächtniß der 40. Rthlr. und die weitere §. 6. bemerkte praelegata angehet, Referens nicht unbillig findet, daß selbige in vim donationis remuneratoriae der Appellantin zu überlassen seyn möchten; da selbige nicht viel importiren, gleichwohl aber testator anrühmet, daß er der Appellantin dieses, wegen mit ihm in seiner langwührigen Schwachheit gehabten grosen Gedult, vieler Mühe und Last, und von ihr genossenen guten Verpfleg- und Aufwartung voraus vermachet;

v. fol. 36. seq. act. prior.

13 die römischen Gesetzen aber doch dergleichen remuneratorias donationes soweit für irrevocabel halten, daß auch dagegen nebst andern privilegiis mehr,

v. *L. 34. §. 1. D. de donat. L. 7. §. 2. de donat. inter vir. et uxor.*

LEYSER *Spec. 436. med. 1.*

LUDOLFF *in Obf. for. Obf. 300. p. m. 548. seq.*

14 nicht einmal querela inofficiosi

ID. *cit. Spec. Med. 5. et 6.*

15 zugelassen wird, und also dieses soviel ehender in Ansehung der poenarum secundarum nuptiarum eine gleichmäßige Anwendung findet, weil donatio remuneratoria de iure nicht einmal pro
16 donatione, sondern pro debita meriti retributione

arg. *l. 27. D. de donat.*

MÜLLER *ad STRUV. exerc. 30. §. 29. not. lit. g.*

17 gehalten wird, und sogar bey den Römern auf solche Art einer Concubine etwas zu schenken erlaubt gewesen;

MENOCH *L. 3. Praes. 39. n. 11.*

STRYCK *de bene meritis Cap. 4. n. 58.*

folglich wann gleich der Concubinat abgeschaft ist, doch dergleichen Donation noch weit ehender in Ansehung einer zwoten Frau selbst nach den römischen Rechten nicht für unerlaubt zu halten;

10) ohnehin in hiesigen Landen dieser rigor legum in Ansehung des Mannes per interpretationem authenticam allschon limitiret ist;

vi *Decif. nostr. 110. n. 16. et 17.*

im übrigen aber

11) die illata der Appellantin insonderheit betreffend; Referens zwar nicht der Meynung ist, daß selbige auf die blose Angabe der testatoria sofort für bekannt anzunehmen, oder dieselbe darauf ad iuramentum suppletorium zu lassen seyn möchte; weil Appellaten sich zu erweisen afferiren, daß sie demselben weiter nichts als ihre Kleidungsstücke zugebracht; doch aber auch nicht für nöthig ansiehet, über diesen auf dem asserto ihres Erblassers beruhenden, mithin nicht ganz

verr

verwerflichen Beweis die Erkänntniß in der Hauptsache aufzuhalten: so wird auf folgende mit von selbst sich ergebender Vergleichung der Kosten zu ertheilende Erkänntniß ohnmaßgeblich angetragen:

VOTVM DNI. CORREFERENTIS. I.

Meines ohnvorgreiflichen Erachtens kommt es darauf an, ob die Enkel an der Mutter Platz [18] tretten, und also kein mehreres Recht haben als ihre Mutter selbst hätte, wann sie noch lebte, wie

SANDE *l. c.*

dafür hält; oder ob jeder Enkel vor sich das Recht hat, zu verlangen, daß sein Großvatter der Stiefgroßmutter nicht mehr vermachen solle, als eins von den Enkeln bekommt. Ob dieses die Meynung des

l. 6. C. de sec. nupt.

sey, stehet dahin, weil die verba legis etwas zweifelhaft gesetzt sind.

Nach der ersten Meynung bestehet das quästionirte Testament in allen Stücken, da die Appellaten selbst nicht sagen können, daß sie zusammen weniger bekommen hätten oder bekämen wie die Appellantin. Nach der letzteren Meynung hingegen kann die Wittib überall mehr nicht ex substantia mariti bekommen, als was das geringste von den Appellaten erhalten hat, welches untersucht, und der etwaige Ueberschuß den Appellaten zuerkannt werden müßte.

Der ususfructus, oder die habitatio legata kommt hierbey mit in Anschlag, und die Nov. [19] 22. C. 32. schliesset diese Computation nicht aus, sondern redet von derjenigen andern poena secundarum nuptiarum, wovon dermalen keine Frage ist. Meines Orts wäre der erstern Meynung zugethan, und würde es daher bey dem Testament, sowohl in Ansehung der zum vierten Theil beschehenen Erbeinsetzung, als ratione der übrigen Vermächtnisse schlechterdings lassen, und ratione illatorum pro voto Domini Referentis sprechen.

VOTVM DNI. CORREFERENTIS. II.

Wann man die Worte des [20]

l. 6. C. de sec. nupt.

nachsiehet, und haben das bey den Römern aufs ausserste getriebene, und von einigen Kirchenvättern in den ersten Jahrhunderten des Christenthums mit blindem Eifer unterstützte odium secundarum nuptiarum bedenket:

vid. IAC. PETR. HARTMAN *Diss. sub praesidio* IOH. IAC. HELFFERICHII. (TVBINGAE 1745.) *habita. de secundis nuptiis* §. 5.

so sollte es fast scheinen, daß ein Großvatter seiner zwepten Frau nicht mehr als einem seiner Enkel hinterlassen könne; dummodo nepotes, cum patruis non concurrant, sed soli, adeoque in capita succedant. Ich kann mich also noch zur Zeit nicht entschliessen, der Meynung des Herrn Correferentis beyzutretten. Ich glaube aber auch mit dem Herrn Referenten, daß es in substrato nicht darauf ankommt. Dann in gedachtem lege ist nur von einem lucro hereditario die Rede, [21]

die

die donationes remuneratoriae sind aber instar tituli onerosi, adeoque non cadunt in poenam secundarum nuptiarum. Zweyerley requisita setzen die Doctores nur hinzu, nehmlich, ut bene merita, quia in facto consistunt, probentur, und 2) ut ex iis per se iam actio nascatur iure perfecto.

HARTMANN *loco cit.* §. *12.*

Das erste requisitum wird, wie ich ex relatione ersehe, von appellatischem Theile selbst nicht geläugnet und bedarf also keines Beweises; das andere requisitum hingegen ist ein commentum Doctorum; gestalten es nach dem

L. 25. §. 11. D. de petit. hered.

donationes remuneratorias allerdings giebt, quae tantum naturaliter non autem civiliter debentur.

LEYSER *Sp. 434. Med. 10.*

Aus dem Testament und aus dem stillschweigenden Nachgeben des Appellati erhellet auch, daß Appellantin ausserordentlich viel Mühe mit dem testatore, bey seinen kränklichen Umständen, gehabt hat, und wann gleich alles dieses unter dem mutuo adiutorio, welches sie ihm schuldig war, begriffen seyn mag, und einige Doctores in officiis perfectis gar keine donationem remuneratoriam statuiren: so hat nach dem

L. 15. §. 1. D. de manumiss. vind.

doch in dergleichen ausserordentlichen Fällen ein bene meritum Platz. Ich halte mich lediglich hieran, und übergehe, was

LEYSER *Sp. 436. Med. n. 3.*

mit andern Doctoribus ganz unbestimmt lehret, und accedire also dem Hrn. Referenti.

VOTUM DNI. CORREFERENTIS III.

In dieser quoad thesin einigermaßen zweifelhaften Sache scheinet mir doch die Meynung derer am probabelsten, welche hier die Enkel nur für eine Person rechnen. Dann ich kann in L. 6. Cod. de sec. nupt. keine Ursach finden, warum die Enkel melioris conditionis als ihre Mutter seyn, und einen stärkern Anspruch auf das großväterliche Vermögen haben sollten, als ihre Mutter gehabt hätte, wann sie noch lebte, und warum jemand noch bey Lebeszeiten seiner leiblichen Tochter mehr freye Hände haben sollte, über sein Vermögen zu disponiren, und seiner zweyten Ehefrau davon etwas zu vermachen, als wann die Tochter gestorben ist, und nur Enkel von derselben vorhanden sind. Ich glaube also, daß der testator seiner Ehefrau, der Appellantin ex permissione legis die Hälfte seines Vermögens zuwenden können, es mag nun solches per heredis institutionem, oder per legata, oder quocunque alio modo geschehen seyn; wann nur alles zusammen gerechnet dimidiam partem bonorum nicht übersteiget, welches aber vom Appellaten nicht vorgegeben wird. Mit dem Herren Correferente I. bin ich derohalben der ohnmaßgebigen Meynung, daß die Erbeinsetzung und die legata auf gleiche Weise und aus gleicher Ursache für gültig zu erkennen wären. Bey dem gegenwärtigen Fall machet dieses in effectu keinen Unterschied, sondern es betrifft blos formalia sententiae, mit welcher mich dann im übrigen conformire.

INDEX
RERVM PRAECIPVARVM IN DECISIONVM
Tomo VII.

Abstentio ab hereditate.
Quatenus heres suus ad ejus probationem obligetur. Dec. CXCVIII. p. 129.
Heredem suum a probatione eius in regula liberatum volunt nonnulli interpretes juris. p. 131. n. I. p. 132. n. 3.
Alii ad ejus probationem eundem adstringunt. p. 132. n. 2.
Priores tamen in variis casibus exceptiones concedunt. ibid. n. 4.
Posteriorum sententia legibus convenientior videtur. ibid. n. 5. 6.
Minoribus dubiis res obnoxia est, si heres suus paternam hereditatem per plures annos detinuerit. ibid. n. 7. et p. 133. n. 8.
Creditores probationi immixtionis merito subjiciuntur, si in factis specialibus et positivis desuper se fundaverint. ibid. n. 9.
Non opus est ut heres verbis sollennibus aut judicialiter declaret se beneficio abstinentiae usurum. ibid. n. 13. 14.
Singulares circumstantiae in facto heredem suum non nunquam a probatione abstentionis liberant. p. 134. n. 17. 18.

Adquestus.
vid. *communio bonorum conjugalis*.

Actio confessoria.
Utilis ex jure venationis datur contra impedientes et turbantes. p. 64. n. 2.

Aedificatio.
De jure aedificandi in suo legibus restricto. Dec. CXCII. p. 91.
Aedificatio est injusta, quae non intermisso legitimo spatio aut contra statum antiquorum aedificiorum peragitur. p. 93. n. 4.
Aedificandi licentia in suo legibus romanis restringitur. p. 93. n. 7.

(*Decis. Tom. VII.*)

Nec hodie his legibus usus potest denegari. p. 96. n. 8.
vid. *novi operis nunciatio*.

Aedificium.
Constitutio Hassiaca exstructionem aedium absque concessione superioris interdicens de aedicuis plane de novo exstruendis non restituendis intelligenda est. p. 140. n. 2.
Causae aedificiorum celerrimae expeditionis sunt. p. 94. n. 5.
De operis rusticorum ad aedificia exstruenda praestandis. vid. *operae*.

Alienatio rerum immobilium.
Alienationes rerum immobilium in Hassia judicialiter confirmandae sunt. p. 42. n. 1.

Alimenta.
Ratione eorum imploratio officii judicis locum habet. p. 5. n. 2.
Debentur liberis qui se ipsos exhibere non possunt. p. 9. n. 17.
Quamdiu in patria potestate sunt. ibid. n. 18.
Praeprimis, si pater usumfructum maternorum retinet. p. 10. n. 19.
Alimenta naturalia debentur etiam emancipatis et ingratis. ibid. n. 22.
Quatenus debeantur emancipatis liberis? p. 14. n. 26.

Auctor.
De exceptione nominationis auctoris. Dec. CLXXXVII. p. 63.
An exceptio nominationis auctoris in possessorio locum habeat dubium quibusdam videtur. p. 64. n. 3.
Nonnulli etiam Doctores putant solam nominationem non sufficere, sed denun-

INDEX.

eiationem fumtu denunciantis faciendam accedere debere. ibid. n. 4.
Cafus in quo nominatio auctoris ceffat. p. 67. n. 11.

Beneficium abſtinentiae.
vid. *abſtentio*.

Bona colonaria.
Conſtitutiones Schaumburgenſes permittunt certo modo viduae bonum colonariam in ſecundum maritum transferre. p. 144. n. 1.
Requiſita huiusmodi translationis. p. 145. n. 2.

Bona parochialia.
Parochus pro conſervandis et reducendis bonis parochialibus officio parochiali deſtinatis, vices actoris vel rei absque alia legitimatione ſuſtinere poteſt. Dec. CXCVI. p. 119.
Parocho in bonis parochialibus competit dominium utile. p. 122. n. 4.
Ab ufufructu ordinario aliquo modo diverſum. ibid. n. 6.

Cataſtra.
Nova vim probandi antiquorum non habent. p. 18. n. 13.
Requiſitum cataſtri. ibid. n. 14.
Cataſtrum tertio ignoranti non praeiudicat. p. 19. n. 15.
Libri cenſuales et tributorum vim probandi habent. p. 16. n. 1.

Cenſus.
Cenſita qui nullos fructus percipere potuit nec domino quicquam praeſtat. Dec. CLXXXI. p. 30.

Coemeterium.
In quaeſtione dirimenda, quisnam ſumtus ad reparandum coemeterium neceſſarios ferre debeat, primario ad conſuetudinem loci reſpiciendum eſt. Dec. CXCXIX. p. 135. et p. 136. n. 2.
Licet in dubio aerarium eccleſiaſticum ad ſumtus, quos reparatio et aedificatio coemeterii requirit, obligatum ſit. p. 136. n. 1.

Communio bonorum coniugalis.
Ante ordinationem proceſſus nov. uxores jam indiſtincte de adquaeſtu participabant. p. 6. n. 3.
Nec haec lex primario novi quid diſponit. ibid. n. 4.
In Haſſia noſtra uxoribus ruſticorum et burgenſium dimidia adquaeſtus competit. p. 151. n. 9.
Et eatenus poenis ſecundarum nuptiarum locus non eſt. ibid. n. 10.

Conductor.
vid. *Locatio Conductio*.

Decimae.
Obſervationes circa Decimas von Auf - und Dreſeneyzehnden. Dec. CLXXXIX. p. 72.
Mutatio generis fructuum nil mutat in iuſe decimarum. p. 74. n. 2. p. 75. n. 4.
Nec ſi hucusque quis jure decimandi quoad certum genus fructuum uſus non ſuerit inde renunciatio inferenda eſt. p. 74. n. 3.
Senſus legum haſſiacarum in hoc argumento. p. 75. n. 5.
Quae cum aliis legibus ſpecialibus conſpirant. ibid. n. 6.

Documentum.
Copia copiae aliquando concurrentibus aliis adminiculis probat. p. 114. n. 9. p. 115. n. 11.
Pro inſtrumento quolibet praeſumtio veritatis militat. p. 126. n. 2.

Donatio.
An valeat jure haſſiaco ſpeciali ſi a judice incompetente confirmata eſt. Dec. CLXXXIII. p. 40.
Donationi non nocet, quod contrahentes ex ignorantia ejus confirmationem a judice incompetente impetraverint. p. 43. n. 7.
Donatio enim etiam a judice incompetente confirmari poteſt. p. 43. n. 8. ibid. n. 10.
Adeo ut judex etiam in propria cauſa competens eſſe poſſit. p. 43. n. 9.
Donatio rei immobilis in Haſſia judicialiter confirmanda. p. 42. n. 2.

Donatio modalis.
Propter ingratitudinem revocari nequit. p. 44. n. 12.

Et

INDEX.

Et magis ad contractus onerosos quam lucrativos accedit. p. 44. n. 13.

Donatio mortis causa.
A quovis magistratu confirmari potest. p. 42. n. 4.
Quid illa sit? p. 43. n. 6.

Donatio remuneratoria.
Insinuatione non eget jure communi p. 42. n. 3.
Characteres ejus. ibid. n. 5.
Privilegia et singularia ejus. p. 152. n. 13. 14. 15. 16. 17. p. 153. n. 21.
Requisita ejus. p. 154. n. 22.

Edictum D. Hadriani.
De remedio ex L. fin. C. de edict. D. Hadr. tollendo. Dec. CXC. p. 76.
Vitium visibile testamenti parentum inter liberos non est legatum personae extraneae relictum. p. 78. n. L
Quid sit vitium visibile? p. 79. n. 5.
Ad vitia visibilia referendus est defectus facultatis testandi. ibid. n. 6.

Editio documentorum.
Reus actori documenta edere tenetur si favor piae causae huic assistat p. 111. n. 7.
Privilegium, quod fisco ratione editionis documentorum competit ad ecclesiam non potest extendi. Dec. CXCVI. p. 119.
Quidam Doctores fisco editionem documentorum ad probandam actionem ab ecclesia petenti privilegium denegant. p. 120. n. 2.

Emtio.
Emtione per commissoriam legem resoluta emtor arrham et partem pretii soluti perdit. p. 29. n. 3.
Quae regula justa est. p. 30. n. 4.
Quod in emtione autem obtinet ad alia negotia recte applicatur. ibid. n. 5.

Fenestrae.
vid. *servitus luminum.*

Feudum.
Possessio feudi ab oneribus liberi immunitatem personalem non tribuit. Dec. CCI. p. 139.

Qualitas feudalis immunitatem feudi haud infert. p. 140. n. L

Fiscus
An contra fiscum locum habeat possessorium. vid. *possessorium.*
De pignore tacito fisco competente. vid. *pignus.*

Frater.
De successione fratrum. vid. *successio ab intestato.*

Furnus.
Secundum parietes alterius eum habere non licet. p. 96. n. 11.

Hereditatis petitio.
Cum ea interdum rei vindicatio recte cumulatur. p. 5. n. L

Heres suus.
vid. *abstentio.*

Immunitas.
An possessio fundi liberi immunitatem personalem tribuat. Dec. CCI. p. 139.

Interdictum uti possidetis.
vid. *possessorium.*

Investitura.
Quod camera domini villicalis quendam cum villa investiverit, tertio jus suum quaesitum non aufert. p. 146. n. 4.

Judaeus.
De restricto jure recipiendi judaeos dominis jurisdictionalibus in Hassia competente. Dec. CLXXXVIII. p. 67.
Landsassius in Hassia recipere non potest judaeos nisi prius a domino territoriali literas protectorias vulgo Schutzbriefe impetraverit. p. 69. n. L
Nec ordo teutonicus plus ibidem iuris quam ex observantia facultatem dandi iisdem literas receptionis vulgo Aufnahmsbriefe habet p. 70. n. 2.
Jurisdictio in judaeos jus eosdem recipiendi non involvit. ibid. n. 3.
Nec hoc ius per praescriptionem immemorialem quidem contra leges prohibentes acquiri potest. p. 71. n. 4.

Jura-

INDEX.

Jurámentum fuppletorium.
Quomodo juramentum fuppletorium ab univerſitate praeſtetur? p. 114. n. 13.

Jurisdictio.
In Haſſia admodum ſervitutis diſcontinuae immemoriali tempore tantum illi praeſcribitur. p. 20. n. 17.

Kriegscollegium.
Judicium militare haſſiacum das Kriegscollegium non gaudet jurisdictione in cauſis realibus. p. 65. n. 10.

Laeſio ultra dimidium.
An proter eam transactio reſcindi poſſit? vid. *transactio.*

Lagerbuch.
vid. *Cataſtra.*

Landesordnungen.
Conſtitutiones Haſſiacae, quae partim allegantur, partim explicantur ſecundum ordinem chronologicum.
Anni
1497. Gerichtsordnung. p. 50. 52. ſeq.
1524. Ausſchreiben *Philippi magnanimi* vom 18. Jul. p. 69.
1702. Verordnung wegen der Juden Aufnahme vom 22. Febr. p. 69.
1722. Jagdordnung. vom 26. Nov. (§. 9.) p. 86.
1723. Verordnung vom. L. Decemb. die Erbfolge in Bauerngütern betreffend. p. 144. et p. 145.
1736. Policeyordnung vom 8. Merz. (§. 28.) p. 146.
1737. Zehenderdnung (§. 2.) p. 73. p. 75.
Anni

1745. Proceßordnung. (§. 38. ſeq.) p. 54. p. 151.
1746. Oberappellationsgerichts-Ordnung (Tit. 5. §. 13.) p. 54.
1747. Verordnung p. 73. p. 75.
1752. Verordnung vom 29. Dec. p. 54. p. 55.
1767. Verordnung vom 10. Merz (§. 3.) p. 73.

Lex.
Aequum eſt, legem etſi hactenus minus obſervatam ſi contraria obſervantia non conſtat, in uſum revocare. p. 96. n. 9.

Lex commiſſoria.
Transactioni adjecta. vid. *transactio.*

Libri cenſuales.
vid. *cataſtra.*

Locatio conductio.
Conductor remiſſionem mercedis petens vecturas bellicas ut alia damna ſpecificare et de fructibus detrahere debet. Deciſ. CLXXXII. p. 32.
Conductor praeter remiſſionem mercedis reſarcitionem damni petere nequit. p. 39. n. 2.
Per colonum praejudicium domino inferri nequit. p. 64. n. 5.
Ideoque rei vindicatio non competit contra conductorem. ibid. n. 6.
Sed conductor exceptione nominationis tutus eſt. ibid. n. 7.

Mandatum praeſumtum.
Quo caſu illud habeat parochus. vid. *bona parochialia.*

Materna bona.
An pater de illis diſponere poſſit. vid. *pater.*

Nominatio auctoris.
vid. *auctor.*

Novi operis nunciatio.
De novi operis nunciatione. Dec. CLXXXVI. p. 58.
Caſus in quibus aedificatio nunciato praeſtita cautione permitti non debet. p. 60. n. 1. 2. 3.
Judici hodie liberior facultas eſt aeſtimatis circumſtantiis cautionem aut admittendi aut rejiciendi. ibid. n. 4.
In qua aeſtimatione et favor publicus aedificiorum aliquid momenti habet. ibid. n. 5.
Pendente appellatione continuatio novi operis praeſtita cautione permitti poteſt, tam ante quam poſt elapſos tres menſes. p. 92. n. 1.
Modo jus nunciantis et aedificantis dubium ſit. p. 93. n. 2.
Nec nuncianti inſigne damnum immineat. ibid. n. 3.

Nuptiae.
An ſolvant patriam poteſtatem? vid. *pater.*

Operae ruſticorum.
De operis ruſticorum. Dec. CXCIII. p. 90.
Ruſtici in dubio non liberi ſed operis obnoxii praeſumuntur. p. 102. n. 11.

Operae

INDEX.

Operae autem ſtrictiſſime interpretandae ſunt. ibid. n. 12.
Hujus regulae limitationes. ibid. n. 13. 14. et 15.
Operae indeterminatae caſtrenſes Bergbau-dienſte quousque extendantur. Dec. CXCV. p. 117.

Ordnungen.
vid. Landesordnungen.

Parochialia bona.
vid. bona parockialia.

Pater.
Separatae oeconomiae inſtitutio patriam poteſtatem per totam fere Europam diſſolvit. p. 10. n. 21.
Nuptiae modo pater eas rati habuerit, patriam poteſtatem ſolvunt. p. 11. n. 22.
Pater uſumfructum maternorum retinens nec veſtes matris reſtituere tenetur. p. 12. n. 23.
Pater inventarium aut juratam ſpecificationem edere debet, ſi ſuſpectus eſt. ibid. n. 24.
Separatae oeconomiae inſtitutio et invito patre fieri poteſt. p. 13. n. 25.
Separatae oeconomiae inſtitutio ſecundum praxin Haſſiae non eſt modus finiendi uſumfructum parentum. Dec. CLXXVII. p. 3.
Icti probatiſſimi uſumfructum paternum inſtituta ſeparata oeconomia finiri contendunt. p. 7. n. 5.
Nec dimidiam ejus partem jure romano in praemium emancipationis patri relictam. p. 7. n. 6. eidem concedunt. ibid. n. 9.
Attamen praxis Haſſiae jus romanum in doctrina de uſufructu paterno ſervat. ibid. n. 7.
Nec mores Germaniae contrarii pro generalibus putandi ſunt. ibid. n. 8.
Veſtes maternas pater nomine uſusfructus retinere non poteſt. p. 8. n. 10. vid. tamen p. 12. n. 23.
Pater neque ad inventarii neque ad juratae ſpecificationis editionem obligatus eſt. p. 8. n. 11.
Quod nonnulli Icti patri, qui ad ſecundas nuptias provolavit, denegant. ibid. n. 12.
Alii rectius tribuunt. ibid. n. 13.
Ad adquaeſtum autem id jus applicandum non eſt. ibid. n. 14.
Leges haſſiacae in hoc argumento. ibid. n. 15.
Earum diſpoſitione neglecta pater omnino ad inventarium aut juratam ſpecificationem tenetur. p. 9. n. 16.
Nuptiae filios a patria poteſtate non liberant. p. 14. n. 27.

Pignus.
De hypotheca tacita fiſci in bonis adminiſtratorum. Dec. CLXXXIV. p. 45.
Pignus in re immobili conſtitutionibus haſſiacis judicialiter confirmandum eſt. p. 46. n. 1.
Oppignoratio exiſtente jam concurſu facta nulla eſt. p. 46. n. 2.
Fiſcus in bonis adminiſtratorum, quae habent tempore ſuſcepti officii, hypothecam legalem habet. ibid. n. 3.
Ex communi opinione omnibus aliis hypothecis publicis poſterioribus praeferendam. ibid. n. 4.
Conſtitutio haſſiaca de confirmatione judiciali pignorum ad pignora tacita non pertinet. ibid. n. 5.
Creditori pignus generale jam habenti non nocet, quod poſtea, ſibi ſpeciale quoque conſtituendum curaverit. ibid. n. 6.

Portio filialis.
Portio filialis (Abfindung) ſecundis demum nuptiis debetur. p. 145. n. 3.
Quid in determinanda filiali portione computetur. Dec. CCIII. p. 99.

Poſſeſſio.
Inſtrumentum poſſeſſionem probaturum de actibus poſſeſſoriis teſtari debet. p. 20. n. 18.

Poſſeſſorium.
De interdicto uti poſſidetis. Dec. CXCIII. p. 99.
Interdictum uti poſſidetis utile cui detur? p. 100. n. 1.

Requi-

INDEX.

Requirere illud videtur, ut actor tempore litis contestatae possederit. ibid. n. 2.
Quod praesumitur ex possessione antiquiori. ibid. n. 3.
A tempore enim praeterito praesumitur in praesens p. 101. n. 4.
Sensus Cap. 9. X. de probat. ibid. n. 5.
Iunior possessor ergo praeferendus est. ibid. n. 6.
Si scilicet de interdicto ut possidetis summariissimo sermo sit. ibid. n. 7.
In ordinario enim ad possessionem qualificatam respicitur. ibid. n. 8.
Et probata possessione antiquiori junior vitiosa praesumitur. ibid. n. 9.
Si probationes aequales sunt utraque pars in possessione manuteneri debet. p. 102. n. 10.

Possessorium summariissimum.

An et quatenus in causis venationem concernentibus, ubi privatus cum principe litigat, possessorium in Hassia locum habeat? Dec. CXCI. p. 82.
Fiscum de facto neminem ex possessione mittere posse propius vero est. p. 83. n. 2.
Imo constitutiones hassiacae possessorium summariissimum in genere contra principem concedere videntur. ibid. n. 3.
Quidam DD. ad effectum manutenentiae in regalibus possessionem decennalem requirunt. p. 84. n. 4.
In possessorio summariissimo contra fiscum qualitas et justitia possessionis respicienda est. p. 88. n. 9.

Postgelder.

Reditus ex cursu publico (Postgelder) eadem jura cum aliis reditibus fisci habent. p. 48. n. 7.

Praescriptio.

Non interrumpitur per litem in qua actor succumbit. p. 17. n. 2.

Praescriptio exstinctiva.

Actio quae vivente antecessore jam exspiravit non potest transire in successorem. p. 27. n. 11.

Praescriptio immemorialis.

Privilegio aequiparatur. p. 74. n. 1.
De modo probandi illam in tribunali nostro usitata. p. 87. n. 8.

Praeventio.

Praeventio jurisdictionem concurrentem supponit. p. 19. n. 16.

Probatio.

Non potest opponi exceptio desertae probationis, si in sententia probationem injungente terminus peremtorius non fuerit praefixus. p. 109. n. 1.

Refectio.

De obligatione reficiendi templa quatenus patrono ecclesiae incumbat. Dec. CXCIV. p. 106.
De obligatione curandi refectiones minores non potest concludi ad onus sumtuosae reparationis (Hauptreparatur) vel reaedificationis totalis. p. 110. n. 5.
Quatenus patronis ecclesiae onus reficiendi templum incumbat? p. 111. n. 6. p. 115. n. 12.

Refectio coemeterii.

vid. *Coemeterium*.

Rei vindicatio.

Emphyteuta et vasallus rei vindicatione conventus exceptione nominationis auctoris utitur. p. 64. n. 6. et 7.
DD. contrasentientes nominationem auctoris cum denominatione litis confundunt p. 65. n. 9.
An rei vindicatio competat conductori vid. *Locatio conductio*.

Remedium ex L. fin. C. de edicto D. Hadriani tollendo.

vid. *Edictum D. Hadriani*.

Remedium spolii.

vid. *spolium*.

Remissio Mercedis.

vid. *locatio conductio*.

Reus.

Ab omnibus, qui tenent et restituendi facultatem habent, regulariter peti potest. p. 64. n. 1.

Rotulus testium.

vid. *testis*.

Secundae Nuptiae.

An ratione L. 6. C. de secundis nuptiis quae parenti binubo plus relinquere vetat secundo conjugi, quam uni ex liberis prioris matrimonii, plures nepotes filii praemortui, filiaeve praemortuae pro una persona habeantur. Dec. CCIII. p. 147.

Poe-

INDEX.

Poenas secundarum nuptiarum in Hassia receptas esse. Dec. CCIII. p. 149. n. 1.
Et testamentum reciprocum intuitu illarum ex jure romano dijudicandum, nec non easdem ad portionem statutariam extendendas esse, praejudicio stabilitum est. p. 149. n. 2. vid. tamen n. 151. n. 10. et 11.
Judiciis Hassiacis se probavit sententia eorum, qui poenis istis licet liberi in secundas nuptias consenserint, tamen locum relinquunt. p. 149. n. 3.
Sunt D. D. qui statuunt conjugi secundae plus relinqui non posse, quam singulis nepotibus ex praedefuncto filio filiaeve prioris matrimonii. Ibid. n. 4.
Donationes quoque inter binubos a legibus ad portionem filialem restringuntur. p. 150. n. 5.
Dispositio L. 6. C. de secundis nuptiis cessat in legato annuo et ususfructus p. 151. n. 12. vid. tamen p. 153. n. 19.

Separata oeconomia.
De effectu ejus ratione patriae potestatis. vid. *pater*.

Servitus luminum.
Differunt servitus luminum et jus aperiendi fenestras in proprio pariete per statuta negatum. Dec. CLXXXVI. p. 58.
Quid sit servitus luminum? p. 60. n. 6.
Et quid aperiendi fenestram in proprio pariete. p. 61. n. 7.
Ab hac ad illam non procedit conclusio. ibid. n. 9.
Quid ad probandam servitutem, ne luminibus officiatur, requiratur. ibid. n. 8.

Servitus stillicidii.
Quantum spatii servitus stillicidii comprehendat. p. 61. n. 10.

Spolium.
De remedio spolii ejusque requisitis. Dec. CLXXVIII. p. 15.
Qui de spolio quaeritur ante omnia possessionem probare debet. p. 17. n. 4.
A parte dejicientis vero requiritur injusta dejectio. ibid. n. 4.
Spoliatus ergo restitutionem non impetrat antequam de justa retinendi causa doceat. p. 18. n. 5.
Nulla exceptio contra actionem spolii locum habet. ibid. n. 6.

Quod declaratur. p. 18. n. 7. et 8.
Et limitatur. ibid. n. 9. 10. 11. et 12.

Sponsalia.
Parentibus pro validitate sponsaliorum testimonium dicere permissum est. Dec. CC. p. 138.

Stillicidium.
vid. *servitus stillicidii*.

Successio ab intestato.
Duplicitas vinculi ultra fratrum liberos non attenditur. Dec. CLXXXV. p. 49.
In patruis et avunculis origo bonorum non spectatur. Dec. CLXXXV. p. 49.
In solis fratribus unilateralibus originis bonorum ratio habetur. p. 50. n. 3.
Decisio serenissimi cum actis eo spectantibus. p. 51. n. 6.

Templum.
De refectione ejus vid. *refectio*.

Testamentum nuncupativum.
A notario in scriptura redactum testatori imperito literarum praelegendum est. Decis. CXCVII. p. 123. et p. 127. n. 4.
Hanc praelectionem autem factam esse ex assertione notarii testamento inserta sufficienter non probatur. Dec. CXCVII. p. 127. n. 5.
Praelectionem in testamento imperiti literarum nonnulli interpretes necessariam non judicant. p. 126. n. 1.
Et factam esse praesumunt. ibid. n. 3.

Testamenta auctoritate destituta.
Testamentum in quo quis de bonis et allodialibus et feudalibus disposuit, quoad feuda tantum nullum est. p. 81. n. 9.

Testamentum parentum inter liberos.
Exheredatio in testamento parentum locum non habet. p. 77. n. 3. p. 80. n. 7.
Haec ergo tale testamentum vitio visibili adficit. p. 77. n. 4.
Institutio inaequalis in testamento parentum inter liberos locum non habet. p. 80. n. 8.

Testis.
Rotulus testium a Notario extrajudicialiter confectus non plene probat. p. 110. n. 4. p. 111. n. 8. p. 115. n. 10.
An parentes pro validitate sponsaliorum testimonium dicere possint. Dec. CC. p. 138.

Trans-

INDEX

Transactio.
Propter laesionem ultra dimidium rescindi nequit. Dec. CLXXIX. p. 24. p. 27. n. 8.
Non valet, si conditiones ejus non impletae sunt. p. 26. n. 1.
Ejus rescissio propter laesionem enormissimam a D. D. vulgo conceditur. ibid. n. 3.
Ut et propter errorem. ibid. n. 4. vid. tamen ibid. n. 5. et 6.
Ob laesionem enormissimam simpliciter rescindi nequit. p. 27. n. 7.
Quid juris sit transactione per legem comissoriam annullata. Dec. CLXXX. p. 28.
Rescissa transactione prior actio restituitur, p. 29. n. 1.
Modo rescissio fiat per restitutionem in integrum, non si propter legem commissoriam. ibid. n. 2.
Si ergo transactio per legem commissoriam resolvitur, nihil penes eum residere oportet; qui fidem fefellit. p. 30. n. 6.
Ideoque si in transactione dominio suo renunciavit, id ipsi non renascitur. p. 30. n. 7.
De collisione plurium transactionum p. 110. n. 3.

Venatio.
Super regalitate venationis interpretes juris certant, et quatenus in tali causa possessorio contra fiscum locus sit, adhuc sub judice lis est. p. 83. n. 1.
Sententia eorum, qui pro fisco decidunt, praesertim secundum leges hassiacas magis fundata esse videtur. p. 85. n. 6.

Vestes maternae.
An pater eas restituere debeat liberis. vid. pater.

Visitationes ecclesiasticae.
Decisiones in illis latae vim rei judicatae non habent. p. 137. n. 3.

Vitium visibile testamenti.
vid. Edictam D. Hadriani.

Ususfructus
vid. pater,

www.ingramcontent.com/pod-product-compliance
Lightning Source LLC
Chambersburg PA
CBHW020844160426
43192CB00007B/774